歴史学の慰め
アンナ・コムネナの生涯と作品

井上浩一

白水社

歴史学の慰め——アンナ・コムネナの生涯と作品——

目次

序　9

第一部　生涯

1　「緋色の生まれ」　12
2　幻想の皇帝歓呼　28
3　弟ヨハネス　42
4　少女時代への別れ　59
5　政略結婚　75
6　父の死と帝位継承問題　90
7　陰謀と和解　106
8　瀟洒《しょうしゃ》な独居房　121
9　学問の世界に　137
10　『アレクシアス』と死　153

第二部　作品

1　越境する歴史学——執筆戦略——　170
（1）歴史書らしからぬ歴史書　170／（2）歴史学の伝統　173／（3）アンナと歴史学　179／（4）歴史書の制約　182／（5）頌詞の魅力と限界　187／（6）英雄叙事詩と悲劇　191／（7）聖人伝または自伝　194／（8）アンナ・コムネナの挑戦　198

2　戦い続けた「平和の人」——願いを込めて——　201
（1）戦争の歴史『アレクシアス』　201／（2）卑怯な父？　203／（3）オデュッセウスの復権　207／（4）軍人皇帝の戦争賛歌　211／（5）戦術書の伝統　214／（6）戦争と平和の交錯　218／（7）異教徒との戦い　221／（8）アンナの涙　224／（9）平和言説のゆくえ　228

3　「なぜ？」という問いかけ——原因・運命・摂理——　231
（1）歴史の娘？　231／（2）原因と運命の相克　233／（3）ビザンツ歴史家の苦悩　237／（4）『アレクシアス』における原因の追究　244／（5）皇帝批判の限界　250／（6）悪しき運命と善き摂理？　254／（7）アンナの「なぜ？」　258

4　歴史家の仕事——史実の追究——　262

（1）歴史学の条件　262／（2）史料から歴史へ　267／（3）信頼できる年代　286
／（4）アンナ・コムネナの歴史学　301

跋　305

アンナ・コムネナをめぐる人々　307
コムネノス家・ドゥーカス家系図　319
ビザンツ皇帝一覧（九七六～一二〇四年）　320
あとがき　322
図版・地図一覧　*6*
参考文献抄　*1*

ケルソン
黒海
グルジア
カスタモン
マンツィケルト
ンスタンティノープル
ニカイア
ルーム・セルジューク朝
イコニオン（コンヤ）
エデッサ
アンティオキア
アンティオキア公国
キプロス島
N
エルサレム
0
300km
ファーティマ朝

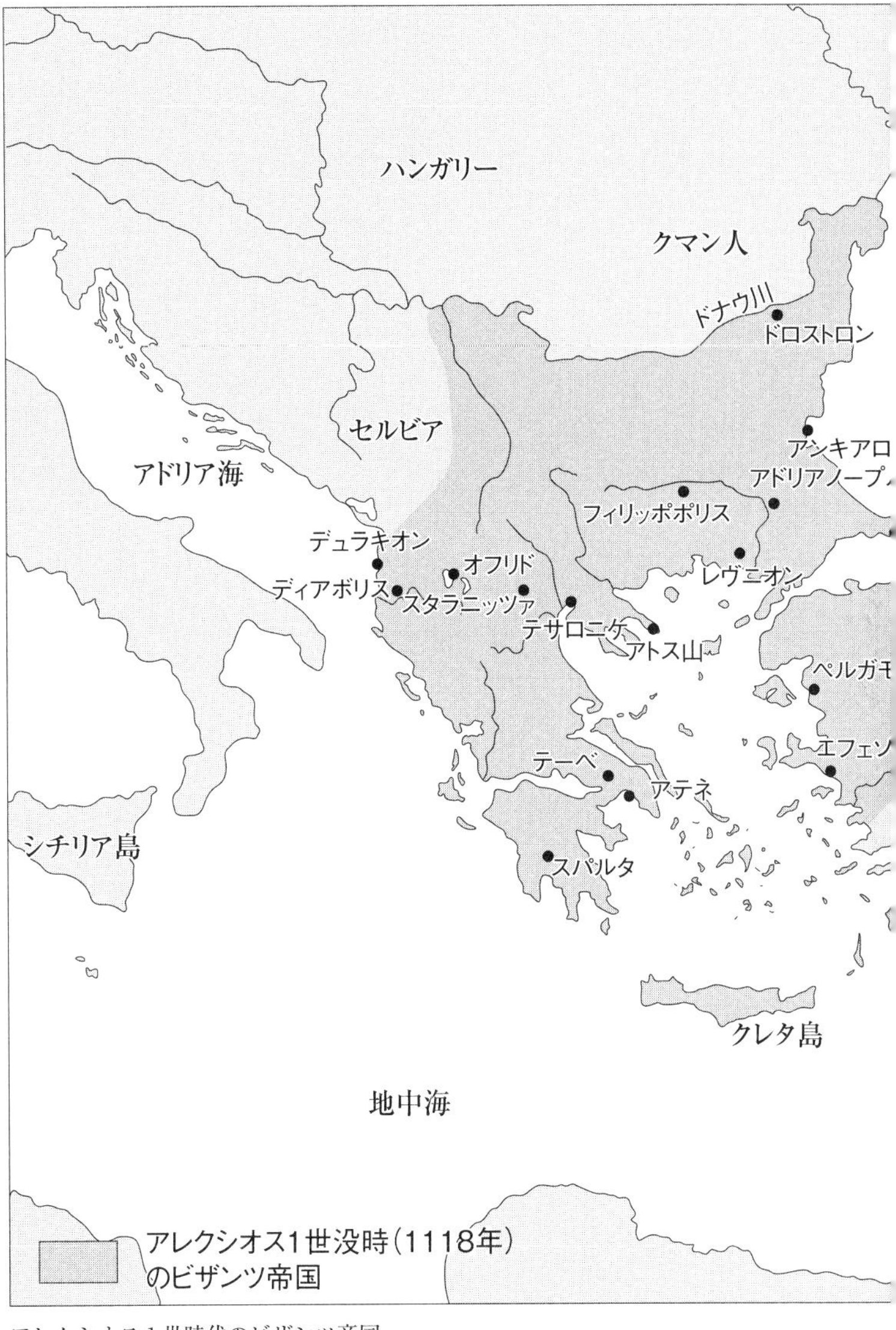

アレクシオス１世時代のビザンツ帝国

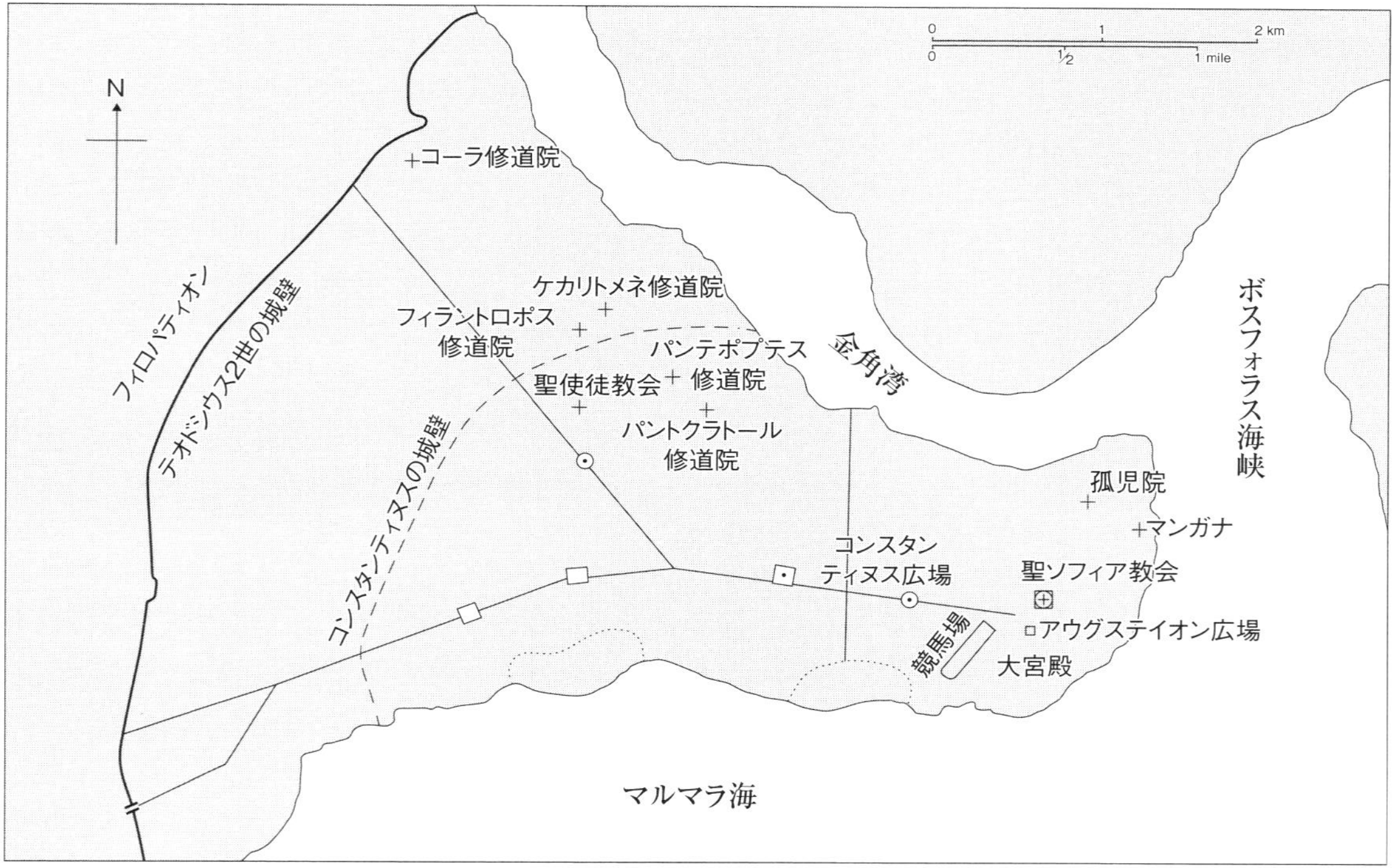
N
0
1
2 km
0
1/2
1 mile
フィロパティオン
テオドシウス2世の城壁
コーラ修道院
ケカリトメネ修道院
フィラントロポス
修道院
パンテポプテス
修道院
聖使徒教会
パントクラトール
修道院
金角湾
ボスフォラス海峡
コンスタンティヌスの城壁
孤児院
マンガナ
コンスタンティヌス広場
聖ソフィア教会
アウグステイオン広場
競馬場
大宮殿
マルマラ海

コンスタンティノープル

序

歴史学は何のためにあるのだろうか？　私たちがより良い未来を生きるためである。希望に燃えて明日を迎えようとする者は、過去を学ぶことで自分たちの未来を確信する。しかし辛い日々を送り、明日に絶望した者にとって、歴史学が生きる糧となることもあった。女性歴史家アンナ・コムネナは不幸な我が身への慰めを歴史学に見いだした。父アレクシオス一世（ビザンツ皇帝、在位一〇八一～一一一八年）の治世を描いた『アレクシアス（アレクシオス一世伝）』全十五巻はこうして誕生した。

幸福だと感じるか、不幸と思うのかは個人の主観に依るところが大きい。他人からみれば羨《うらや》ましいような境遇にありながら、自分は不幸だと考える者もいるだろうし、辛い日々を送りつつも、わずかなことに幸せを感じる者もいる。アンナは序文でこう述べている。「皇帝と皇后を両親にもつ私には幸福の女神が微笑んでいる……、ひとはそう言うかもしれない。だが私の生涯は不幸であった。」『アレクシアス』の筆を執りつつアンナはしばしば涙する。

いつの時代においても、泣くことは女性にふさわしい振る舞いとされていた。ビザンツ人も例外ではない。自分が女であることを意識して、『アレクシアス』のなかでアンナは嘆き悲しみ、涙するのかもしれない。古代ギリシアで誕生して以来、歴史学は男の学問だったからである。あえて男の世界に踏み込んだ女性、女性が書いた珍しい歴史書、それがアンナ・コムネナの『アレクシアス』である。

不幸を嘆くひとりの女性が綴った『アレクシアス』は、奇妙な魅力をもつ作品である。事実を冷静に記すべき歴史書に、アンナは思いの丈を書き連ねている。敬愛する父を称賛し、父の苦難に涙する。場違いとも言える個人的なことがらを書き加えたりもした。ノルマン戦争の終結を扱った第六巻では、父アレクシオス一世の凱旋に続けて、自分の誕生を記している。歴史書に著者の誕生にまつわる話を長々と記すなど、普通では考えられないことである。

『アレクシアス』の評価は分かれている。ビザンツ歴史文学の最高傑作と言われる一方で、冷静な叙述ではない、客観性に欠けると、歴史書失格の烙印を捺されることもある。アンナは、政治や戦争といった公のことがらについて、その真実を伝えるのが歴史家の務めであることを承知のうえで、自身の悲しみや嘆き、溢れくる思いを書き綴った。

これから私たちは、アンナの生涯をたどり、その作品を読み解く歴史の旅に出ることにしよう。彼女の生涯は『アレクシアス』と分かちがたく結びついている。数奇な人生が一風変わった歴史書を生み出し、作品に彼女の生涯が刻まれている。アンナ・コムネナの生涯と作品をひとことで言い表すなら「歴史学の慰め」となる。

第一部　生涯

1 「緋色の生まれ」

私がその赤ちゃんである

古代・中世史の場合、著名人であっても生年月日は不明で、死んだ年月しかわからないことが多い。生まれてくる時はごく普通の人間だった者が、めざましい活躍をした結果、その死が人々の注目を集めたからである。アンナはまったく逆である。生まれた日やおおよその時間までわかっているのに、没年は伝わっていない。

誕生日がわかっているのは、本人が『アレクシアス』のなかで書いているからである。ノルマン戦争の終結を記したあと、父アレクシオス一世の凱旋に続けて、自分の誕生について次のように述べている。

皇帝は勝利の月桂冠に飾られて都に凱旋した。インディクティオ七年十二月一日（＝一〇八三年）のことである。ちょうど皇后が大奥にある特別の部屋で子供を産もうとしているところであった。その部屋を私たちの祖先は緋の産室と呼んでいた。そこから有名な「緋色の生まれ」という言葉が出ている。土曜日の夜明けに女の子が生まれた。その子は何から何までお父さんそっくりだと

誰もが言っていた。私がその赤ちゃんである。（六巻八章1節）

緋の産室とは、コンスタンティノープルの大宮殿にある小さな建物で、壁や床が緋紫色――皇帝の色――をしており、皇后はそこで子供を産む。この部屋で生まれた皇子・皇女は「緋色の生まれ」と呼ばれ、特別扱いされてきた。もっとも有名なのは十世紀の皇帝コンスタンティノス七世（在位九一三～五九年）であろう。幼くして即位した彼は、実権を握った有力者によって廃位されかねない状況に長くおかれていた。生命の危険すら乗り越えて、王朝を存続させることができたのは、「緋色の生まれ」がもつ権威であった。

アンナもまた「緋色の生まれ」である。緋の産室で生まれたことはアンナのなによりの誇りであった。『アレクシアス』序文で名乗る際にも、まず緋の産室で生まれたことに言及しているし、まわりの人々も正式に呼びかける時には「緋色の生まれ」のアンナ殿と言うのが常であった。

アンナは続く八章2節で自分の誕生にまつわる話を書いている。

皇后である母から何度も聞いたことがあるのだが、皇帝が宮殿に戻る二日前に母は産気づいた。陣痛に苦しみながら、母はお腹のうえで十字を切って言った。「赤ちゃん、少し待ってね、お父さまがお帰りになるまで。」……赤ちゃんは皇后の言いつけを聞き入れた。このことは、まだ母の胎内にいる時から、私が両親に対する深い愛情をもっていたことを語っている。（六巻八章2節）

「お前が生まれた時は」と親から聞かされるのは、なんとも言えない面映ゆいものである。親の愛情が感じられて嬉しいけれども、照れくさいような、まして他人に言うのは恥ずかしい……。ところがアンナは堂々と歴史書に書いた。自分が両親に愛されたこと、父母を心から敬愛していたことを満天下に公表しているのである。私たちとは少し異なる神経の持ち主だったのだろう。アンナに対する評価、好き嫌いが分かれる要因のひとつかもしれない。

「緋色の生まれ」に加えて、自分は父に似ているとか、母親の言いつけを守ったといった、まったく個人的なことも書いている。『アレクシアス』はアレクシオス一世の治世を記した歴史書に違いないが、みずからの誕生に関する記事を見ただけでも、著者アンナには、敬愛する父の治績を後世に伝えるのみならず、私という存在を永遠に残したいという思いがあったことが窺《うかが》える。あえて言えば、『アレクシアス』はアンナの自伝でもある。父の業績を誇らしげに記し、母の思い出を綴りつつ、そのような父の、このような母の娘であるという自己主張が込められている。

誕生記事の技巧

少し脱線して生まれた時のことを書いただけで、自己主張と言われてはアンナも不本意ではないか、そう思われた方もおられるかもしれない。しかし誕生記事は、父の歴史を書きながら、ふと思いついて書き添えたなどというものではない。事件の順序に従って記すはずの歴史書でありながら、自分の誕生については時代順を無視して、かなり強引に割り込ませているからである。そこにアンナの強い思いを読み取ることができる。

アレクシオス一世の時代は戦争が続いた。その治世を描いた『アレクシアス』も当然ながら戦争の歴史である。次々と行なわれた戦争のなかで、もっとも激しく、帝国の存亡をかけて戦われたのが、アレクシオスの即位直後に生じたノルマン戦争である。一〇八一年六月に南イタリアのノルマン人君主ロベール・ギスカールがアドリア海を越えてビザンツ領に侵入してきた。めざすところはコンスタンティノープル、ビザンツ帝国の征服である。『アレクシアス』の第三巻から六巻まで詳しく経過が記されているこの戦争は、一〇八五年七月ギスカールの急死によってようやく終わった。

『アレクシアス』は六巻六章のギスカールの死、ノルマン戦争の終結に続けて、横道に逸れた七章を挟んで、八章の冒頭でアレクシオスの凱旋を記している。続けて、先に引用したように、ちょうどその時私が生まれたと話が移ってゆく。『アレクシアス』にはノルマン戦争終結の日付が記されていないので、違和感なく読めるが、実は順序が狂っている。アンナの誕生は一〇八三年十二月で、ギスカールの死、ノルマン戦争の終結より一年半も前のことである。ノルマン側の史料なども合わせて、この間の経過を整理すると次のようになる。

強力なノルマン騎兵部隊に苦戦したアレクシオスは、神聖ローマ帝国や

図1　アレクシオス1世（写本挿絵）

ヴェネツィアとの同盟、ギスカール配下のノルマン将兵に対する切り崩しといった外交策で対抗した。この戦略はしだいに効果を現わし、八三年の晩秋ノルマン軍はビザンツ領内にいくつかの橋頭保を残して、いったん南イタリアに撤退した。ひとまず危機を脱したアレクシオスが都に戻ったのが、八三年十二月一日、アンナ誕生の前日というわけである。しかし翌年秋には、体勢を立て直したギスカールが再度侵入し、八五年夏まで続くノルマン戦争の後半戦となる。

年代の狂いはアンナの無知や誤解のためではなく、ビザンツの歴史書がしばしば採用する「先取」「遡及」という技法を用いた結果と考えるべきである。「先取」「遡及」とは、年代順をひとまず無視して、関連する出来事をまとめて記す編集方法をいう。つまり、今扱っている事件よりのちのことを予め述べておく「先取」、逆に以前のことを振り返って記す「遡及」ということになる。ものごとの因果関係を示し、歴史の流れをはっきりさせるために必要な歴史叙述の技法である。

ノルマン戦争の終結、皇帝の凱旋に続けて自分の誕生を記しているのは、アンナの意図的な編集、「遡及」とみるべきであろう。ギスカールのノルマン軍をみごとに撃退したのは、アレクシオス一世の最大の功績であった。父の凱旋の場面に重ねて、私は皇帝の栄光、その申し子である、と自分の誕生を劇的に演出したようである。

それだけではない。ノルマン戦争の終結と自分の誕生のあいだにアンナは別の話を挟んでいる。占星術について述べた六巻七章で、一読しただけでは単なる脱線としか思えない章である。ギスカールの死を予言した占星術師がいたことから筆が逸れて、カタナンケスという占星術師がアレクシオス皇帝の死を予言したことに話は及んでゆく。カタナンケスの予言は二度とも外れた。しかし一度目は予言の日に、宮殿で飼われていたライオンが死んだ。二度目は皇帝の母、アンナ・ダラセナがその日に死んだ。

占いは外れたが、アレクシオスは鷹揚に振る舞い、カタナンケスを処罰しなかったと話は結ばれる。

アレクシオス一世の死の予言は歴史の本筋から離れている。ノルマン戦争と自分の誕生のあいだに、わざわざこのような逸話を入れたのも、意図的な編集作業と考えるべきであろう。一度目の予言の結末は、ノルマン戦争に勝利した勇敢な父アレクシオスは獅子のような存在だと言わんとしたものであろう。おそらく、予言が外れた占星術師が考えついた苦肉の言い訳か、あるいは側近の誰かが皇帝に取り入ろうとして言い出したのかもしれない。偽予言となったにもかかわらず許されたのは、巧みなお追《つい》従《しよう》のおかげであろう。

第二の予言の顚末は、アレクシオス皇帝と母ダラセナは一身同体であったと言っているようである。のちにみるように、確かにアレクシオスにとって母は特別の存在であった。マザー・コンプレックスなどと言われることもある。しかしアンナが伝えたかったことはそれだけではなかった。自分と祖母の強い絆をぜひとも言いたかったようである。ビザンツ人は祖父母から名前を貰うのが通例で、アンナの場合は父方の祖母アンナ・ダラセナにちなんでいる。「あなたはお祖母さまから名前を貰ったのよ。」繰り返しそう言われて育ったはずである。祖母ダラセナと暮らした期間は短かったが、アンナの生涯に決定的な影響を与えた人物であった。

ダラセナは第六巻以降にも何度か登場する。彼女が死んだのは、ノルマン戦争の終結から十五年も経った一一〇〇／〇二年のことである。アンナは年代を無視して、自分の誕生の直前に、父の凱旋に加えて祖母の死も記した。こちらは「先取」という手法を用いて、祖母の死と自分の誕生をひとつにまとめたのである。私は祖母の生まれ変わりだと言わんばかりのアンナ、仏教風に言えば輪廻転生である。ここにも自伝という側面が窺える。

アンナ誕生の翌年秋には、体勢を立て直したギスカールが再び侵入してきて、ノルマン戦争の後半戦となった。八一年から八三年まで二年半に及んだ前半戦では四度にわたって出陣し、延べ一年ほど戦場にあったアレクシオスが、八四〜八五年の後半戦には一度も出陣していない。一〇八三年十二月一日の凱旋から、戦争の終結までずっと都にいたようである。戦場となる地域の防衛体制が整い、ノルマン軍の攻撃が帝国の存亡に直接関わるものではなくなったことが理由と思われる。しかし、ひとこと感想を述べさせてもらうなら、もし私がアンナだったら、父の凱旋と自分の誕生を無理に結びつけるよりも、こちらの事実を強調しただろう。可愛い我が子の顔を見て、父は戦場に出るのをやめた、私は父の最愛の娘であった……。もっとも、アンナの自伝ならばそれもよかろうが、歴史書としては、せっかく獅子になぞらえたアレクシオスの名誉を傷つけかねない。

さらに付け加えると、少し古いが詳しくて便利な『キリスト教人名辞典』は、アンナの誕生日を十二月一日としている。確かに、判断が分かれる、微妙なところではある。『アレクシアス』に、十二月一日に皇帝が凱旋した、まさにその時皇后が子供を産もうとしていたとあるのが、一日誕生説の根拠であろう。しかし続く「夜明けに女の子が生まれた」という文も合わせると、やはり日付を越えて二日とするのが妥当と思われる。アレクシオス一世の子供の誕生日を調べたビザンツ人がいて、結果を手元の書物の扉に書き留めている。十二世紀のものと思われるその書き込みは、「十二月二日、土曜日、九刻、インディクティオ七年に『緋色の生まれ』のアンナ殿が生まれた」となっている。アンナ以下九人の子供の生年月日をどうして知ったのかは不明であるが、宮廷の日誌を見たのだとすれば信頼できる情報であり、すでに存在していた一覧表を写しただけだとしても、無視できない記録であろう。アンナの誕生日は十二月二日である。

帝国中興の祖

アンナは緋の産室で生まれたことを繰り返し強調している。注目すべきは、父は皇帝アレクシオス一世コムネノスであると述べるだけでなく、必ずと言ってよいほど、母は皇后エイレーネー・ドゥーカイナと母方にも言及することである。ドゥーカイナというのはドゥーカスの女性形で、母は十一世紀の後半に二代にわたって皇帝を出した名門ドゥーカス家の女性であった。ただし皇帝の血は引いておらず、傍系の娘ということになる（三一九ページの系図参照、図2）。のちほど詳しくみるように、アンナは母方のドゥーカス家に強い帰属意識をもっていた。

母方への思い入れは客観的にみても重要であった。単に皇帝の娘というのではなく、コムネノス家とドゥーカス家のふたつの血を受け継いだところに、時代を生きるアンナがいたと言える。アンナという存在をビザンツ帝国史のなかで捉えるために、父アレクシオス一世がいかなる皇帝であったのか、簡単に考察しておきたい。

ビザンツ帝国は皇帝中心の国家だったので、皇帝の運命をみれば、どんな時代だったのかがおおよそ推定できる。歴代皇帝一覧といった無味乾燥なリストからも、帝国の歴史がある程度わかるのである。十一世紀の皇帝一覧を見ると（三二〇ページ「ビザンツ皇帝一覧」）、帝国の最盛期を誇ったバシレイオス二世（在位九七六～一〇二五年）の長い治世のあと、一〇二五年から八一年までの五十年余りの間に、十数人の皇帝が次々と即位している。一〇四二年には、二か月間だけ姉妹が共同皇帝となるという異例の事態も生じた。十一世紀が混乱の時代であったことを語るものである。

一〇八一年に即位したアレクシオス一世は一一一八年まで三十七年にわたって在位した。そのあと、

図2　エイレーネー・ドゥーカイナ皇后（ヴェネツィア、サン・マルコ教会の黄金の祭壇衝立＝パラ・ドーロ）

息子ヨハネス二世（在位一一一八〜四三年）、孫マヌエル一世（在位一一四三〜八〇年）と続き、直系の三代――アンナの父・弟・甥――が百年間統治した。帝国政治が安定を取り戻したことが窺える。コムネノス王朝時代はビザンツ帝国の再興期、アレクシオス一世は帝国中興の祖であった。

アレクシオス一世による帝国再建はどのようにして可能となったのだろうか。十一世紀における帝国の混乱は、トルコ人やノルマン人といった新たな外敵の登場に加えて、なによりも陰謀や反乱が相次いだためであった。地方に領地をもち、軍事力を蓄えた貴族が抬頭して、それまで「神の代理人」として絶対的な権力をもっていた皇帝に反抗するようになったのである。それゆえ、反乱を未然に防ぐこと、具体的には、有力な貴族を皇帝の支配下に組み込むことが帝国再建の鍵であった。反乱を繰り返す貴族のなかで、もっとも有力だったのがコムネノス家とドゥーカス家であった。日本史でいうなら、コムネノスが源氏、ドゥーカスは平家といったところであろうか。両者の関係が帝国再建の鍵を握っていたと言っても過言ではない。

二大家門の連合と確執

帝国再建の事情を明らかにするために、アンナ誕生に至るまでのコムネノス家とドゥーカス家の歴史をたどってみよう。話は一〇五七年、ちょうど父アレクシオスが誕生した年に遡《さかのぼ》る。この年の六月、コムネノス家とドゥーカス家を中心に多くの貴族が、時の皇帝ミカエル六世に反旗を翻した。混乱の十一世紀を象徴する事件である。コムネノス＝ドゥーカス連合を軸とした反乱軍は、著名な将軍イサキオス・コムネノスを皇帝に歓呼したうえで、コンスタンティノープルをめざして進軍した。八月には迎え撃つ皇帝軍を撃破し、もはや都への道をさえぎるものはなくなった。ところが、反乱の成功は間違いないという時になって、反乱軍に亀裂が生じる。ことの起こりは皇帝側からの和平提案であった。ミカエル六世は、反乱軍の総大将イサキオスに、「私の養子になってくれ。共同皇帝の地位を与えよう。私はもう年だ、あとを『息子』のお前に任せたい」と伝えてきたのである。

イサキオスはこの申し出を歓迎した。いよいよ帝位に手が届くところまできて、自分の思い描く皇帝像が、仲間の貴族たちとは違うことを痛感するようになっていたからである。反乱を起こした貴族たちはイサキオスを自分たちの利益代表くらいに思っていた。ところがイサキオスが望んだのは「神の代理人」として君臨する皇帝であった。いうまでもなくビザンツ皇帝本来の姿である。理想の皇帝をめざすイサキオスにとって、ミカエル六世の提案はまさに渡りに船であった。

仲間の反発を避けるためにイサキオスは、提案を受け入れる旨を秘かにミカエル六世に伝えた。しかしながら事態はたちまち反乱軍内に知れわたった。「これは罠ですぞ。のこのこ会いに行けば、毒を盛られるに違いない」と諫める者もおれば、激高して「イサキオスは俺たちが創った皇帝なのだ、ミカエルの後継者ではない」と叫ぶ者もいた。だがイサキオスは平然として決意を述べた。反乱は成功した、今日をもって軍は解散する。私は親衛隊とともに都へ入る、悪いようにはしないから諸君は故郷へ帰って待機せよ。ともに戦った仲間への裏切りの言葉であった。

こうして誕生したイサキオス一世（在位一〇五七～五九年）であったから、最初から貴族たちとの関係はぎくしゃくしていた。皇帝は軍事力にものをいわせて、専制君主として君臨しようとする。即位直後に発行した金貨に、十字架ではなく剣を持った姿を刻んだのは、新皇帝の所信表明であった。独裁者への道を進むイサキオスに対して、貴族たちは不信感を拭うことができない。イサキオスが軍人上がりの皇帝らしく、対外戦争において戦果を挙げているうちは両者の関係もなんとかとり繕われていた。ところが即位二年にして病にかかると、溜まっていた不満がいっきに噴き出した。貴族たちはイサキオスに退陣を求めた。皇帝としての責務が果たせないならば、それにふさわしい人物に交替せよというのである。せめてもと、イサキオスは弟のヨハネスに帝位を譲ろうとした。ところが貴族たちの不満は思った以上に強く、コムネノス一族でのたらい回しに拒絶反応を示した。当のヨハネスもそのような雰囲気を察してか、さっさと辞退してしまった。衆望はコムネノスと並ぶ有力な貴族ドゥーカスに集まり、イサキオス一世もそれに従わざるを得なかった。こうして一〇五九年十一月、禅譲というかたちをとる珍しい帝位交代となった。

この帝位交代に歯ぎしりせんばかりに悔しがった女性がいた。ヨハネス・コムネノスの妻アンナ・ダラセナ——アンナの祖母——である。ダラセナは夫に向かって言った。「帝位を断るなんて、なんという馬鹿げたことをするのですか。家族のことを考えてください。コムネノス家以外の者が皇帝となったら、帝位を確実なものとするため、私たちを皆殺しにするに違いありません。」本当にこのような発言をしたのか、確かなところはわからないが、ダラセナの言葉は当時の皇帝と貴族の関係を端的に表現している。

理屈で説いても夫が動かないのを見て、ダラセナは泣いて訴えたが、それも無駄であった。皇后になる望みが破れたダラセナは、夢を子供たちに託する。彼女には、まだ二歳のアレクシオスを含めて、すでに三人の息子がいた。帝位を奪ったドゥーカス家への憎悪を秘めながら、子供たちに英才教育を施してゆく、この子たちのうち誰かが皇帝になってくれますように……。

時代の象徴として

コムネノス＝ドゥーカス連合の第一幕は、一〇五九年のコムネノスからドゥーカスへの帝位交代で終わった。第二幕は八一年の早春に始まることとなるが、幕間に舞台裏で大きな動きがあった。ダラセナの息子アレクシオスとドゥーカス家傍系の娘エイレーネー、つまりアンナの両親の結婚である。縁談はドゥーカス家から持ちかけたようである。一〇七七年秋に、エイレーネーの父アンドロニコスは、戦場での傷がもとで余命いくばくもない状態となった。ブルガリア王家の出である妻のマリアは一家の将来を案じて、夫の父ヨハネスとも相談し、娘エイレーネーを有望な青年将軍アレクシオス・コムネノスに嫁がせることにした。娘はまだ結婚年齢ではなかったが、夫の存命中に縁談をまとめようと、ともかく婚約を実現させたのである。マリアは目端の利くしっかり者だったようで、のちアレクシオスが反乱を起こし皇帝となるにあたっても、重要な役割を果たすことになる。

一家の将来を有能な青年に託して安心したのか、アンドロニコスは修道院に入り、まもなく死んだ。翌七八年、エイレーネー・ドゥーカイナが結婚可能な十二歳になると、すぐに婚礼が執り行なわれた。新郎アレクシオスは二十歳であった。新郎の母ダラセナは、夫が継ぐはずであった帝位を横取りしたと、ドゥーカス家をいまだに恨んでおり、最後まで結婚に反対していた。母の反対に対してアレクシオスは、これはコムネノス家に帝位を取り戻すための方便だと納得させたようである。

アレクシオスの期待は裏切られなかった。一〇八一年の春にコムネノス家が旗揚げした時、エイレーネーの祖父ヨハネスは一族郎党を率いて反乱軍に馳せ参じた。コムネノス＝ドゥーカス連合の第二幕となった八一年の反乱は、次々と皇帝が交代する混乱の時代に終止符を打ち、帝国の再建を告げる事件であった。反乱の経過を簡単にみておこう。

ニケフォロス三世（在位一〇七八〜八一年）の独裁的な政治に対する不満は各方面で燻っていた。コムネノス家の兄弟――兄イサキオスと弟アレクシオス――も、なまじ有能な将軍であったがゆえに皇帝に睨まれ、身の危険を感じていた。一〇八一年二月、反乱を決意した兄弟は秘かに都を脱出する。その際にエイレーネーの母マリアは、もうひとりの娘婿パライオロゴスに対してアレクシオスに同行するよう促し、父がニケフォロス三世に仕えていたため反乱参加をためらう娘婿を恫喝している。その剣幕に恐れをなしたのか、パライオロゴスは父よりも妻の母に従うことにした。

コムネノス家を中心に旗揚げしたものの、誰を総大将つまり皇帝に担ぐかは未定のままであった。反乱軍の決起集会においてドゥーカス一門は、兄イサキオスではなく弟アレクシオスを推した。言うまでもなく、アレクシオスの妻がエイレーネー・ドゥーカイナだったからである。軍人としての経歴・実績という点では兄弟に大きな差はなく、普通なら年長のイサキオスが選ばれるはずだったが、ドゥーカス家をはじめとする有力貴族の意向でアレクシオスに決まった。

長幼の序に反する決定を弁護するためか、アンナは皇帝候補をめぐるやりとりを記す際に、その昔にコムネノス兄弟が出会った老人の話を紹介している。ある夜、兄弟ふたりして宮殿から戻る途中、白髪の老人と出会った。老人は馬上のアレクシオスに近づくと、「詩編」の一節「しっかりせよ、成功せよ、真理と謙虚と正義により統治せよ」を唱えたのち、小声で「皇帝アレクシオスよ」と言って立ち去った。アレクシオスは不審に思い、老人を追って探しまわったが見つからなかった。戻ってきた弟に兄イサキオスは「あの者は何と言ったのか？」と尋ねた。アレクシオスは戸惑いつつも、皇帝と呼びかけられたことを話したが、そんな途方もないことを言うのは詐欺師に違いないと付け加えた。

反乱軍の大勢《たいせい》が弟アレクシオスに傾いているのをみた兄は、白髪の老人の話を持ちだして、弟に帝位に就くよう勧めた。「あの夜のことを憶えているだろう、お前は皇帝となる運命なのだ。」イサキオスの言葉を待っていたかのように、ドゥーカス家の人々が「アレクシオス皇帝、万歳！」の声を上げた。アレクシオスは兄に促されて歓呼に応えた。あの夜の老人は神の使いであり、自分を皇帝にするために現れたのだと思うと、兄に済まないという気持ちも少しは軽くなっただろう。

アレクシオスを担いだ反乱軍がコンスタンティノープルに突入すると、ニケフォロス三世はいったん聖ソフィア教会に逃れ、そこから最終的に修道院に送られた。入れ替わるように反乱軍が宮殿を制圧した。ところが新皇帝をはじめコムネノス一族は大宮殿に入ったが、妻のエイレーネー以下ドゥーカス家の人々は「下の宮殿」に残された。続いてアレクシオスのみの戴冠式が聖ソフィア教会で行なわれた。新皇帝に妻がいる場合、夫婦そろって戴冠式に臨むのが通例であり、異例の式典となった。

アレクシオスが単身で入った大宮殿には、前皇帝の妃、マリア皇后――アンナとも縁の深いこの皇后については次章以下で詳しく話す――が「緋色の生まれ」の皇子とともに残っていた。アレクシオスの行動を知って、巷では、妻を離縁して皇后マリアと再婚するのだという噂がささやかれた。根も葉もない話だと、アンナは吐き捨てるように言っているが、かなり現実味があったようである。ドゥーカス嫌いの母ダラセナ、政略結婚であり、とくに愛情があるわけでもない妻……、帝位に就いた今こそドゥーカス家との関係を見直す機会ではないか。アレクシオスにそのような思いがなかったとは言えまい。何といっても、貴族に担がれるのではなく、先の皇帝とのつながりを根拠に即位することは魅力的であった。

ドゥーカス家をはじめとする貴族たちは反発した。彼らは皇帝歓呼に際して、あえてエイレーネーの名を唱えた。それを咎められると、父に背いてまで反乱に加わったパライオロゴスは、「我々はエイレーネーのために戦ったのだ」と声を荒げた。ドゥーカス派であった総主教も、正当な理由のない離婚は認められないと、遠回しにマリアとの再婚に反対したようである。ダラセナは邪魔な総主教を辞めさせようと画策したが、総主教は開き直って「この手でエイレーネーを戴冠するまでは辞任しない」と突っぱねた。事態は緊迫してきた。

バシレイオス二世のように貴族に縛られない皇帝として君臨したい、伯父のイサキオス一世はその道を選んだ。しかし貴族の反発に遭い、たった二年で帝位はコムネノス家を離れてしまった。アレクシオスはなお迷っていた。決断するのに一週間かかった。アレクシオスの戴冠の七日後に行なわれたエイレーネーの皇后戴冠式は、新皇帝がコムネノス＝ドゥーカス連合のもと統治することを告げていた。皇帝独裁体制から貴族連合体制への大転換である。新しい時代を開いた皇帝アレクシオス一世は、けっして確固たる信念、決断力の持ち主ではなく、優柔不断と言ってもよいほどの慎重な性格であった。歴史の転換とは、往々にしてそういうものである。

それから二年半、アレクシオスとエイレーネーのあいだに長女アンナが生まれる。皇帝の娘というだけではなく、移り変わる時代の象徴として生まれてきたがゆえに、個人の意思や願いを超えて、アンナは歴史を生きなければならなかった。

2 幻想の皇帝歓呼

違法の婚約

アンナは生まれてまもなく婚約した。相手はコンスタンティノス・ドゥーカスという十歳の少年であった。ミカエル七世（在位一〇七一〜七八年）の息子、コンスタンティノス十世（在位一〇五九〜六七年）の孫にあたるドゥーカス王朝の直系、「緋色の生まれ」の皇子である。

ビザンツ帝国では、結婚可能年齢は男子十四歳、女子十二歳とされていたが、七歳以上で両親の合意があれば婚約が可能であった。七歳以上という規定には、当人も一定の意思表示をするという含みがあったようである。コンスタンティノスはともかく、生まれたばかりのアンナの婚約はまったくの違法であった。父アレクシオス一世の意向で強行されたものと思われる。

アンナの婚約と関わると思われるのが、誕生の半年後、一〇八四年六月に発布された婚約に関するアレクシオス一世の勅令である。同勅令は、婚約者以外の者と結婚すれば、離婚・再婚という不法行為を犯したものとみなす、と定めた一〇六六年の教会会議決定を国法として確認した。結婚に準ずる拘束力を婚約に持たせようとしたこの教会会議決定については、すでにニケフォロス三世が確認しており、改めて法制化する必要はなかったはずである。そのつもりで読み直してみると、八四年の勅令は、結婚に準ずる婚約とは別に、定められた年齢以前になされる結婚の約束にも言及しており、生まれて間もないアンナの婚約を正当化する狙いがあったようである。

アレクシオスが娘の婚約を急いだのには理由があった。ひとつは対外危機への対応である。即位直後から始まったノルマン君主ギスカールの侵入に対して、ビザンツ帝国はコムネノスとドゥーカスという二大家門を中心に、有力貴族が皇帝のもとに結集して対抗した。ノルマン戦争の最初の大きな戦いとなった一〇八一年十月のデュラキオンの会戦には、帝位をめぐって長らく争ってきた貴族たちが轡《くつわ》を並べている。

ところが、帝国が総力を挙げたデュラキオンの会戦は大敗に終わった。多くの貴族が戦場に倒れ、アレクシオスは辛うじて戦場を離脱している。その後も八五年のギスカールの死まで激しい戦闘が繰り返された。強力なノルマン軍がコンスタンティノープルをめざして攻め上ってくるという状況のなか、有力な貴族をぜひとも政権につなぎとめておく必要があった。貴族たちは自分たちの発言権、特権を確保できるような政権を望んでいた。アレクシオス一世に対して、「神の代理人」としての独裁的な皇帝ではなく、自分たち貴族の代表者として統治することを求めたのである。皇帝に対する重しとして貴族たちの期待を集めていたのが、コムネノスと並ぶ名門ドゥーカス家であった。そもそもアレクシオスが皇帝となれたのも、妻がドゥーカス家のエイレーネーだったからであった。

アレクシオスとエイレーネーの結婚が、コムネノスとドゥーカスを軸とする貴族連合政権に道を開いたとするならば、アンナの婚約はそれを補完するものであった。しかも婚約者のコンスタンティノスはドゥーカス本家の「緋色の生まれ」であり、本来ならば帝位に就くべき皇子であったから、簒奪皇帝アレクシオス一世に、まだ幼い正統な帝位継承者になり代わって帝国を統治するという大義名分を与えてくれる婚約でもあった。

皇后マリアの願い

アンナの婚約の背景には、アレクシオス一世にとってもっと生々しい個人的な理由もあった。皇帝ニケフォロス三世の妃マリアとの因縁である。帝位に就くにあたってアレクシオスは多くの女性から協力を得た。一〇八一年の反乱は、女性の貢献が目立つという点に大きな特徴がある。母のアンナ・ダラセナは計画の段階から相談に与っており、息子たちが旗揚げへ向けて都を出たあと、残された家族の安全を確保すべく皇帝側と渡り合った。妻エイレーネーの母「ブルガリアのマリア」は脅迫まがいの言葉で、有力貴族パライオロゴスを反乱に参加させた。もっとも力になってくれたのが皇后マリアであった。いずれも動乱の時代を生き抜いてきた強い女であった。

皇后マリアももともとは強い女ではなかった。美貌で有名だったグルジア王女で、ミカエル七世の妃となり、緋の産室でコンスタンティノスを産んだ。遠い異国に嫁いだとはいえ、ゆくゆくは我が子が皇帝となり、宮廷の女主人として幸福な生涯を送るはずだったが、頼みの夫ミカエルは無能で、在位七年にして帝位を追われ、修道院に送られてしまった。マリアも修道院入りを覚悟した。

ところが、思いがけなくマリアは皇后という身分のまま宮殿に残ることとなった。ミカエル七世から帝位を奪い取ったニケフォロス三世は、妻に先立たれて独身であった。多くの女性が新皇帝の気を引こうと競ったが、ニケフォロスは前皇帝の妃マリアとの再婚を望んだ。力ずくで帝位に就いた人物が前皇帝の一族の女性を娶り、幼い皇子の後見人という立場で即位する、ビザンツ帝国の歴史を通じて何度も繰り返された帝位交代劇である。何人かいた皇族女性のなかからマリアが選ばれたのは、その美貌に加えて、異国の出であり、まわりにうるさい親類・縁者がいないためだったという。有力貴族を遠ざけ、独裁者として君臨したいという新皇帝の思惑が透けて見える。

修道士となった夫のあとを追って、自分もこの世を捨てるつもりであったが、マリアは新皇帝ニケフォロスの意向に従うことにした。幼い息子コンスタンティノスのことを考えれば、そうする他はなかったのである。優しかったが皇帝としての資質に欠けていたミカエル七世とは異なり、ニケフォロスは歴戦の将軍であった。しかも高齢で跡継ぎがいなかった。新しい夫は混乱する帝国を建て直し、私の息子に跡を継がせてくれるはずである、マリアはそう考えた。

マリアの肖像が残っている。皇帝と皇后が並ぶというお決まりの図柄で、向かって左にニケフォロス三世、右にマリアが立っている写本挿絵である（図3）。よく見ると皇帝の名前には書き換えた跡がある。皇帝像には変更が加えられていないので、もともとはミカエル七世の像だったのを、帝位交代のあとで名前だけニケフォロスに変えたものと思われる。気のせいか、右側に立っている皇后マリアは悲しそうな表情をしている。意に沿わぬ再婚を強いられた美貌の皇后という風情である。

マリアの期待はあっさり裏切られた。帝国の混乱は収まらず、皇帝独裁路線を追求するニケフォロス三世に対する反乱が続いた。なにより失望させられたのは、皇帝が甥を後継者に指名したことである。夫への愛は完全に冷めてしまった。いや、そもそも愛情などない打算の再婚だったのが、肝心の計算が狂ったのである。いったい何のための再婚だったのか、マリアは自嘲の溜息を洩らした。

新皇帝に幻滅を感じていたのはマリアだけではなかった。帝国軍司令官アレクシオス・コムネノスもしだいに不満を強めていた。相次ぐ反乱に対して、充分な兵も与えられずに出陣の命令が下されるたびに、皇帝は有力な将軍が戦場に倒れるのを願っていると思わざるを得なかった。それぞれ不満を持つ皇

図３　ニケフォロス３世と皇后マリア（写本挿絵）

后とアレクシオスは、どちらからともなく近づいていった。ある日、兄イサキオスとともに宮殿を訪ねたアレクシオスは、息子の帝位継承権を否定されて浮かぬ顔のマリアと会った。コムネノス兄弟は語りかけた。「皇后さま、悲しそうなお顔をなさって。何か悩みごとがおありならお聞きいたしましょう。」マリアは答える。「わけは聞かないでください。異国に暮らすことは、それだけで悲しいことなのです。」お互い言いたいことはよくわかった。

アレクシオスは、ニケフォロス三世を簒奪者と呼び、マリアの息子コンスタンティノス、「緋色の生まれ」の皇子こそが皇帝になるべきだと仄めかした。謀反の始まりである。アレクシオスの態度にマリアは期待を寄せ、求められるままに宮廷の動向を伝えるなど、協力を惜しまなかった。一〇八一年二月アレクシオスが最終的に反乱を決意したのも、皇帝側近の動きについてマリアから情報を得たためであった。マリアにとって、息子を皇帝にするためなら夫を裏切ることはなんでもなかった。息子のために耐える女から、息子のために行動する強い女へとマリアは変身していた。

反乱軍が策略で城壁を乗り越え、市内に突入すると、ニケフォロス三世はあっさりと退位し、修道院に入った。即位したアレクシオス一世が、夫を裏切ってまで協力してくれたマリアに対してどのように報いたのか、正確なところははっきりしない。それはそのまま、アレクシオスの難しい決断を示すものであった。推定を交えながら、マリアのその後をたどってみよう。

アレクシオスの優しさ

第1章でみたように、反乱に成功したアレクシオスは妻エイレーネーをはじめドゥーカス家の人々を残して、自分たちコムネノス一族だけで大宮殿に入った。続いて単独の戴冠式を挙行した。きわめて異例の事態であった。異例といえば、夫ニケフォロス三世が修道院に入ったのに、妃のマリアが宮殿に残っていたこともずいぶん不自然である。アレクシオスとのあいだで何らかの約束があったと考えざるを得ない。アンナは根も葉もない下世話な噂話だと強く否定しているが、アレクシオスがマリアとの再婚を視野に入れていたことは否定できないように思われる。

アレクシオスは迷っていた。マリアが絶世の美人だったことはともかく、夫を裏切ってまで示してくれた好意に報いるには、皇后の地位を保証することがなによりであろう。それはまた、「緋色の生まれ」のコンスタンティノスの後見人という大義名分のもと、いちいち貴族の顔色を窺うことなく、専制皇帝として君臨することにもつながる。アレクシオスの思惑に母ダラセナは賛意を示した。夫が継ぐはずだった帝位を横取りしたドゥーカス家への恨みの消えないダラセナは、この機会に嫁のエイレーネー・ドゥーカイナを追い出そうとしたのである。

マリアとしても宮殿を去りたくはなかった。かつてダラセナが泣いて夫に訴えたように、帝位交代の際には前皇帝の一族に不幸なことが起こりかねない。とりわけ気がかりなのは、ひとり息子コンスタンティノスのことである。自分は修道院に入ったとしても、まだ七歳の息子はどうなるのか。「緋色の生まれ」は両刃の剣であった。帝位をめぐる争いにおいて貴重な戦力として大切にされる一方、危険な存在として殺されるかもしれない。三年前に夫ミカエルが失脚した時には、幸いなことに新皇帝と再婚するというかたちで宮廷に残ることができた。できることなら今回もそうであってほしい。マリアはアレクシオスの決断をすがるような思いで待っていた。

アレクシオスの煮え切らない態度は各方面から反発や疑惑を招いた。積極的に動いたのはやはりドゥーカス家である。エイレーネーの祖父ヨハネスはアレクシオス即位の功労者であったが、かつてマリアとニケフォロス三世の結婚を取り持った人物でもあった。ヨハネスは昔の恩義をちらつかせながら、今回は身を引くようマリアに迫った。宮殿を出たあとのことを心配するマリアに対して、新皇帝からあなたたち親子の身柄の保証を取り付けてやろうと約束した。その一方で、アレクシオスに向かって、マリア親子をすみやかに宮殿から追い出すよう促した。大恩ある人物の意見にもアレクシオスはなお迷っていた。

一週間迷ってアレクシオスは結論を出した。マリアとの結婚は断念し、妻エイレーネーの戴冠式を執り行なうことにしたのである。エイレーネーが正皇妃として迎えられるのと入れ違いに、マリアは宮殿を出た。行き先は都の東端、海峡に面したマンガナ地区であった。マンガナには宮殿の他に壮麗な聖ゲオルギオス修道院もあったので、マリア皇后は修道院に入るものと、誰もが考えた。しかし正式に修道女となったわけではなかったようである。マリアの新しい住まいについてアンナは微妙な表現をしている。「ゲオルギオス修道院の脇に建てられた屋敷に住むようになった。」かたちだけの修道院入りだったらしい。

マリア皇后の運命は十世紀のロマノス二世（在位九五九～六三年）の妃テオファノとよく似ている。テオファノについては、ずっと以前に『ビザンツ皇妃列伝』で取り上げたことがある。美貌ゆえに皇妃に選ばれる、無能な夫、反乱将軍の簒奪と強いられた再婚、二人目の夫に対する失望そして裏切り。あまりにもそっくりな話である。ふたりの人生で異なるのは、三度目の結婚が帝国政治の非情な論理によって実現しなかったあと、テオファノが島流しになったのに対して、マリアは都で優雅な生活を続けたことである。マリアの幸運はアレクシオスの優しさに負うところが多いように思われる。

話は戻って、八一年四月、宮殿を出るに際してマリアは身柄の保証だけではなく、息子が帝位継承者として共同皇帝となることも求めた。厚かましいといえば厚かましい要求であったが、アレクシオスはそれも認めた。即位のために見捨てることとなったマリアに対する精一杯の償いであろう。さらに、将来娘が誕生したらコンスタンティノスと結婚させると約束した可能性もある。だとすれば、アンナは生まれる前から結婚相手が決まっていたことになる。息子の帝位継承権が認められるならとマリアは納得した。遠い都コンスタンティノープルに嫁いで十年、ミカエル七世とニケフォロス三世、二代の皇帝の妃として過ごした宮殿をマリアは静かに去った。

共同皇帝コンスタンティノス？

マリアが宮殿を去るにあたって、身柄の保証とコンスタンティノスの共同皇帝就任を約束した金印文書が発行されたと、アンナは『アレクシアス』三巻四章6節で明確に述べている。共同皇帝についてはとくに具体的に記しており、緋色の靴を履き、帝冠を戴いて行列し、皇帝歓呼を受ける、アレクシオス一世の発行する文書に赤インクで署名する、と見てきたかのように説明している。同時代の歴史書にも、コンスタンティノスが共同皇帝となったと明記しているものがいくつか存在し、「コンスタンティノス皇帝」を称えた皇帝賛美演説も伝わっているから、アレクシオス一世がコンスタンティノスを共同皇帝と認めたのは事実のようである。

ところが、現存するアレクシオス一世の文書に共同皇帝の署名は見られない。戦乱が繰り返され、最終的に滅亡したビザンツ帝国では、原文書は大部分が失われてしまい、写しが残っていても、署名などの形式部分は省略されることが多いので、コンスタンティノスが署名しなかったと即断はできない。しかし、ギリシア正教の聖地アトス山のラウラ修道院に残っている金印文書のうち、四五号、四六号文書

（どちらも一〇八四年）、四八号文書（一〇八六年）はこの時期のもので原本である。いずれも「アレクシオス、神キリストに信仰深きローマ人の皇帝、支配者、コムネノス」と、アレクシオス一世の署名だけで、当時十〜十二歳であったコンスタンティノスの副書はない。

もう一点、アンナの主張を疑わしくするのは金貨である。共同皇帝が任命されると、正皇帝と並んだ姿を刻んだ金貨を発行するのが慣例であった。マス・メディアの存在しない時代において、金貨は今日のテレビのような役割を果たしており、この人物が次の皇帝であるという官報でもあった。ところが、コンスタンティノスの肖像入り金貨はまったく伝来していない。のちになって回収された可能性なきにしもあらずとはいえ、文書に比べて残存状態がはるかに良い金貨なのに一枚もないのは、そもそも鋳造されなかったと考えるべきであろう。

署名入り文書が伝来していないこと、記念金貨もないことを考えると、アレクシオス一世はコンスタンティノスを共同皇帝、すなわち帝位継承者とすると表明したものの、本気で自分の後継者と考えていたのではなさそうである。宮殿を出るマリアに渡したという金印文書も、正式の皇帝文書ではなく、私的な覚書のようなものだった可能性が高い。そもそもそのような文書は存在せず、コンスタンティノスが共同皇帝であったというのはアンナの願望に過ぎないとする見解すらあるが、三巻四章の表現や用語からみて、何らかの文書があったことは確かであろう。

ちなみに、九百年の歳月を経た二十世紀になって、ビザンツ皇帝が発給した文書の総目録が刊行された。編集方針は、原文書が残っていなくても、どこかの記録に「〇〇皇帝が〇〇という文書を出した」とあれば、それも収録するというものであった。『ビザンツ皇帝文書目録』一〇六四号は以下の通りである。

〔資料番号〕一〇六四。〔発給者〕アレクシオス一世。〔日付〕一〇八一年四月八日の直後。〔様式〕金印文書。〔受給者〕ミカエル七世の妃マリアとその息子コンスタンティノス。〔内容〕両名の身柄の安全を保証し、コンスタンティノスを共同皇帝と認める。〔出典・関連史料〕『アレクシアス』三巻四章。

わずか数行であるがその背後には、目録に名のある四人をはじめ、多くの人々の期待、不安、嘆き、配慮、感謝……があった。もしもアンナが『ビザンツ皇帝文書目録』を見たなら、大きく頷いたであろう。コンスタンティノス様は確かに共同皇帝だった。

帝位継承者という点で注目しておきたい事実がひとつある。アレクシオス一世は一〇八一年十月ノルマン軍に大敗したあと、翌年の初めに神聖ローマ皇帝――「カノッサの屈辱」で有名なハインリヒ四世――に書簡を送り、対ノルマン共同作戦の履行を促した。書簡のなかでアレクシオスはハインリヒとの結婚同盟を示唆したうえで、兄イサキオスの息子ヨハネスに触れ、「神が朕に息子を恵んでくださらなければ、この愛すべき甥は朕の嫡子となる」と述べている。政略結婚を実現するための殺し文句であると同時に、はからずも帝位を横取りすることになった兄への配慮も込めているのであろう。

即位した時アレクシオスはまだ二十代前半、跡継ぎのことなど考える歳ではない。一〇八一～八二年の時点では、後継者問題について本気で考えていなかったと思われる。いずれ男子が生まれれば跡を継がせることになるだろう、その程度のことを漠然と考えていたに過ぎまい。しかしそれまでのあいだは、できる限り波風の立たないように、他人を傷つけたり、敵にまわさないように、と細心の配慮をしていた。マリアの気持ちを思い、兄の立場を考え、国内の貴族に配慮し、対ノルマン同盟を実現させる。気配りの人、老獪な戦略家、優柔不断な男……、評価はさまざまでありうる。帝国を立て直した皇帝は一筋縄ではゆかない人物であった。歴史家泣かせの男と言いたい気もする。

幸運、あるいは不運の予兆

歴史家泣かせのアレクシオスとは違って、アンナの見解ははっきりしており、コンスタンティノスが共同皇帝であったことを、自分の誕生を記した六巻八章でも繰り返し主張している。反乱・即位から二年半後、私が生まれると父はすぐにコンスタンティノスと婚約させた。マリアと約束していた帝位継承権を再確認したのである。ぜひとも言いたい、知ってほしいという思いが伝わってくる。

本書で何度か言及したコンスタンティノス、前皇帝ミカエル・ドゥーカスの息子は、皇帝である私の父となお帝位を共有しており、父とともに赤インクで下賜状に署名をし、帝冠を被って父のあとを行列し、父に続いて皇帝歓呼を受けた。私もまた歓呼に与ることとなり、歓呼の音頭をとる役人は、コンスタンティノスとアンナの二人の名を唱えた。この慣行は長いあいだ続いたと、私は親戚や両親から何度か聞いたことがある。（六巻八章3節）

注目すべきは、先にみた三巻四章とほとんど同じことを繰り返したうえで、私も皇帝歓呼を受けた、自分たちが次の皇帝・皇后と認められたと付け加えていることである。しかしながら、コンスタンティノスが共同皇帝となったことは、アレクシオスがどこまで本気だったのかはともかく、いろいろな記録から確かめられるのに対して、アンナも皇帝歓呼に与ったと言っているのは本人だけである。他の歴史家や文筆家は瑣末なこととして記さなかった可能性があるとしても、アンナに対する歓呼が本当に行なわれたのか、きわめて疑わしい。

アンナの書き方も疑惑を深めるものである。自分も皇帝歓呼を受けたという誕生記事の一節はアンナの独白に過ぎないようである。そこでは「アレクシオス」ではなく「父」と表記しているし、「私」という表現もある。自分の見解、思いの丈を一方的に書き綴った文と思われる。しかも、三巻四章では金印文書に言及していたのに対して、ここでは皇帝歓呼を受けた客観的な証拠を挙げずに、「親戚や両親から聞いた」とだけ述べている。

大胆に推理するなら、母方ドゥーカス家の親族が漏らした帝位継承に関する不満、本来ならドゥーカス家のお前たちが帝位を継ぐはずだったのだよ、ということがアンナの心にいつまでも残り、こういうかたちで表明されたのかもしれない。幼い頃に聞いた伯父や伯母の何気ないひとことが生涯ずっと残ることは確かにある。

さらに注目すべきは、皇帝歓呼を受けたことを「親戚や両親から聞いた」と言っており、本人は憶えていないことである。「この慣行は長いあいだ続いた」とも述べているから、アンナの言う通りだとすると、生まれてまもなく婚約し、共同皇帝として歓呼を受けるようになった、しかし物心がつく頃には歓呼はもう行なわれなくなっていた、とならざるを得ない。その可能性は否定できないが、そもそも行なわれなかったと考えたほうがよさそうである。

コンスタンティノスの共同皇帝就任、幼いアンナへの皇帝歓呼、これらが実際に行なわれたのか、とくに後者については疑問が残ったままであった。確かなことは、そしてそれが重要なのであるが、幼い日に皇帝として歓呼された、いつかは自分たちが皇帝・皇后となるはずであったと、アンナが信じていたことである。物心のつく以前の、本当にあったのかどうかもわからない皇帝歓呼……、そのような幻想の世界に自分という存在の原点を求めようとしたアンナ。アンナは続けて次のように書いている。

皇帝歓呼は、私の身に降りかかった幸運、あるいは不運の予兆だったのかもしれない。(六巻八章3節)

どこか意味ありげなこの文に続けて、弟ヨハネス二世の誕生が語られる。アンナの将来に大きな影響を与えた出来事であった。

3　弟ヨハネス

翻訳者泣かせの一節

皇帝歓呼を受けたことは「不運の予兆だったのかもしれない」と自分の誕生記事を結んだあと、アンナは妹マリア、そして弟ヨハネスの誕生に話を移してゆく。マリアについては、顔が両親によく似ていたとか、徳や知恵を窺わせるものがあったと、親愛の情を込めて記している。ふたつ年下の妹とはもっとも仲が良かったようである。

妹マリアに続けて、弟ヨハネスの誕生が記される。ふたり続けて女の子が生まれた皇帝夫婦は男子の誕生を願った、その願いは叶えられて長男ヨハネスが生まれたというのだが、自分や妹の場合と比べると、いささか微妙な書き方になっている。翻訳者泣かせの一節である。ヨハネス誕生時の宮殿の様子を記したアンナの文を、できる限り原文に沿って訳してみよう。

宮殿は喜びに満ち、悲しみや心配ごともすべてなくなったように思われた。ある者は支配者に好意を持っていたので心の底から喜んだし、ある者は喜ぶふりをしたからである。確かに、臣下は一般に支配者に対して好意的ではなく、たいていはうわべを装い、お世辞を言って上に立つ者に媚び

ようとするものである。いずれにせよその折には、あらゆる人が祝い、喜びが広くゆき渡っているのが見られた。（六巻八章4節）

男児の誕生をみんなが喜んだと言いつつ、その一方で一般論を装いながら、皇帝におべっかを使って、喜ぶふりをした者もいたと付け加えている。「いずれにせよ」と訳した句も含めて、アンナの文章を文字通り受け取るべきか、その内心を推し測って踏み込んだ解釈をすべきか、迷うところである。いずれにせよ――と私も曖昧に表現する――、自分の誕生があらゆる人々から喜ばれ、歓迎されたと明快に述べているのに対して、奥歯にものが挟まったような言い方である。

宮廷人の反応に続けて、生まれてきた男の子の風貌が記されている。こちらもアンナの真意がどのあたりにあるのか、はかりかねる文章となっている。

幼児は浅黒い肌をしており、額は広く、こけた頬、鼻は獅子鼻でも鍵鼻でもなく、その中間であった。黒い瞳は、生まれてきた男児の身体から判断する限り、その奥にある激しい気質を示していた。（六巻八章5節）

「身体から判断する限り」という表現など、ヨハネスが本当に「激しい気質」を備えていたのか、それは見かけだけだったのか、なんとも微妙な文章である。そもそも「激しい気質」を褒め言葉として使っているのか、それとも悪口なのか、このあたり、アンナの文を正確に訳す自信は私にはない。各国語の訳もそれぞれ苦労したようで、少しずつ違っている。

幼児は色が黒かったというアンナの述懐も、弟に対する悪意を読み取る研究者がいる一方、「色が黒い」というのは事実を書いているだけで、ヨハネス誕生記事に非難めいたことは読み取れない、アンナはけっしてヨハネスに悪意を持っていないと主張する向きもある。ひたすら称賛している父アレクシオスについても「背は高くなかった」と事実を記しているではないか。色の黒い児を黒いと書くのは当然であり、アンナの悪意を読み取るのは、それこそ悪意があるというわけである。しかしこれはアンナ贔屓のあまりの勇み足であろう。確かに歴史家として真実を記すという姿勢は同じなのだが、父についてはすぐさま補足している。——背は低かったが、玉座に座れば堂々とした姿であった。弟のヨハネスについてはそのような埋め合わせはみられない。

ヨハネス二世の息子マヌエル一世も色黒だったようで、黒い顔の皇帝像が残されている（図4）。異例の図像である。対立関係にあったヴェネツィア人が、岸に陣取るビザンツ軍の沖合に船を進め、黒人に皇帝の衣を着せて芝居をさせたので、マヌエルが激怒したという話も伝わっている。マヌエルの肌が黒いのを嘲るような芝居だったらしい。「色が黒い」という言葉には、やはり侮蔑が込められていたようである。

ヨハネス二世の肖像を確かめておこう。即位後まもなく、聖ソフィア教会の二階回廊に描かれたモザイク壁画が現存している（図5）。聖母子を挟んで皇帝・皇后が並ぶおなじみの図柄であるが、息子マヌエル一世の肖像とは違って、顔の色もごく普通、並んで立つ妃と同じような肌色である。ヨハネス二世は「カロ・ヨハネス」と呼ばれた。ギリシア語のカロスは「美しい」という形容詞で、姿かたちについても精神についても用いられる。「美男のヨハネス」ないし「善良なヨハネス」ということで、おそらく両方の意味を込めた称賛の綽名であろう。「カロ・ヨハネス」と弟が称えられるのを聞いて、事情

図4　黒い顔のマヌエル1世と妃（写本挿絵）

図5　ヨハネス2世と妃ピロシュカ（イスタンブル、アヤ・ソフィア博物館＝旧聖ソフィア教会壁画）

図6　ヨハネス2世の共同皇帝即位金貨（1092年頃）

をよく知っている姉としてひとこと申し上げたといったところだろうか。あの子は生まれた時から色が黒かったのよ、おまけに性格はきつくて……。

ためらうアレクシオス

即位して六年、待望の跡継ぎが生まれた。それにもかかわらずアレクシオスは、ただちに息子を共同皇帝、すなわち帝位継承者にはしなかった。ヨハネスの共同皇帝戴冠——立太子の儀——が執り行なわれたのは、誕生から四、五年も経った一〇九一年ないし九二年である。その際に、表にはキリストから帝冠を受けるヨハネス二世、裏はアレクシオス一世とエイレーネー皇后を刻んだ金貨が発行された（図6）。この子が次の皇帝であるとの告示であった。こうしてみると、コンスタンティノス・ドゥーカスを刻んだ金貨が伝わっていないのは、やはりそれなりの意味がありそうに思われる。

ヨハネス二世の共同皇帝戴冠がずいぶん遅れたことにも、アレクシオス一世の性格、よく言えば慎重な、厳しい言い方をすれば優柔不断な性格が現れている。息子に帝位を継がせるのはごく普通のことであり、皇帝の一存で決めてもかまわないはずであったが、アレクシオスは強引な決定を避けた。余計な摩擦を引き起こして、帝国支配に悪影響を及ぼさ

図７　アレクシオス皇帝夫婦と皇太子ヨハネス（写本挿絵）

ないよう、各方面に配慮しつつゆっくり進めていったようである。

かたちだけにせよ共同皇帝であった「緋色の生まれ」コンスタンティノス・ドゥーカスの存在は、先に見たように、アレクシオス一世にとって二重の意味で重要であった。反乱で得た帝位の正統性を訴えることに加えて、ドゥーカス家をはじめとする有力貴族を政権につなぎとめておくためにも必要だったのである。さらには兄イサキオスとその息子ヨハネスにも配慮が必要であった。外交辞令とはいえ、神聖ローマ皇帝宛書簡で甥のヨハネスを跡継ぎと表明したことを、兄イサキオスはもちろん、アレクシオスも忘れてはいなかった。

ヨハネスの共同皇帝戴冠が遅れたのは、貴族や身内への配慮に加えて、対外関係が切迫したためでもあった。ノルマン戦争が終わるとほどなく、トルコ人との戦争、さらに北方遊牧民ペチェネグ人の侵入と、アレクシオス一世の遠征は続いた。とくにペチェネグ人との戦争は厳しい戦いとなった。一〇八七年夏にはドナウ国境のドロストロンの会戦でビザンツ軍が総崩れとなり、アレクシオス自身も危うく敵の手に落ちるところであった。「逃げて助かるより、戦って死ぬほうがよい」と悲壮な決意の皇帝に対して、傍らにいた義兄のミカエル・ドゥーカスが「一兵卒ならそれもよろしいでしょう。しかし陛下の命はみんなのもの、生き長らえて次の勝利を求めるべきです」と諭した。ヨハネス二世が生まれる一か月前のことである。

強敵ペチェネグ人との戦いは、ようやく一〇九一年四月二十九日のレヴニオンの戦いで決着がついた。敵を殲滅《せんめつ》して、五月末アレクシオスは都へ凱旋する。市民は「たった一日のためにペチェネグ人は五月を見なかった」と歌って皇帝を迎えた。ここに至ってアレクシオスは息子の戴冠に踏み切っても大丈夫と判断したようである。ヨハネスの共同皇帝戴冠、金貨の発行はその少しのちのことである。

アレクシオスが戴冠を先延ばしにしていたのは、なによりも娘アンナとその婚約者、そして婚約者の母マリアのことがあったからだと思われる。彼の優しさの表れといってよいだろう。息子ヨハネスが生まれても、マリアの気持ちを思えば、コンスタンティノスの地位を剝奪するのがためらわれた。徐々に納得してもらおうと、少しずつ進めていったらしい。まず、コンスタンティノスへの皇帝歓呼が停止されたものと思われる。皇帝歓呼のことをアンナは憶えていない。その話は親や親族から聞かされたと述べている。もしも一〇九一／二年のヨハネスの共同皇帝戴冠まで行なわれていたとすれば、すでに七〜八歳になっていたアンナは憶えていたはずである。

皇帝歓呼は停止されたが、婚約は解消されなかった。むしろアンナが七歳になったのを機に、これまで口約束に過ぎなかったふたりの婚約を正式のものとすることにした。それに伴ないアンナは婚約者の母、元皇后マリアのもとで暮らすようになった。花嫁修業という意味合いの慣習である。この措置は、息子が廃位されるのではと心配していたマリアを慰めるものとなったであろう。ここにもアレクシオスの優しさが窺える。こうして、さまざまの配慮をしたうえで、長男ヨハネスの共同皇帝戴冠に踏み切った。

アンナは『アレクシアス』のなかで「ほんの子供の頃、まだ八歳にもならないうちから、私はマリア皇后と一緒に住んでいた。」と述べている。その一方で、やはり八歳になる前に大きな不幸に見舞われたとも記している。正式の婚約とともに、わずか七歳で親元を離れたことを不幸と言っているのであろうか。しかし、父の措置にアンナが不満を漏らしたことはないし、マリアにはずいぶん可愛がってもらったと言っているところをみると、そうではなさそうである。

マリアと暮らすようになって困ったのは、同じ話を聞かされることであった。夫ニケフォロス三世が失脚した時、つまりあなたのお父さまが帝位に就いた時には我が子の身をどれほど案じたことか、宮殿を去った日のことは今でも忘れられない、と繰り返し語るマリアに、幼いアンナはどう返事してよいのかわからなかった。昔話のあとマリアは、「お父さまと結婚するはずだった」という言葉は飲み込んで、ただ「アレクシオス陛下の優しい配慮には感謝している」とだけ言ったであろう。自分の数奇な運命を語るマリアの悲しげな表情を、アンナは生涯忘れることはなかった。

アンナは両親だけではなく、婚約者の母、元皇后マリアについても惜しみなく褒め称えている。マリアの面影を伝える『アレクシアス』の一節は、ビザンツ人の考える理想の美人を語る貴重な証言である。

マリアは糸杉のようにすらりと背が高かった。肌は雪の白さで、顔はやや丸味を帯び、頬は春の花か薔薇を思わせる輝きであった。瞳の輝きについては誰がそれを語ることができよう。薄青い瞳のうえに赤味がかった弓型の眉。画家の腕前は季節ごとに咲くすべての花の色を再現するが、皇后の美しさ、彼女の輝く優雅さ、その振る舞いの魅力、こういったことは語ることも叶わず、芸術家の技量を超えるものなのである。（三巻二章４節）

それにしてもアンナは褒めるのが上手である。巧みな称賛はビザンツ知識人にとって必須の素養であったが、アンナもまさにビザンツの教養人であった。アンナの文を読んでから三二ページのマリア像をもう一度見ていただくと、今度は悲しい表情ではなく、誇らしげな皇妃の姿がある。

手のひらを返す知識人

跡継ぎをめぐるアレクシオス一世の曖昧な態度は、知識人も巻き込むことになった。一般にビザンツの知識人の評判はきわめて悪い。ひたすら皇帝を称える、そのくせ皇帝が失脚すると、手のひらを返したように非難する。節操がないと言われるのが常である。アレクシオス一世の共同皇帝任命をめぐってもビザンツ人らしい振る舞いをする文人がいた。のちにオフリド大主教となるテオフュラクトスである。テオフュラクトスたち知識人が困ったのは、お追従を言うにも皇帝の態度がはっきりしないことである。どう忖度《そんたく》すればよいのか、迷うところであった。

テオフュラクトスは、アンナにも大きな影響を与えた哲学者・歴史家プセルロスの弟子である。プセルロスは政治家でもあり、皇帝が反乱・陰謀で次々と交替した十一世紀に常に政権の中枢にいた。節操がないと言われるビザンツ知識人の代表のような人物である。浮き沈みの激しい世界を泳ぐプセルロスの武器は、巧みに皇帝に取り入る技術であった。皇帝賛美演説こそ文人の腕の見せ所であり、最高の手腕を示したのがプセルロスだったといえよう。その弟子テオフュラクトスも二通の皇帝賛美演説を残している。ひとつは、一〇八五年ないし八六年に行なわれた『緋色の生まれ』のコンスタンティノス陛下への言葉』、もうひとつは一〇八八年一月六日の『アレクシオス・コムネノス皇帝陛下への言葉』である。ふたつの演説のあいだにヨハネス二世の誕生があったことを念頭において、それぞれの内容をみてゆこう。

師のプセルロスがミカエル七世に仕えていたこともあって、テオフュラクトスは「緋色の生まれ」のコンスタンティノスの家庭教師に抜擢された。そのテオフュラクトスが一〇八五／六年頃に行なったのが、「皇帝陛下」とコンスタンティノスに呼びかける言葉で始まる第一の演説である。母マリアから依頼されたのか、テオフュラクトスから申し出たのか、事情は不明だが、公式の皇帝賛美演説ではなく、その形式を真似た私的な演説らしい。当時マリア母子のいたゲオルギオス修道院附属の屋敷で読み上げたものと思われる。

演説の前半は、皇帝賛美演説の通例に従って、コンスタンティノスの容姿や徳に加えて、祖父や両親、とくに母マリアを称えている。ところが、途中から大きく調子を変えて、皇帝の持つべき徳、なすべき振る舞い、避けるべき悪行などを列挙して、将来皇帝となるコンスタンティノスへの助言という内容になる。家庭教師という立場を意識してのことらしい。はるかに時代を降って一六五〇年に、フランス人のイエズス会士ピエール・プシーヌが演説の後半だけを一冊の本にし、『皇帝教育』という表題を付けて、王への教訓の書——西欧では君主鑑と呼ばれた——として当時十二歳であったルイ十四世に献呈した。ルイとその母アンヌ・ドートリッシュ皇太后を、コンスタンティノス・ドゥーカスとマリア皇后に擬えてのことだったらしい。

ビザンツ帝国においても君主鑑に当たる作品が多数書かれたが、テオフュラクトスの『皇帝教育』は、皇帝賛美演説のなかに教訓が盛り込まれていること以外にも、他の著作にはみられない特徴がある。ほとんどの君主鑑が、愛・慈悲・節度・公正といった倫理的な徳目を軸として論じるのに対して、『皇帝教育』はキリスト教色が薄く、ギリシア古典の引用・言及が目立っている。とくにアリストテレス『政治学』などで展開されている三政体論——君主政・貴族政・民主政——を踏まえ、堕落した君主政である僭主政を取り上げて、皇帝と対照させつつ、僭主について詳しく論じているのが特徴となっている。

テオフュラクトスが反面教師として挙げる僭主像は、半世紀以上のちになって歴史家ゾナラスが『歴史要略』のなかでアレクシオス一世を具体的に批判したものと、偶然とは思えないほどよく似ている。テオフュラクトスは述べる。「秀でた者を除く、法を覆す、親衛隊でまわりを固める僭主」……コンスタンティノス陛下、あなたはそのような支配者になってはなりませぬ。ゾナラスは記す。「元老院議員を蔑む、古来の慣行を変える、手下の者を優遇するアレクシオス」……彼を皇帝と呼ぶことはできない。テオフュラクトスの『皇帝教育』は、秘められたアレクシオス皇帝批判とみるべきであろう。

ビザンツの知識人とくに歴史家は、皇帝賛美だけではなく皇帝批判もみずからの仕事と考えていた。しかしながら、皇帝は絶対的な支配者「神の代理人」であり、すべての人間は「皇帝の奴隷」とされていたので、文人の批判は、ユスティニアヌス一世を対象としたプロコピオスの『秘史』のように地下に潜るか、ゾナラス『歴史要略』のように過去の皇帝を対象とせざるを得なかった。人前《ひとまえ》で現皇帝を批判したテオフュラクトスの『皇帝教育』は異色の作品である。

皇帝賛美演説を行なったそもそもの理由は、恩義のあるマリアを喜ばせるためであった。確かに、我が子が皇帝と呼びかけられ、称賛されるのを聞いて、きっと立派な皇帝になってくれるとマリアは嬉しかっただろう。しかしテオフュラクトスには、自分の学問・教養を駆使してパトロンを喜ばせるだけではなく、別の意図もあった。皇帝賛美演説といっても、宮殿で行なう公式のものではなく、内輪の集まりである、少し踏み込んだ発言をしても大丈夫だろう。知識人として日頃感じていた軍人皇帝アレクシオス一世に対する違和感や不満を、ギリシア古典を隠れ蓑として漏らしてみた、どうもそんなところらしい。これまた、いかにもビザンツ知識人らしい振る舞いである。

『緋色の生まれ』のコンスタンティノス陛下への言葉』は、アレクシオス一世の統治を快く思わない人々のあいだで噂となった。元皇后マリアの屋敷で少々変わった演説が行なわれた。表向きは僭主を非難したものだが、裏があるらしい。不満派貴族のなかには「秀でた者を除く僭主」という言葉を聞いて、にやりと笑った者もいたかもしれない。皇帝にご注進に及んだ者がいたとしても、戦争で頭がいっぱいのアレクシオスは、文人の戯れ言など歯牙にもかけなかっただろう。

テオフュラクトスの演説から一年余り、一〇八七年九月十三日にヨハネス二世が誕生した。こうなると生まれてきた皇子が次の皇帝となることは明らかである。テオフュラクトスは自分の軽はずみな行為を後悔した。先の演説はどうとでも言い逃れできるとしても、ここはひとつ名誉挽回をはかる必要がある。宮廷人の伝手を頼って、古典に造詣が深い雄弁家として売り込み、御前演説の機会が与えられるよう運動した。その甲斐あって、皇子誕生から数か月後、テオフュラクトスはもう一度皇帝賛美演説を行なうこととなった。今回は正式の演説である。

一〇八八年一月六日の公現祭に宮殿でアレクシオス一世を前にして読み上げられた『アレクシオス・コムネノス皇帝陛下への言葉』は、前回と同じように「おお、皇帝陛下」で始まる。しかしこのたびの演説には君主鑑の要素はない。内外の敵に勝利したアレクシオスの武勇・寛大・英知といった徳目を列挙した、典型的な皇帝賛美演説である。妃のエイレーネーや子供たちにひとこと触れたのち、母アンナ・ダラセナを長々と称えて演説は結びへと向かう。もちろん、コンスタンティノス・ドゥーカスやマリア皇后にはひとことも触れていない。

皇帝賛美演説でありながら、皇后エイレーネーはそっちのけにして、もっぱら母のダラセナを称えているのは異例である。テオフュラクトスは宮廷の勢力地図を敏感に察知し、誰を褒めればよいのか、計算していたに違いない。皇帝賛美演説は紋切り型の称賛に終始しており、歴史史料としての価値は低いと言われるが、読み方によってはいろいろなことがわかる貴重な史料である。

この演説でなによりも注目すべきは、子供たちについて触れた際に、ヨハネスを共同皇帝にするよう促していることである。「なぜあなたはこの御子を皇帝と認めず、万人が望んでいる戴冠を行なわないのか？」とアレクシオス一世を非難するような口振りであるが、言うまでもなく阿諛追従《あゆついしょう》である。皇帝の本心を忖度したものと言ってよいだろう。速やかに皇帝にすべきである、なぜなら「小さくても獅子の仔は獅子である。」さすがはビザンツの文人、皇帝を喜ばせるのにこれ以上の言葉はあるまい。

コンスタンティノス・ドゥーカスに「皇帝陛下」と呼びかけてから二年、テオフュラクトスは手のひらを返すように、ヨハネスの戴冠を促す演説を行なった。ところが、この御前演説を最後に彼の姿は見えなくなる。次に確認できるのは二年後一〇九〇年の春で、遠くオフリド（現セルビア）の大主教となっていた。多くの研究者はオフリド大主教座の重要性を根拠に、テオフュラクトスは学問・教養を見込まれ、さらにはアレクシオス皇帝賛美演説も評価されて、栄転したのだと説いている。しかしオフリドから送った手紙のなかで繰り返し「野蛮人の住む嫌な土地に来た、都へ帰りたい」と述べているところをみると、師のプセルロスほど世渡りがうまくなかったのか、先の「僭主」演説が蒸し返されたのか、オフリド行きは栄転ではなく左遷だったと思われる。

テオフュラクトスの巧妙な皇帝批判に対して、アレクシオス一世もまた巧みに栄転のような見せかけを作って、批判的な文人を厄介払いした。並々ならぬ策略家である。

女も帝国を統治できる

あえて後継者問題を曖昧にしていたために、ひとりの文人の運命が弄ばれることになったが、テオフュラクトスのアレクシオス皇帝賛美演説から数年たった一〇九一／二年頃、ようやくアレクシオスは長男ヨハネスを正式に共同皇帝とした。アンナが「まだ八歳にもならないうちに大きな不幸に見舞われた」と言っているのは、帝位継承者の地位が弟に移されたことを指しているように思われる。その時は幼心に何もわからず、ただ皇后マリアの悲しそうな顔が記憶に残るだけであるが、歳月を経て振り返ってみれば、あれが私の不幸の始まりだったとつくづく思うのである。

『アレクシアス』に弟ヨハネスに対するアンナの敵意が読み取れるのか、なかなか難しい問題である。注目すべきは、皇帝に次ぐ地位にあったヨハネスの影が薄く、遠回しの嫌味が何箇所かあるくらいで、ほとんど言及されないことである。皇太子として、晩年は病がちであった父を支えて政治・軍事に携わったはずであり、皇帝となってからの活躍ぶりをみても、有能であったことは確かなので、アレクシオス一世時代の歴史をヨハネス抜きで記すのは、かなり不自然である。しかもヨハネスに言及する場合でも、「皇帝」とか「緋色の生まれ」と呼ぶことは、アンナの地の文ではほとんどなく、原史料の引用箇所にほぼ限られている。

アンナの沈黙には弟に対する恨み辛みが込められているように思われる。かつて婚約者とともに皇帝歓呼を受けた私。私たちが父のあとを継いで帝国の舵取りをするはずだった、弟さえ生まれて来なければ……。そんな屈折した心理がアンナにあったのではないだろうか。次期皇帝として父を支えて活躍する姿には触れたくない、意地でも皇帝とは呼びたくない、できればいっさい触れずに済ませたい。無念の思いが滲み出ているようである。

私が帝国の舵取りをしてもよかったのでは……、アンナがそう思っていたと推定する理由が、ヨハネスへの沈黙の他にもうひとつある。祖母アンナ・ダラセナへの称賛である。アンナは『アレクシアス』において何度か祖母に言及している。先にみたように第六巻では、ダラセナの死に続けて自分の誕生を記すという大胆な編集さえしている。弟ヨハネスとの関係でとくに注目すべきは三巻六章から八章の長い記事である。

即位直後、ノルマン人との戦いに出陣するに際して、アレクシオスは留守中の全権を母に委ねることにした。皇帝が幼い場合、母が摂政となることはよくあったが、アレクシオスはすでに二十代半ばであり、異例の措置といえる。反対や抵抗が生じないようにと、その旨を明記した金印文書が発行された。アンナはビザンツ歴史書の原則を破って、父の金印文書を長々と引用している。引用箇所はアンナの優雅な文章とは用語や文体が異なり、明らかに前後から浮き上がっている。歴史書としての品格を損なったことが気になったとみえて、引用の最初と最後にわざわざ断りの文言を記しているほどである。長い金印文書のごく一部を引用しておこう。

かくして朕はこの金印文書によって間違いなく以下のことを定める。ダラセナが有する世俗の問題に関する豊富な経験に鑑み、……彼女が文書で告げたことはすべて、朕のやんごとなき権力でもってなされたものとして、朕の口から発せられ、書き取られた文書と同じく、恒久的な効力を有するものとする。(三巻六章6節)

あえて歴史学の作法を無視したのは、祖母が政治を行なったことを強調したい、確かにアレクシオス皇帝から権限を委ねられ、事実上の皇帝として帝国を切り盛りしたことの証拠を示したかったからであろう。しかしそれにしても、兄のイサキオスもいたはずなのに、母に全権を委ねるのは不自然である。金印文書の引用だけでは説得力が足りないと思ったのか、長い引用のあと、アレクシオスが女性に政治を任せたことを非難する人々に対する反論を展開している。反論の趣旨は祖母の才覚である。有能な女性なら帝国の統治もできるとアンナは主張する。

私の祖母は国事に関して深い理解を有しており、ローマ帝国だけではなく、天が下どこであれ、あらゆる帝国をみごとに統治することができた。（三巻七章２節）

さらに続けて、父がダラセナに政治を任せていた時の帝国を次のように総括する。名目上は父が皇帝であったが、実権は祖母が握っていた。当時のアレクシオスを皇帝と呼ぶことはできない。ひたすら父を称賛しているアンナの文章とは思えない一節である。父の面目をつぶしかねない発言までして、祖母ダラセナが政治をみたことを強調しているのは、よほどのことと言わねばならない。祖母をめぐる長い史料引用や異例の叙述は、母ダラセナに対するアレクシオス皇帝の愛と信頼――アレクシオスは「母がいなければ帝国は滅びてしまう」と言ったという――を強調するだけではなく、女性にも政治ができると言うためでもあった。自分たちは皇帝・皇后となるはずであった。私が政治をみてもよかったはずなのに……。アンナの声が聞こえてくるようである。祖母は「皇帝」だった。お祖母さま、私もそうなれたはずでしょう？　無念の思いをアンナは生涯持ち続ける。

アレクシオスは息子の共同皇帝戴冠をゆっくり時間をかけて各方面に配慮しつつ慎重に進めた。それでも後継者をはっきりさせたことは、帝国政治に新たな波風を立てることになった。その余波は四方に広がり、少女アンナにも及んでくる。

4　少女時代への別れ

疑惑の従兄

いつまでも後継者問題を曖昧なままにしておくわけにはゆかない。外敵を撃退し、政権の基盤が固まったところで、アレクシオスは息子ヨハネスを正式に共同皇帝とした。しかし後継者をはっきりさせたために、各方面から反発を招くことになった。

ヨハネス二世を共同皇帝とした直後に、相次いで三つの陰謀・反乱が生じた。最初の事件は、一〇九二年頃に表沙汰になった、皇帝の甥ヨハネス・コムネノスの謀反疑惑である。続いて、一〇九四年に生じた、皇帝ロマノス四世ディオゲネス（在位一〇六八～七一年）の息子、「緋色の生まれ」のニケフォロスによるアレクシオス一世殺害未遂事件、三つ目が翌九五年に、やはりロマノス四世の息子と名乗る人物が、北方遊牧民クマン人と結んで起こした反乱である。まだ少女であったアンナも一連の事件に巻き込まれてゆく。まずは三つの事件の経過を簡単にまとめておこう。

ハインリヒ四世宛の皇帝書簡で跡継ぎとされたヨハネス・コムネノスは、アレクシオス一世の兄イサキオスの息子で、アンナの従兄になる。当時はデュラキオン総督という要職にあった。アドリア海に面したデュラキオンは帝国の西の玄関口で、ノルマン戦争では最初の大会戦が行なわれた町である。この町の総督ヨハネスが謀反を企んでいると告発する書簡が、遠征に出ていた皇帝のもとに届いた。差出人はオフリドの大主教であった。名前は伝えられていないが、例の弁論家テオフュラクトスであることは間違いない。忠誠を示して点数を稼ぎ、都に戻してもらおうとしたのであろう。

身内の謀反にアレクシオスは動揺した。ともかくも甥を召喚し、事実関係を解明する必要があるが、証拠もないのに疑いをかければ、即位の事情も絡んで微妙な関係にある兄イサキオスとのあいだに、致命的なひびが入りかねない。ヨハネス総督を追い詰めて暴発させてもまずい。ここでもアレクシオスは巧みな処置を講じる。二通の手紙を作成すると、腹心の者に託してデュラキオンへ届けさせた。一通は総督のヨハネス宛で、疑惑にはいっさい触れず、野蛮人との戦争のために出陣した、今後の作戦を協議したいので朕のもとまで出向いてくるように、との内容であった。もう一通はデュラキオンの市民に宛てたもので、軍事作戦のためヨハネス総督が町を離れるので、その留守中はこの書簡を持参した人物の指示に従うよう記されていた。万一ヨハネスが召喚に応じない場合、使節は第二の書簡を有力市民に示して、ヨハネス逮捕に協力させる手筈になっていた。

都に残っていた皇兄イサキオスは息子に対する告発に驚き、何はともあれ出頭するよう指示する手紙を送るとともに、みずからも皇帝の陣中へ急行した。現地の陣営で行なわれた皇族会議でイサキオスは、下の弟アドリアノスや義兄弟のメリセノスに対して怒りをぶちまけた。偽りの告発を真に受けて、息子を陥れようとしているとの非難であった。弟のアレクシオス一世に対しても不満を口にしたが、兄の直情径行な性格をよく知っているアレクシオスはいっさい反論せず、出頭したことで甥ヨハネスの無罪は証明されたとして、総督の任務を継続すべくデュラキオンへと戻らせた。

アレクシオスが巧みに事態を処理したのでことなきを得たものの、謀反は事実であった可能性が高い。これほど重大な問題で根も葉もない告発がなされるとは考えにくい。偽証罪に問われればただでは済まされないからである。事実、テオフュラクトスはなんらお咎めを受けることなく、オフリド大主教の地位にとどまっている。

アレクシオスが長男のヨハネスを後継者に指名したことに甥のヨハネス総督は不満であった。自分にて、帝位継承の話があったことは知っていたはずである。神聖ローマ皇帝ハインリヒ四世宛の書簡において、当時まだ子供のいなかったアレクシオスは、兄の子ヨハネスを実の息子とみなし、帝位継承者と考えていると述べていた。ハインリヒを同盟に引き入れるための外交辞令かもしれない。あるいは、長幼の序からいえば皇帝となってしかるべきだった兄イサキオスをさしおいて即位したことが気にかかっていたのか、いずれにしてもアレクシオスの気配りが誤解を招き、ヨハネスをその気にさせたようである。

ヨハネス総督が本当に謀反を企んだのかどうかは不明だが、俺が次の皇帝のはずである、というような穏やかではない発言を、遠い任地でまわりの者にしていたのであろう。若気の至りといったところであろうか。噂を小耳に挟んだテオフュラクトスは、都へ戻りたい一心で皇帝へご注進に及んだ。かくして事件が表面化したというのが、ことの真相だと思われる。皇帝一族のなかにもヨハネス総督を疑う向きがあったようだが、アレクシオスは丸く収めた。

ちなみにハインリヒ四世宛の皇帝書簡は、先に見たダラセナに関する金印文書と並んで、『アレクシアス』には珍しく、ほぼ全文が引用されている。歴史書の作法に反して長々と引用したのには、それ相応の理由があったに違いない。祖母ダラセナへの金印文書が、確かにアレクシオス皇帝は女性に政治を任せたと主張するためだったとすれば、神聖ローマ皇帝宛の書簡は、必ずしもヨハネス二世が帝位継承者とされていたわけではないと言うためだったのであろう。弟ヨハネスへの敵愾心がこんなところにも現れているようである。

「緋色の生まれ」の謀反

ヨハネス総督の陰謀疑惑の少しあと、一〇九四年の夏に、コムネノス＝ドゥーカス連合を軸として貴族連合体制を築いていたアレクシオス一世にとって最大の危機が生じた。政権を支える有力貴族のひとつ、ディオゲネス家の謀反である。ディオゲネス家はかつてロマノス四世を出した有力貴族で、アレクシオスは、ロマノス皇帝の忘れ形見ニケフォロスとレオンの兄弟を手元に引き取り、我が子のように可愛がっていた。確かに、勇敢な軍人であったロマノス四世を今なお敬慕する貴族も少なくなく、「緋色の生まれ」の兄弟の存在は貴族連合政権にとって重要であった。ノルマン戦争の遠征先でも兄弟の姿が皇帝の傍らに見られたし、アレクシオスが危うく一命を落とすところであった八七年八月のドロストロンの戦いでは、兄ニケフォロスは主戦論を唱え、皇帝に決戦を促した。弟レオンもいざ開戦となるや、まっしぐらにペチェネグ人部隊に突撃して戦死したと伝えられている。

敗戦の責任者であったにもかかわらず、ニケフォロスはその後も皇帝から手厚い処遇を受け、クレタ総督といった要職にも就いている。ところが一〇九四年に至って皇帝殺害を試みるに至った。アンナに言わせれば、恩を仇で返す「邪悪で復讐心が強い男」ということになる。ニケフォロスには「緋色の生まれ」という自負があり、かつアレクシオスから眼をかけられてきたこともあって、ヨハネス二世の共同皇帝戴冠に強く反発したのであろう。

皇帝殺害未遂事件は次のような次第であった。アレクシオスを亡き者にせんともくろんでいたニケフォロスは、皇帝が遠征に出た機会を利用して計画を実行に移そうとした。警護が手薄なところを狙ったものらしい。しかし、皇帝の寝所を窺っているところを見咎められ、その場はなんとか取り繕ったものの、暗殺計画は露見してしまった。陰謀疑惑を知らされたアレクシオスは、このたびも事件を内々に処理すべく、取り調べを弟のアドリアノスに任せた。アドリアノスの妻がニケフォロスの腹違いの姉だったからだという。アドリアノスは兄皇帝の寛大さを仄めかして説得したが、ニケフォロスは黙秘を貫いた。説得の効果がないとわかると、尋問はいったん中止となった。ところが担当の役人が、皇帝の許しも得ずに――とアンナは言う――ニケフォロスを拷問にかけて事件の全容を白状させた。

自白調書をはじめとする一連の書類を受け取って、アレクシオスは衝撃を受けた。一族の者を含めて、有力者の名前が多数挙がっていたからである。残念ながら、参加者をすべて知ることは叶わない。

『アレクシアス』は曖昧な記述しかしておらず、しかも「タロニテスと……が追放処分になった」と、肝心なところで三十字分ほどの空白がある。しかしタロニテスは皇帝の義兄であり、高い爵位を有していたから、深刻な事態であったことは間違いない。事件の全容を明らかにするべく、空白部分にどんな名前があったのか、さまざまの推測がなされてきた。取り調べに当たった皇帝の弟アドリアノスも関与していたという研究者もいる。

皇帝の義兄のみならず、実の弟まで加わっていたとすれば、政権にとって深刻な危機だったといえよう。関係者を処分したあと、アレクシオスは親族・側近を集め、このたびの事件について説明している。わざわざ演説を行なったのは、これ以上動揺や疑惑が広がらないよう、けじめをつけたのであろう。「ニケフォロス・ディオゲネスと共犯者二名を処罰した、それをもって一件落着とする」、アレクシオスの言葉に歓声が沸き起こった。安堵の声も含まれていたかもしれない。

首謀者のニケフォロスは盲目刑となった。アンナによれば、これまた父のあずかり知らぬところで行なわれたという。ちなみにアンナは処刑後のニケフォロスについても記している。それによると、視力を失ったニケフォロスは田舎の屋敷に引きこもり、「他人の眼で読書して」学問を修め、さらには指先で判別できる浮彫の図形を用いて幾何学も学んだという。アンナは盲目のニケフォロスに会ったことがあるらしく、同じく学問を志す者として彼の努力を高く評価している。

第三の事件「偽ディオゲネス」反乱に移ろう。ニケフォロス・ディオゲネスの陰謀事件の少しのち、ロマノス四世の息子レオンと名乗る人物が現れ、「緋色の生まれ」を旗印として帝位を窺う動きを見せた。アンナが偽者だと力説しているので——彼女によればレオンはドロストロンの戦いで戦死した——、私も偽ディオゲネスと呼んでおく。アレクシオス皇帝はその偽ディオゲネスを、遠い黒海北岸の町ケルソンに流したが、それが裏目に出た。この男は北方の遊牧民クマン人を手なずけることに成功したのである。彼が北方世界で評判だったことは、『ロシア原初年代記』に「ディオゲネスの息子」の記事があることからもわかる。一〇九五年、偽ディオゲネスはクマン人部隊を伴ってビザンツ帝国に戻ってきた。最終目標はもちろんコンスタンティノープル、皇帝位である。

クマン人部隊とともにドナウ川を越え、バルカンの要衝アドリアノープルをめざす偽ディオゲネスを迎え撃つべく、アレクシオスは軍を率いて出陣した。ノルマン戦争の時と同じく今回も有力貴族を動員している。しかしながら、直前のニケフォロス・ディオゲネス陰謀事件で貴族連合体制は揺らいでいた。危機に対処すべく皇帝は、地方にあって政権とは一線を画していた貴族を取り込もうとした。アドリアノープルの有力者であるブリュエンニオス家にも声をかけ、恩賞を約束して帝国防衛に協力を求めたのである。皇帝の申し入れに対応したのは、一〇七七年から翌年にかけて反乱を起こし、青年将軍アレクシオス・コムネノスに敗れて盲目刑に処された、老ブリュエンニオスであった。かつての敵《かたき》同士である。

偽ディオゲネスがアドリアノープルを最初の目標としたのは、町の戦略的重要性に加えて、老ブリュエンニオスがアレクシオス一世の仇敵であっただけではなく、故ロマノス四世と親しく、兄弟分の関係だったからである。ロマノス皇帝がトルコ軍の捕虜となった有名なマンツィケルトの戦いでも、左翼軍の総司令官であったブリュエンニオスは、窮地に陥った皇帝を救うべく奮戦した。「息子である私が行けばきっと城門を開いてくれるだろう」、偽ディオゲネスはクマン人の首長にそう言った。しかしながら、偽ディオゲネスの呼びかけに対して、老ブリュエンニオスは、「声を聞いたが、ロマノス陛下の息子ではないと思う」と開門を拒否した。恩讐を超えたアレクシオスの事前工作が効果を現わしたようである。

アドリアノープル包囲を続ける偽ディオゲネスを、アレクシオスは罠にかけて逮捕した。続いてクマン人を撃破し、ようやく危機は去った。捕えられた偽ディオゲネスは、都へ送られる途中で眼を潰された。処刑を命じたのは、当時なお宮廷で力をもっていた皇母ダラセナであった。帝位への可能性を摘むのが盲目刑であったことを考えると、偽ディオゲネスはロマノス皇帝の息子、それも「緋色の生まれ」のレオンであった可能性が高い。レオンは八七年夏のドロストロンの戦いで戦死したとアンナは述べているが、死んだのはディオゲネス家の別人であろう。

婚約者の死

以上がアンナが十歳の頃に相次いで生じた事件である。一連の事件のなかでも、ディオゲネス家が関係したふたつの謀反は、アレクシオス一世の貴族連合体制を揺るがす深刻な事態であっただけではなく、アンナにも大きな影響を与えることになった。ニケフォロスの陰謀には、婚約者コンスタンティノスとその母マリアが関わっていたようであり、偽ディオゲネスの反乱は結婚相手を決めることになったからである。結婚については次章で詳しく述べることにして、ここでは、一連の事件がきっかけとなった、婚約者とその母、さらに祖母ダラセナとの別れをみておこう。

ニケフォロスの皇帝殺害未遂事件は、皇帝の一行が遠征先で、アンナの婚約者コンスタンティノスの所領に泊まった時に、しかも出発しようとしたアレクシオスをコンスタンティノスがもう一晩泊まるよう引き止めたその夜に生じた。皇帝の寝室に忍び込もうとして見咎められたニケフォロスは、マリアの屋敷のある町へ向かおうとして、馬を譲ってくれるようコンスタンティノスに頼んで断られている。アンナの伝える情報は錯綜しているが、この母子が関与していたのは否定できそうもない。

暗殺未遂事件の翌日、アレクシオスは陰謀のことは知らないふりをして出立することにした。ただし、コンスタンティノスは屋敷に残らせた。アンナによれば、若いコンスタンティノスにとって初めての遠征であり、病気がちの身体を思いやってのことだったという。アンナの婚約者コンスタンティノスの足跡はここで途絶える。その後まもなく死んだらしい。アンナは『アレクシアス』のなかで、亡き婚約者に何度か言及している。脱線を承知で長々と記したこともあった。

この若者のことを思い出すたびに、私の心は千々に乱れ、思考は混乱し始める。彼についてここで語ることは断念し、いずれ適切な機会にすべてを述べることにするが、場違いといわれても次のことだけは言わずにはおられない。この若者は自然の女神の傑作、いわば神の細工の勝利であった。彼をひと目見た人は、ギリシア人の言う「黄金の種族」の末裔がそこにいると感じるのであった。彼の魅力はそれほどの素晴らしさであった。私はといえば、何年経っても、この若者のことを思い出すと涙が溢れて仕方がないのである。（一巻十二章3節）

この文章を書いた時、アンナは六十代だったと思われる。五十年以上の昔、遠い少女時代を思い出して涙は止まらなかった。歴史書に個人的なことは記すべきではないとわかっていても、書かずにいられなかった。

婚約者の思い出だけではなく、アンナは『アレクシアス』の随所で涙している。嘘泣きだろうという冷めた見方もある。自分が女性であることを強調するために、あえて不幸を嘆き、涙を流してみせるのだというわけである。確かにギリシアの古典でもキリスト教文学でも、女性には涙が付き物であった。コンスタンティノスのために流す涙も修辞的表現に過ぎないと言われたりもする。その根拠のひとつは『アンナ・コムネナ追悼文』――正式の表題は『カイサリッサ（カイサル夫人）、「緋色の生まれ」のアンナ殿の死に寄せる言葉』――である。

学問仲間のトルニケスが記した追悼文は、婚約者の死について次のように説明している。両親は娘のために「緋色の生まれ」という最高の伴侶を見つけたが、人間の配慮には限界があった。アンナが帝国政治より学問に関心のあることを見抜いた神は、それにふさわしい夫を与えるべく、学問の妨げとなりかねないコンスタンティノスを手元に引き取った。アンナは婚約者との別れを冷静に受け止めていたと、追悼文の作者は言いたいようである。

婚約者コンスタンティノスについては別の見方もある。アレクシオス一世が葬られたフィラントロポス修道院の日々の勤行について記した書物には、欄外にその日に亡くなった人物の名前が計三十五名記されている。私たちの言葉でいえば過去帳ということになる。欄外の書き込みということで信憑性が疑われ、取り上げられることも少なかったが、他の記録で確認できる死亡月日とよく一致するので、かなり信頼できる資料であることは間違いなさそうである。たとえば、ダラセナは十一月一日の欄外に「この日、修道女アンナ、すなわち皇帝の母の追悼」とあり、他の史料からわかっている命日とぴったり一致している。

コムネノス家の過去帳は、八月十二日のところに「この日、皇帝たちの婿、『緋色の生まれ』のコンスタンティノスの追悼」とある。『コムネノス家過去帳』に言う皇帝たちとはアレクシオス一世とエイレーネー皇后のことであり、「緋色の生まれ」という語句からも、この人物がアンナの婚約者であることは間違いない。過去帳の作成者はコンスタンティノスとアンナを夫婦と認めている。アンナの気持ちを推し測ってあえてそのように記入したのであろう。

どちらがアンナの思いを正確に察しているのか、さらにアンナの生涯をたどってゆこう。

皇后マリアとの別れ

ニケフォロス・ディオゲネス陰謀事件とマリアについて、アンナはもう少し踏み込んだことを書いている。首謀者ニケフォロスを拷問にかけて白状させ、押収した手紙なども調べたところ、皇帝一族や有力者の名前が次々と出てきたが、そのなかに皇后マリアの名前もあったというのである。

ニケフォロスの尋問調書はじめ、事件に関する書類によると、皇后マリアも陰謀を知っていたが、皇帝殺害にはけっして同意しなかったことが明らかであった。皇帝は関係書類を精査したうえで、……皇后マリアへの言及は伏せる決心をした。即位以前から続くマリアとの信義を重んじ、何も知らないふりをしたのである。（九巻八章2節）

尋問調書にマリアの名を見つけてアレクシオスは衝撃を受けた。マリアには前科がある。息子コンスタンティノスの帝位継承権が夫ニケフォロス三世によって否定されたのを知って、俺の反乱計画に加わったではないか。ヨハネス二世が共同皇帝に戴冠されたのをみて、今一度息子のために大胆な行為に出たとしても不思議ではない。悩んだ末にアレクシオスは眼をつむることにした。マリアから受けた恩義、果たせなかった約束、そしてなによりも、コンスタンティノスと婚約していた娘アンナのことを考えての処置だったのであろう。アレクシオスの優しさはここにも現れている。

マリアは晩年をマルマラ海に浮かぶプリンキポス島の女子修道院で過ごした。二人目の夫ニケフォロス三世の失脚後、かたちばかりの修道女としてマンガナ地区の屋敷に暮らしていたが、ニケフォロス・ディオゲネス陰謀事件を機に正式に修道女となったのであろう。あるいは、あれほど息子コンスタンティノスの行く末を案じていたマリアであったから、最愛の息子を亡くしたのち、アンナを実家に帰して自分は修道院に入ったのかもしれない。

マリアのその後についてはほとんど何もわかっていない。いつのことか不明だが、ひとつだけ逸話が伝わっている。最初の夫ミカエル七世は帝位を追われ、都の修道院で余生を送っていた。そのミカエルの命が尽きようとしていることがマリアにも伝えられた。マリアはミカエルの病床を訪れ、再婚したことを詫びた。ずっと心に引っかかっていたのであろう。ミカエルは「わかっている」とだけ答え、「妻のマリアを赦してほしい」と神に祈った。創り話のようにも思えるが、信頼できる年代記に引用されている逸話である。

ミカエルは美貌の妃を深く愛していた。帝位を追われ修道院に入ったことは無念であり、不徳の致すところと妃にも申し訳ない思いであった。マリアとしても、ただひとり本当に愛した夫ミカエルから暖かい言葉を受けたことは、息子を失い、修道院にひとり暮らす身にとってどれほど慰めとなったことであろう。ミカエル七世は無能な皇帝として現代の研究者にも評判が悪いが、マリアにとってはかけがえのない人であった。

ミカエルに別れを告げ、修道院に戻ったマリアは、しばらく一緒に暮らしたアンナ、息子の婚約者のことも思い出したであろう。利発な可愛い子だった。先に引用したアンナのマリア称賛文の続きを読んでみよう。

ゴルゴンの頭はそれを見た者を石にすると言われている。しかしマリア皇后が歩いているのを見た者、不意に彼女と出くわした者は、呆然としてその場に根が生えたようになり、言葉を失ってしまう。明らかにあらゆる感情や理性を失った状態となるのである。彼女の身体のつり合いは完璧で、人間のあいだにはそのようなものを誰も見たこともなかった。生きた芸術作品、美を愛する者の欲望の対象、あたかもこの世に現れた美の女神のようであった。（三巻二章4節）

アンナの文を読んだなら、あの娘《こ》がこんな文章を書くなんてと、マリアは微笑むかもしれない。辛いことも楽しかったことも遠い彼方であった。おそらくアンナはマリアに読んでもらいたくて、この一節を挿入したのであろう。さらに想像を逞しくするなら、『アレクシアアス』そのものが、父母をはじめ、今は亡き人々に読んでもらうために書いた作品なのかもしれない。ビザンツ人にとって歴史は、将来の世代への教訓として書き記すものであった。将来のためにという発想、考え方は、古代ギリシアで歴史学が誕生して以来、現代でも基本的に同じである。歴史学は未来の学問である、私も学生諸君に繰り返しそう言ってきた。しかしアンナの歴史学は違った。

最近、自分史や回想録を書く人が増えているようである。自費出版も多い。そこにはふたつの歴史があるように思える。自分の体験を書き記し、子供や孫をはじめ将来の人々に読んでもらおう、自分の生涯を参考にして、より良い人生を歩んでほしいという人と、自著で取り上げた人々、すでに故人となった人に読んでもらおう、あの時の自分の行動をわかってほしいという本と……。未来への伝言か、過去の人々への語りかけか。アンナの歴史学はうしろを向いていた。

宮廷を去る祖母

アンナは自分がその生まれ変わりであると考えるほど、父方の祖母ダラセナに憧れていた。息子アレクシオスの即位以来、宮廷の女主人として帝国政治に与っていたダラセナであったが、偽ディオゲネスに対して盲目刑を命じたのを最後にその姿が見えなくなる。「祖母をこの目で見たのは短期間であった」と記しているように、アンナが大人になった時、傍らにダラセナはいなかった。都の北部の高台に建てたパンテポプテス修道院（図8）に入ったのである。

ダラセナの修道院入りについて、アレクシオス一世に批判的な歴史家ゾナラスは次のように説明している。アレクシオスは自分が名前だけの皇帝であることに不満を持っていたが、母に敬意を表して我慢していた。ダラセナは息子の苛立ちに気づき、取り返しのつかない悲劇が生じる前に自発的に修道院に入った。もしかすると、帝国の支配権をめぐる対立の挙句、母エイレーネーが息子コンスタンティノス六世（在位七八〇～九七年）の眼を潰して帝位を奪った、あのおぞましい事件がダラセナの念頭にあったのかもしれない。

ゾナラスのいう母子の対立がもっと深刻なものであった可能性も否定できない。シリアの町エデッサにいたアルメニア人歴史家マタイオスは、ダラセナは異端に陥ったと伝えている。マタイオスによると、コンスタンティノープルに異端が現れ、多くの男女がかぶれてしまった。皇帝の母もそのひとりで、息子の靴底に十字架を隠し、踏みつけるよう細工したという。皇帝は異端の指導者を火あぶりにするとともに、母も宮殿から追放した。十字架を認めないことから考えて、この異端はブルガリア起源のボゴミール派のようである。確かにボゴミール派の指導者は火刑になった。しかし同時代の記録とはいえ、外国人の証言がどれほど信頼できるものか、疑問も多い。

ダラセナの隠遁についてアンナは完全に沈黙している。祖母は政治に携わったが、本当は神に仕える生活を望んでいた、祖母が取り仕切っていた宮廷は修道院のようであったと、ダラセナの修道院入りを示唆するのみである。しかし、アンナが事情を知らないはずはなく、その沈黙はダラセナの隠遁が悲しい、不幸な事件であったことを思わせる。

ダラセナの修道院入りを私は次のように考えている。まず経過を再確認しておく。ニケフォロス・ディオゲネスの皇帝殺害未遂事件にマリアが加わっていたことはほぼ間違いないだろう。計画を知っていたが、殺害には強く反対したというアンナの弁護にはずいぶん無理がある。アレクシオスはマリアに情けをかけて、関係書類を握りつぶした。コンスタンティノスとアンナの婚約もそのまま続いていた。

図8　パンテポプテス修道院（イスタンブル、エスキ・イマレト・モスク）

ところが、ニケフォロス陰謀事件のほとぼりも冷めないうちに偽ディオゲネスが現れた。謀反に対するアレクシオスの処置は今回も穏やかなものであった。盲目刑という断固たる処置を講じたのは、他ならぬダラセナであった。その後まもなく宮廷からダラセナの姿が消える。

ここからは私の想像である。相次ぐ「緋色の生まれ」の謀反にダラセナは強い危機感をもった。ニケフォロス陰謀事件に際して、息子アレクシオスの意向に従い、マリアやコンスタンティノスの関与に目をつむったのは間違いだったと考えて、偽ディオゲネスに対しては自分の一存で厳罰を命じた。ダラセナは確信したに違いない。コンスタンティノス・ドゥーカスはコムネノス家にとって危険な存在である、たとえ本人にそのつもりがなくても「緋色の生まれ」という存在そのものが、野心を持つ貴族に利用されかねない。

かくてダラセナはコンスタンティノスを除くことを決意した。コンスタンティノスはもともと虚弱だったようで、病死の可能性も否定できないが、私はダラセナが処刑を命じたと考えたい。娘の婚約者の突然の死、その真相を知ったアレクシオスは怒り、母を修道院に押し込めた。あるいは、息子に良かれと思ってのことが想定外の怒りを招いたので、ダラセナがみずから修道院に入った。私の推定も、証拠があるかと言われれば、マタイオスの年代記が伝えるボゴミール派異端説と五十歩百歩かもしれない。しかし「新皇帝は私たち一族を皆殺しにするに違いない」と言ったダラセナ、「あらゆる帝国をみごとに統治することができる」と言われたダラセナなら、ありえないことではないだろう。

いずれにせよ祖母ダラセナの隠遁は、息子アレクシオス一世との関係がこじれたためであった。父を敬愛し、祖母に憧れていた少女アンナには辛い出来事であった。晩年、父の歴史を書くにあたって、悲しい思い出がよみがえってきた。私の胸のなかにしまったままにしておくべきだろうか、アンナは迷った。その結果が『アレクシアス』の曖昧な記事である。マリアに疑惑があったことは記した。それは誤解であると強く念を押した。コンスタンティノスの屋敷に父が泊まった日に事件があったこと、父がマリアの件を握りつぶしたこと、ぎりぎりそこまで記すことにした。コンスタンティノスの死、父と祖母の確執については結局触れずにおいた。お父さま、お祖母さまに限ってそんなはずはない……。

ビザンツ帝国では女性の結婚可能年齢は十二歳と定められていた。あどけない少女から一人前の女性となるのが、私たちの世界よりも早かったのである。アンナにも短い少女時代に別れを告げる日が来た。三人の懐かしい人々、――いつか皇帝夫婦となるはずだった婚約者コンスタンティノス、美しく優しいが不幸だった皇后マリア、男勝りで頼れる憧れの祖母ダラセナ。少女時代のアンナを彩った人々は次々と去って行った。懐かしい人々との別れは少女時代への別れでもあった。悲しみのなかアンナは大人となる。待っていたのは結婚であった。

5　政略結婚

仇敵との和解

コンスタンティノスの死によって婚約は解消となり、マリアも修道院に入って、アンナは親元に戻ってきた。宮殿での生活が再開されてほどなく結婚ということになった。一〇九六年と推定される。アンナ十二歳、夫となったニケフォロス・ブリュエンニオスは十六歳であった。法的に認められる年齢十二歳になってすぐのことで、結婚を急ぐ必要があったようである。

ブリュエンニオス家はアドリアノープルの町を拠点とする名門の軍事貴族であった。夫の祖父ニケフォロス・ブリュエンニオスはアドリアノープルに立て籠もってなお抵抗する姿勢を示し、皇帝から恩赦を引き出すことに成功した。反乱を起こした貴族に対して、皇帝政府は徹底的な制裁を加えることができなかったのである。貴族の時代の到来を告げる事態であった。

ニケフォロス三世が派遣した将軍アレクシオス・コムネノスは一〇七七〜七八年に反乱を起こし、帝位獲得まであと一歩のところで、ニケフォロス三世が派遣した将軍アレクシオス・コムネノスに敗れた。祖父は捕えられ、眼を潰されたものの、一族はアドリアノープルに立て籠もってなお抵抗する姿勢を示し、皇帝から恩赦を引き出すことに成功した。

それから三年、一〇八一年に今度はコムネノス家がニケフォロス三世に対して反旗を翻した。ドゥーカス、パライオロゴスなどの貴族が反乱に加わったが、ブリュエンニオス家の姿はない。アレクシオスがアドリアノープルで皇帝宣言をしたという伝承――ゾナラス『歴史要略』は採用している――を根拠に、ブリュエンニオス家も反乱を支援したとする見解もあるが、当事者である父や叔父パライオロゴスから話を聞いたアンナによると、アドリアノープルは、町の有力者ブリュエンニオスの帝位への望みを挫いたアレクシオスに反感を持ち、皇帝ニケフォロス三世に忠誠を貫いたという。結局のところ、ブリュエンニオス家は日和見を決め込んだというのが本当らしい。御家取り潰しは免れたとはいえ、今さらニケフォロス三世を支援するのは業腹だし、かといって、直接刃を交えたアレクシオスに協力するのも釈然としないといったところであろう。

アレクシオス一世の即位後も、ブリュエンニオス家は政権とは一線を画し、是々非々の態度をとっていた。視力を失った老ブリュエンニオスが、相談役のようなかたちで皇帝の傍らにいることもあったが、それ以外に一族の姿は宮廷には見えず、爵位・官職の保有者も知られていない。相変わらず故郷のアドリアノープルに引きこもっていたらしい。コムネノス家と同じくニケフォロス三世に反旗を翻したメリセノス家が、帝位をめざすライヴァルだったアレクシオスの即位とともに、カイサルという高い位を与えられて武器を置き、早々と政権入りしたのとは対照的である。機を見るに敏、変わり身が早いと言われるビザンツ人のなかで、二十年近く「武士は食わねど高楊枝」を貫いたブリュエンニオス家は例外的な存在なのかもしれない。

意地を張っていたブリュエンニオス家が態度を変える時が来る。どうやらアレクシオス一世のほうから話を持ちかけたようである。有力家門ディオゲネス家の謀反に危機感をもったアレクシオス一世は、貴族連合体制を再構築するために、これまで政権と一線を画してきたブリュエンニオス家との和解を決意した。アドリアノープルの町へ使節を派遣し、故郷で暮らしていた盲目の老ブリュエンニオスに対して、偽ディオゲネスと戦うなら恩賞を与えると申し出たのである。

両者は合意に達し、ブリュエンニオス家は皇帝を支持する見返りとして大きなものを手に入れた。皇女アンナである。アレクシオスから持ちかけたのか、老ブリュエンニオスが孫の嫁にと要求したのか、交渉の経過は不明であるが、結果ははっきりしている。二十年近い歳月を経て、敵《かたき》同士が親戚となったわけである。典型的な政略結婚であった。

夫となったブリュエンニオスにはパンヒュペルセバストスという高位の称号が与えられた。カイサルよりひとつ下の爵位で、ニケフォロス・ディオゲネスの陰謀に連座して追放・財産没収となったタロニテス——アレクシオス一世の義兄——が有していた爵位である。今回の縁組が、ほころびを見せていた貴族連合政権への梃入れであったことがわかる。帝位をめぐる有力貴族間の抗争から貴族連合体制への転換は、ブリュエンニオス家との和解でもって完成したと言ってよい。誕生、婚約だけではなく、結婚においてもアンナは時代の転換を象徴する存在となった。

幼い夫婦

こうして夫ブリュエンニオスが歴史に登場する。その姿が最初に確認できるのは、一〇九七年四月コンスタンティノープルに十字軍を迎えた時である。聖木曜日——復活祭直前の木曜——という祝日にもかかわらず武器を置かず、城壁に迫ってくる十字軍兵士を懲らしめるため、アレクシオス皇帝は娘婿を呼び出した。

皇帝はブリュエンニオスに弓の名人を連れて城壁に向かうよう命じた。その際に、矢を浴びせて十字軍をひるませよ、しかしけっして殺害しないようにとの指示を与えた。祝祭日にキリスト教徒の血を流すまいという、敬虔な父の配慮だとアンナは記している。アレクシオスには苦い経験があった。一〇八一年四月にコンスタンティノープルを攻略したのはやはり聖木曜日だったが、入城に際して殺戮・略奪が繰り広げられた。即位後そのことを教会から咎められ、皇帝が四十日間の謹慎を余儀なくされるという異例の事態となったのである。

十字軍を迎えた時ブリュエンニオスは十七歳。若くしてアポロンのような弓の名人だったので、そのような難しい命令が出されたのだとアンナは言うのだが、どうも私には、的《まと》を外せという命令は、まだ未熟な娘婿への配慮のように思われる。射損じたとしても言い訳ができる。それどころか、みごとに外したと褒めてもらえる。「その気になれば、狙ったところに命中させることができたが、その日は皇帝の命令でわざと外したのである。」アンナも遠慮なく夫を庇うことができた。

このあとブリュエンニオスはアレクシオス一世、続くヨハネス二世のもとで活躍した。アンナは夫を称えて、文武両道に優れていたと言う。確かに、将軍として戦場に姿を見せる一方、内政や外交でも活躍しているし、死ぬ直前まで戦地において『歴史』を執筆していた。しかし、どちらかといえば戦争よりも学問が得意だったようで、古典の教養、聖書や神学の知識、さらには弁舌を駆使して皇帝に仕えていた。異端問題への対応を委ねられているし、謀反を企んだ有力貴族に、心を入れ替えて皇帝に仕えよと説得に努めたこともある。また、アレクシオスの宿敵であったアンティオキア公ボエモンド――ノルマン君主ギスカールの息子――との最後の戦いにおいても、ブリュエンニオスが姿を見せるのは和平交渉の場である。いったん決裂した交渉をブリュエンニオスがうまくまとめて、講和条約の締結に至ったという。交渉の最終局面で娘婿に花をもたせたのは、これまたアレクシオスの配慮であろうか。

ブリュエンニオスは歴史家として名を残すことになった。皇后エイレーネーの依頼を受けてアレクシオス一世の時代を記した『歴史』は未完に終わったが、十一世紀後半の帝国の状況を伝える貴重な史料である。文人との交友関係も広く、ブリュエンニオスに宛てた書簡や頌詩《しょうし》が何通か伝わっている。仲間うちで学問・教養を称えられているだけではなく、少しのちの歴史家からも同様の評価を得ているので、優れた学者であったことは間違いない。

アンナのほうは、結婚してもさしあたって生活に大きな変化はなかったようである。結婚から数年後、一一〇一年頃に生じたアネマスの陰謀事件に関して、アンナは思い出を記している。陰謀が発覚して逮捕され、盲目刑に処されるべく市内を引き回されるアネマスの姿を、アンナは妹たちと宮殿の露台から見ていた。行列が真下のアウグスティオン広場まで来ると、髪と髭を剃られた囚人は宮殿を見上げ、両手を天に向けて差し上げた。いっそのこと殺してくれと皇帝に訴えているようである。その姿に姉妹は涙する。酷い刑を取りやめるよう父に訴えたいのだが、怖くて皇帝たちがいる階下の広間に入ることができない。相談した結果、年長のアンナが降りてゆき、扉の隙間から手招きして母エイレーネーを呼び出すことになった。アネマスの姿を見てもらい、皇帝に刑の免除を訴えてほしいというのである。

娘のただならぬ様子に皇后は広間を抜け出すと、言われるがまま露台に出て来た。囚人の哀れな姿にエイレーネーも涙を流し、急いで皇帝のもとに戻って行った。こうして、ぎりぎりのところで刑の執行は中止となった。アレクシオス一世に批判的な歴史書は、母ダラセナだけではなく、妃も政治に介入したと伝えているが、アンナに言わせれば、母エイレーネーの政治への介入とは優しい心根の表れに他ならなかった。アネマス陰謀事件についても、関係者の財産は母の手で家族に戻されたと特筆している。

アネマス事件は結婚から四〜五年のち、アンナ十六、七歳のことである。未婚の妹たちとともに宮殿で暮らしており、姉として頼られていた。囚人の哀れな姿に涙し、処刑を止めてもらおうと思っても、父のいる広間に入ることはためらわれた。思い出のなかのアンナはまだ少女である。

結婚して変わったことといえば、学問への関心が芽生えたことであろう。一〇八二年、自分が生まれる前に生じたイタロス異端裁判を扱った長い記事の途中でアンナはまたも脱線し、母エイレーネーの思い出を記している。母は食事の用意ができてもまだ本を読み耽っていた。難しい神学の本である。アンナは母に尋ねた。「どうして、そんな難しい本が読めるの？　その本は読んだら眩暈《めまい》がすると言われているのよ。」エイレーネーは優しく答える。「慌てなくても大丈夫、まずはいろいろ読んでごらん。そのうちにこの本の面白さがわかりますよ。」

ふたりが話題にしているのは聖マクシモスの神学書であり、そこそこの年齢でなければ手に取ることもない書物である。学問に興味を持ち始めたアンナの様子を伝えるこの逸話も、おそらく結婚後のことと思われる。母の影響に加えて、学問好きだった夫ブリュエンニオスから刺激を受けていたに違いない。『アンナ・コムネナ追悼文』も、アンナを学問の道に進めるべく、神が与えた配偶者がブリュエンニオスであったと仄めかしている。

結婚当初のアンナは、父母のもとで妹たちとともに過ごしていた。夫ブリュエンニオスも宮殿にいたが、なお少女時代が続いていたともいえる。しかしいつまでも少女気分ではいられなかった。子供が次々と生まれたからである。

子供の姓名

『アレクシアス』には子供のことは出てこない。自分の誕生など、個人的なことも書いているにもかかわらず、なぜか子供にはひとことも触れていない。まったく私的なことがらなので歴史家として沈黙しているのだろうか。それとも他に理由があるのだろうか。いつ生まれたのか、何人いたのか、どんな子供だったのかは他の史料から推測するしかない。

アンナには四人の子供がいた、というのが長らく通説であった。長男アレクシオスと次男ヨハネスについては、一一二二年頃に行なわれた合同結婚式を祝う歌──『もっとも幸福なるカイサルの息子たちへの祝婚歌』──が伝わっており、歴史書にもヨハネス二世、そのあとを継いだマヌエル一世のもとで軍人として活動していたことがみえる。長女のエイレーネーも、皇后エイレーネーが設立したケカリトメネ修道院の規約に名前が挙げられており、同修道院に関わる文人の著作からもある程度のことがわかっている。ケカリトメネ修道院の規約から、エイレーネーの他にもうひとり娘がいたことが推定でき、著者不明の『アンナ・コムネナの遺言状序文』でも、複数の子供が死んだ、しかしなお複数生きているとあるので、少なくとも四人いたとわかる。そのようなわけで、研究者が作成するコムネノス朝系図には、名不詳の娘を含めて四人の子供が挙がっている。

ごく最近になって子供六名説が出された。根拠とされるのは、例の『コムネノス家過去帳』である。信憑性に乏しいと思われていた欄外の命日記録が、かなり信頼できるものとわかり、そのつもりで見直してみると、同過去帳にはアンナの子供が四名出てくる。九月一日から始まる暦の順に、命日が九月二十一日のアンドロニコス、十月三十日のコンスタンティノス、三月三十ないし三十一日のアレクシオス──日付の中間に書き込まれているのでどちらが命日なのか不明──、四月十八日のマリアである。他の記録から確認できる次男ヨハネスと長女エイレーネーを合わせると、計六人の子供がいたことになる。過去帳にしか名前のないアンドロニコスとコンスタンティノス、マリアは幼くして死んだのだろう

（コムネノス家系図、三二九ページ）。

子供が生まれたことでアンナの生活は大きく変わったに違いない。残念ながら、最初の子供がいつ生まれたのか、よくわかっていない。長男アレクシオスの婚約者であったグルジア王女がコンスタンティノープルに来たのは、一一一八年八月であったが、アレクシオス一世の死もあって挙式は遅れ、一一二二年頃に次男ヨハネスの結婚式と同時に行なわれた。逆算すると、長男は一一〇〇年代前半の生まれとなる。長女エイレーネーは、兄弟が結婚した時にはすでに未亡人であった。「早い未亡人」と言われているので、若くして夫を失ったらしい。子供もいたようで、女性の結婚年齢を考えると、やはり一一〇〇年代前半の生まれであろう。一一〇一年頃のアネマス事件も合わせてみるならば、アンナには一〇九六年頃の結婚から、母となるまでに五年余りの期間があったようである。名残りの少女時代といったところだろうか。

子供たちについてとくに注目したいのはその姓名である。ビザンツ人は夫婦別姓であった。アンナがブリュエンニオスと結婚してもアンナ・ブリュエンニッサと改姓することはない。コムネナのままである。対等な夫婦関係のように思えるが、ビザンツ人の夫婦別姓は男女の平等を意味するものではなく、娘は結婚しても父の支配下にあるという、古代ローマの家父長制の名残りとみたほうがよさそうである。ビザンツ帝国も男系の社会であったことは子供の苗字によく現れている。ほとんどの場合、子供は父の苗字を名乗った。日本でも夫婦別姓を求める運動が進んでいるが、問題となるのは子供の苗字ではないだろうか。子供の苗字をどうするのかまで考えてはじめて、この運動が対等な男女関係を創りだすものとなるだろう。

男系優位は子供の苗字だけではなく名前にも反映されている。子供には祖父母の名前をつけるのが一般的であった。皇帝一覧表をみると、帝位が父子継承された時代、たとえば八世紀のイサウリア王朝時代には、レオン三世↓コンスタンティノス五世↓レオン四世↓コンスタンティノス六世のように一代おきに同じ名前が現れる。祖父の名前を貰うからである。コンスタンティノス六世の長男もレオンであったが、生後まもなく死んでしまった。

名前のつけ方も父方優先である。長男は父方の祖父、次男は母方の祖父、長女は父方の祖母の名を貰う――アンナは父方の祖母アンナ・ダラセナから名前を貰った――のが普通であった。その結果、父方の祖父と男の初孫が同姓同名となり、祖母と孫娘の場合は、アンナのように名前だけ同じということになる。

子供の姓名は、別姓であっても夫婦関係が夫優位であったことを語っている。そのなかにあってアンナ夫婦は例外である。長男はアレクシオス・コムネノス、つまり母アンナの苗字を名乗り、母方の祖父アレクシオス一世から名前を貰っている。皇帝アレクシオス一世と同姓同名の孫である。次男はヨハネスと名付けられた。父方の祖父、すなわちブリュエンニオスの父がヨハネスだったのだろうと推定されている。娘エイレーネーは長女でありながら、やはり父方ではなく、母方の祖母、皇后エイレーネーの名を貰った。注目すべきは次男と長女の苗字で、ふたりは父でも母でもなく、母方の祖母、つまりアンナの母エイレーネーの苗字ドゥーカスを名乗った。『コムネノス家過去帳』に名前がなかった理由であろう。結局、父ブリュエンニオスの苗字を名乗った子供はいなかったようである。

夫婦別姓だったので子供には苗字を選択する余地があり、どのように名乗るかに、一族の戦略が反映されているのだが、それにしても父母のいずれでもなく、母方の祖母の苗字を名乗るのは異例のことである。どうやらアンナの強い意向だったらしい。母方ドゥーカス家に対するアンナの思い入れが、次男ヨハネス、長女エイレーネーの苗字になったのであろう。そういえばアンナ自身もドゥーカイナと呼ばれたことがある。「もっとも賢明な、『緋色の生まれ』でカイサリッサのアンナ・ドゥーカイナ殿」に捧げた詩が伝わっており、このように呼びかければアンナが喜ぶと、作者は考えていたようである。

ちなみに、ケカリトメネ修道院の規約から想定される姓名不詳の娘は、『コムネノス家過去帳』のマリアだったと思われる。それならば、このマリアという名前はどこから来たのだろうか。普通なら祖母の名前を貰うので、ブリュエンニオスの母――姓名不詳――がマリアだったということになろう。ひょっとしたら婚約者コンスタンティノスの母、幼いアンナを可愛がってくれた皇后マリアから名前を貰ったのかもしれない。こんな想像も歴史の楽しみとはいえ、さすがにこれは想像が勝ちすぎるようである。

夫婦仲を探る

子供の姓名からもわかるように、アンナとブリュエンニオスは世間一般の夫婦とはかなり異なっていた。明らかに妻上位の夫婦であった。なんといっても皇帝の娘との政略結婚であり、ブリュエンニオスは一歩も二歩も下がっていたようである。婦唱夫随である。

対照的なのがアンナの妹エウドキア夫婦であった。夫イアシテスは亭主関白で、妻エウドキアを皇帝の娘として立てなかったようである。イアシテス家も名門貴族であり、当人としてはコムネノス家とも対等のつもりだったらしい。たまたま運がよくて皇帝となっただけではないか、どうして妻に頭を下げなければならないのだ、といったところであろう。娘婿の傲慢な態度に皇后エイレーネーは腹を立て、強引に離婚させたという。ちなみにイアシテスも例の『コムネノス家過去帳』に名前がある。それにしても過去帳の作成者はどういうつもりで、アンナの婚約者コンスタンティノスはともかく、妹エウドキアの離婚した夫まで含めたのだろうか。

アンナの場合、子供の姓名に加えて、妻の呼称という点でも注目すべき現象がみられた。夫婦別姓なので妻は夫の苗字を名乗らないものの、夫の爵位称号を女性形にした呼称を用いるのが慣例となっていた。「〜の妻」「〜夫人」という意味合いの名乗り方である。アンナは、夫ブリュエンニオスがカイサルという高位に昇進したのち、周囲の人々からカイサリッサ（カイサル夫人）と呼ばれるようになった。母エイレーネーも公の場では娘アンナをそう呼んでいる。

アンナをわざわざドゥーカイナと呼んだ上記の詩も、やはりカイサリッサと言っているが、本人がそう名乗った形跡はない。『アレクシアス』における自己紹介は「アレクシオスとエイレーネー両陛下の娘」「緋の産室に生まれた」アンナである。『アンナ・コムネナの遺言状序文』の表題にある「カイサリッサのアンナ」も本人が名乗ったのではないらしい。表題はのちにつけられた可能性が高く、そもそも序文自体、別人の著作集に収録されており、アンナが書いたものではなさそうである。このように見てくると、アンナにはブリュエンニオスの妻という意識は希薄だったと思われる。私は皇帝の娘、「緋色の生まれ」、あなたより格上なのよ、といったあたりが本音だったのだろうか。

まわりの人々も妻上位の夫婦だと認めていた。たとえば、アンナの息子たちの結婚を祝う『祝婚歌』にもそれがみられる。個人を称える時には、祖先とりわけ両親を褒めるのが慣例であり、ここでも祖父母に続いて両親のブリュエンニオスとアンナを褒め称えている。注目すべきは、まず「緋色の生まれ」のアンナをこと細かに称え、立派な夫をもったと言ってブリュエンニオスに話を移すことである。ついでに述べたという感さえある。しかも祖父母についてはアンナの両親、アレクシオス一世とエイレーネー皇后のみに言及している。こちらは慣例通り、まず夫アレクシオスから褒めている。

このような関係にあって、夫婦仲はどうだったのだろうか。帝国の危機を前にして成立した政略結婚だったとしても、アンナが夫を愛していたことは確かなようである。『アレクシアス』において夫ブリュエンニオスへの愛情を吐露している。亡き夫のことを思えば「私の心は千々に乱れ、悲しみに満ちる。」なぜなら夫は、ホメロスがアキレウスを褒め称えたように、万人がこの世でもっとも優れた人物と称えるような存在だったからである、とも書いている。

「私の心は千々に乱れ」云々は、4章「少女時代への別れ」でみた婚約者コンスタンティノスを偲《しの》ぶ言葉とよく似ている。紋切り型の表現かもしれない。涙を強調して良き妻を演じているようにも思われる。しかし『アレクシアス』の序文で、亡き夫に代わって父の歴史を書く決意をした理由として、「カイサルが夢枕に立った」と言い、涙を拭って『アレクシアス』に取り掛かるさまは、とてもお芝居とは思えない。夫が果たせなかった仕事を自分が代わって成し遂げる。これもまた愛の表現であった。

アンナは夫ブリュエンニオスを学者・文人として尊敬していた。『アレクシアス』のなかでも繰り返し「カイサルの『歴史』を読んでほしい」と述べている。それだけの才能がありながら控え目で、自分を立ててくれたブリュエンニオスに感謝していたであろう。『アンナ・コムネナの遺言状序文』で自分の生涯を振り返る時には、両親への感謝が中心で、夫はどちらかといえば影が薄い。しかし「主人カイサルの死を見ることがないように」という一句を見逃すべきではない。あなたより先に死にたい、これまた夫への愛の表現に違いない。たとえ『遺言状序文』がアンナの著作でないとしても、アンナの真情を伝える文として読みたい。

婿殿ブリュエンニオス

　ブリュエンニオスはコムネノス家の人々からも好かれていたようである。子供の苗字や名前からもわかるように、妻のアンナを立てて自分は一歩下がっていた。学問があり、振る舞いに気品があると宮廷で評判が高かったにもかかわらず、驕《おご》ることのないブリュエンニオスに好意を持つ者が少なくなかった。

　アレクシオス一世が娘婿に何かと配慮していたことは、結婚直後の十字軍のエピソードからも窺えた。気配りの例をもうひとつ挙げてみよう。アレクシオスは家族の前で昔話をするのが好きだった。晩年になってその傾向が強くなったのだろう。すでに成人に達していたアンナは父の話をしっかり憶えており、そのいくつかを『アレクシアス』に組み入れた。夫ブリュエンニオスの祖父に関する逸話もそのひとつである。アレクシオスがまだ二十歳、即位する三年前のことであった。

　青年将軍アレクシオスは反乱者ブリュエンニオスを捕え、都へ護送することになった。旅の途中、捕虜となった年輩の将軍を思いやってか、馬から降りてしばし休もうと提案した。ふたりは草原に並んで横になり、アレクシオスはそのままぐっすり眠ってしまった。ブリュエンニオスがふと目を上げると、傍らの小枝に剣がぶら下がっていた。剣をとってアレクシオスを殺そうと思うのだが、なぜか身体が動かない、目に見えない力が働いていた。アレクシオスが語ったという思い出話である。

　何度も聞いた話なのに、嬉しそうに耳を傾けるアンナの姿が眼に浮かぶようである。父は頷きながら語っている。敵味方に分かれて戦ったが、我々のあいだには通い合うものがあった、ブリュエンニオスとは不思議な縁《えにし》があったのだ。あの頃まだ生まれていなかったお前たちが、今は夫婦となっている。

　老ブリュエンニオスの反乱については、アンナも父の若き日の手柄として記しているが、詳しいことは夫の『歴史』を読んでほしいと言っている。確かにこの部分に関しては『アレクシアス』の記事は、ブリュエンニオス『歴史』の孫引きないし要約に過ぎない。そのなかにあって、老ブリュエンニオスとの旅の逸話は、アンナが追加した独自の記事である。脱線風に書き加えた記述には、アンナの思いが込められているようである。

ただし歴史研究者の冷たい目で見ると、アレクシオスの昔話にも、アンナの喜びにも疑問がないわけではない。老ブリュエンニオスは都に入る直前に盲目刑に処せられた。アンナは繰り返し繰り返し、眼を潰したのは父ではないと述べている。「わかった、わかった、お父さんはそんな酷いことをする人じゃないよね」と言ってやりたくなるほどである。しかし、事実はどうだったのだろうか。アンナが躍起になって父の無罪を主張するのは、アレクシオスによって処刑されたと広く信じられていたからに他ならない。そう明記している歴史書もあるし、一〇八一年春、各都市がアレクシオス・コムネノスの反乱軍に門を開くなか、アドリアノープルのみが反乱に加わらなかったのも、ブリュエンニオスを盲目にしたのがアレクシオスだと信じていたためであろう。しかし事実がどうであれ、世評がどうであれ、コムネノス家のあいだでは、ブリュエンニオス家との縁が語り伝えられていた。

皇后エイレーネーも、夫の歴史を書いてくれるよう依頼するほど、ブリュエンニオスの学問・教養を高く評価していた。子供たちに自分の苗字ドゥーカスを名乗らせたことにも感謝していたはずである。思いがけなく同姓同名となった孫娘エイレーネーは皇后の一番のお気に入りであった。数多い孫のなかでただひとり、自分が建てたケカリトメネ修道院の規約で、死後の追悼を定めている。孫娘の顔をみるたびブリュエンニオスへの好意を新たにしたであろう。

アレクシオス一世の晩年、病がちの夫を支えて政治に関与するようになると、エイレーネーは息子ヨハネス二世よりも娘婿ブリュエンニオスをなにかと頼りにし、ついには夫の跡継ぎにと言い出すまでになった。穏やかな娘婿には親しみを感じていたし、学問・教養があるので皇帝にふさわしいと考えたようである。アンナも、自分たち夫婦こそが帝位にと思っていたが、当のブリュエンニオスはあまり乗り気ではなかった。

ヨハネス二世も、性格や肌合いは違ったものの、義兄に悪い感情は抱いていなかった。次章で詳しくみるように、アレクシオス一世の後継者問題では、母エイレーネーや姉アンナに担がれたブリュエンニオスと対立するかたちとなったが、本人にその気がないとわかって、いっそう好意をもったようである。皇帝となってからも重用し、何度か遠征に同行させている。また、ブリュエンニオスの息子たちの結婚もヨハネスが仲人役となった。ブリュエンニオスのほうから息子の配偶者についてヨハネスに相談し、その了解を得て縁談を決めたようである。こうして息子たちもまた、叔父ヨハネス二世のもとで軍人として経歴を積むことになる。

学問があって、温厚、控え目なブリュエンニオスは誰からも好かれる人物だった。客観的にみて幸せな夫婦だったと思われる。しかし、アンナは八方美人のブリュエンニオスに物足りなさも感じていた。もっと私のことを考えてほしいとの思いである。贅沢な願いというべきであろう。そのようなアンナの思いは、アレクシオス一世の後継者問題においてひときわ強くなった。ついには夫に向かって怒りをぶちまけることになる。

6　父の死と帝位継承問題

重きをなす皇后エイレーネー

　アンナが七十歳で生涯を終えたとすれば、ちょうど折り返し点となる三十五歳の時、大きな転機が訪れた。一一一八年八月の父アレクシオス一世の死と弟ヨハネスの即位、翌一九年春に生じた帝位をめぐる姉弟の争い、このふたつの事件によってアンナの人生は宮殿から修道院へと舞台を変えた。陰謀のビザンツ史の御多分に漏れず、どちらの事件も謎に包まれている。本章と次章では、推測も交えながら、またその推測の根拠も示しながら、帝位をめぐるアンナの動きについて細かく見てゆこう。

　二十代半ばで即位したアレクシオス一世は、当初、母ダラセナに政治の実権を委ねていた。名実とも皇帝といえる存在となるのは、ようやく四十歳に手が届く頃だったらしい。歴史家ゾナラスによれば、自分が名前だけの皇帝であることにアレクシオスがしだいに苛立ちを募らせ、それを察したダラセナが身を引いて修道院に入ったという。ことの真相はなお闇のなかであるが、アンナにとっては少女時代への別れを告げる辛い事件であった。

　ダラセナの隠遁は宮廷の雰囲気をすっかり変えた。それまで影の薄かった皇后エイレーネーが、何かにつけて表に出るようになった。アレクシオスが即位した時にはまだ十代半ば、離婚されるだろうと噂されたエイレーネー、皇帝賛美演説においてもほとんど言及されることなく、跡継ぎを産むだけの存在であった皇后が、今や堂々とものを言うようになった。アンナは母について、表立ったことを好まず、いつも控え目で、皇后として人前に出る時には恥じらいで頬を染めていたと述べている。政治への介入としてあえて紹介するのも、あのアネマス事件の減刑嘆願くらいである。

アンナは母を理想の女性として描き出そうとしている。しかしエイレーネーの実像とはかけ離れているようである。ドゥーカス家を嫌っている姑ダラセナが取り仕切っている宮廷では、猫を被っておとなしくしているしかなかった。ダラセナが修道院に去って、ようやく仮面を外したものと思われる。やはりゾナラスによると、皇帝アレクシオスは気さくな性格で、側近の者たちも気軽に接することができたが、皇后が同席しているとそうはゆかなかったという。馴れ馴れしく振る舞う者に対して、皇后は高飛車な態度で厳しく叱責したからである。アレクシオスの反乱の時に、参加を渋る娘婿パライオロゴスを叱りつけたブルガリア王女マリアの血は、その娘エイレーネーに流れていた。アンナにも受け継がれたはずである。

アレクシオス一世は晩年に至って病気がちになった。アンナが伝えている歩行困難、呼吸困難といった症状から病名を推定した学術論文があり、痛風・心筋梗塞・心不全と診断されている。歩行困難だったのは痛風のため、その痛風が原因で心筋梗塞が進み、とうとう心不全となって呼吸もままならなくなった、という見立てである。医学の知識に乏しい私には、その診断が当たっているのかどうか判断がつきかねるが、ともかく皇帝の病とともに皇后の存在が重きをなすようになった。

病を抱えてもアレクシオスは東奔西走の日々が続いた。変わったことといえば、健康に不安があったためか、妃を遠征に同行させるようになったことくらいであろう。一度だけ家族そろって同行したことがあったらしい。地理情報に乏しい『アレクシアス』にあって珍しく、十四巻八章ではトラキア地方のフィリッポポリスについて街の様子が詳しく記されている。その際にアンナはひとこと付け加えている。「私自身、ある用件で皇帝とこの町に滞在した折、これらの遺跡を見たことがある。」父は戦場から戦場へと生涯を過ごし、宮殿にいても政治・外交・教会問題と多忙な日々であった。アンナ三十歳の秋と推定されるフィリッポポリスへの旅は、触れ合うことの少なかった父との大切な思い出であった。懐かしさのあまり書き添えた一文であろう。

皇帝の病が進むにつれて皇后エイレーネーの発言が重きをなすようになった。皇太子のヨハネスも母に従うものと人々は予想したが、すでに成人に達しており子供もいたヨハネスは、自分が子供扱いされることに耐えられなかった。軍人としての力量や実績に対する自負もあった。共同皇帝である自分こそが病身の父を補佐するのだと主張したようである。言うことを聞かない息子にエイレーネーは腹を立て、夫に向かって跡継ぎを考えなおすよう迫ったという。

後継者問題

ここで帝位継承問題を振り返ってみよう。一〇八一年アレクシオスが即位した時、「緋色の生まれ」の皇子が四人もいた。ドゥーカス家に二名、コンスタンティノス十世の息子コンスタンティオスとミカエル七世の息子コンスタンティノス、一字違いの叔父と甥である。ディオゲネス家に二名、ロマノス四世の息子ニケフォロスとレオン。アレクシオスはこれら「緋色の生まれ」の皇子を丁重に扱った。とくにコンスタンティノスは共同皇帝とし、娘アンナと婚約させた。そのあとコムネノス家にヨハネス二世以下「緋色の生まれ」が誕生する一方、コンスタンティオスは、一〇八一年秋にノルマン軍との戦いで命を落とし、ディオゲネス兄弟も相次いで戦死ないし盲目刑となった。さらに一〇九五年頃、アンナの婚約者コンスタンティノスが死んだ。こうして後継者は長男のヨハネスと誰もが確信するようになった。

問題なくヨハネスが跡を継ぐはずだったところ、皇帝の病、皇后の権限強化によって事態は流動的となった。十三世紀初めの歴史家コニアテスの伝えるところでは、エイレーネーは息子ヨハネスのことを「粗暴で、遊び人。性格が歪んでいる」と非難し、学問があり徳の高いブリュエンニオスこそが皇帝にふさわしいと述べたという。妃が跡継ぎの話を持ちだすたびに、アレクシオスは聞こえないふりをしていた。帝国再建の英傑アレクシオス一世も妻には分が悪かったようである。

煮え切らない夫をエイレーネーがさらに問い詰めると、なるほど娘婿に跡を継がせた皇帝もいたかもしれないが、それは例外であると弁明し、簒奪というけっして褒められない方法で帝位に就いた自分だけに、「立派な息子がいるのに、あの『マケドニア人』に帝位を継がせたなら、笑いものになるだろう」と答えた。

コニアテスの記録は百年近くのちのものなので信憑性が疑われている。確かに、娘婿ブリュエンニオスに対するアレクシオスの態度からみて、半野蛮人という意味のある「マケドニア人」と呼んだとは考えにくいし、自分の即位を違法行為と認めていたとも思えない。アレクシオスの科白は大部分がコニアテスの創作であろう。そこからコムネノス家内部の対立そのものも捏造だとする見解もある。しかしながら、エイレーネーが大きな権限をもったこと、アンナとブリュエンニオスを贔屓にしていたことは他の史料からも確認できるので、対立は否定できそうもない。アレクシオスの科白は、ビザンツの歴史家が手本としたトゥキュディデスの執筆方針に従った創作とみなすべきであろう。トゥキュディデスは、演説を語られたとおりに記すことは困難なので、あの人物ならこう言っただろうと思われることを記述した、と述べている。

一族間の帝位争いはなかったという説は、当時の人々は父から息子、とくに長男への帝位継承を当然のことと考えており、エイレーネーやアンナも承知していたはずだとも主張する。しかし原則はそうだったとしても、実際はというと、すんなりと父の跡を継いだ皇帝は、九五九年のロマノス二世以降、百五十年以上いない。コンスタンティノス十世の息子ミカエルは、母の再婚相手であるロマノス四世に帝位を奪われ、ロマノスがマンツィケルトの戦いでトルコ軍の捕虜になって、ようやく名実ともに皇帝となった。エイレーネーやアンナがヨハネスの即位に反対したとしても少しも不思議ではない。

以上をまとめると、やはりコムネノス家のなかで、当然自分こそが父の跡を継ぐはずと考えるヨハネスと、皇后として宮廷で大きな力をもったエイレーネーが対立していたことは確かである。エイレーネーはもともと娘アンナと馬が合い、アンナの夫ブリュエンニオスの学識も高く評価していた。息子が言うことを聞かないなら、アンナのためにも娘婿を即位させたほうがよいと考えたのは当然かもしれない。おとなしいブリュエンニオスなら思うように操れるとの期待もあった。

母と息子、姉と弟が対立するなか、親族の大半がヨハネスを支持したのに対して、アンナの弟アンドロニコスのみは母や姉の側についた。そのためであろう、アンナは『アレクシアス』のなかで、弟アンドロニコスの勇敢な戦いぶりを称えるとともに、その早い死を惜しみ、愛しいアンドロニコスはどこへ行ってしまったのと嘆いている。同じ弟でもヨハネスにそのような優しい言葉をかけることはなく、早々とヨハネス側についた末弟イサキオスに至ってはいっさい触れていない。

このような対立の構図がいつ頃生まれたのか、これも確定は難しい。早くからあったとする説は、一一〇六／〇七年にヨハネスの妃ピロシュカが遠征先で双子を生んだことを根拠としている。母エイレーネーが実権を握っている宮殿に身重の妻を残しておくのをヨハネスがためらった、母を信用していなかったというわけである。しかし、それ以前から皇后はしばしば遠征に同行しており、この時も皇帝・皇太子と行動をともにしていた可能性が高い。また、一一一〇年頃に作成されたと思われるケカリトメネ修道院の規約で、エイレーネーはヨハネスを「『緋色の生まれ』の皇帝」と呼んでいる。不仲であったダラセナが、名前も肩書もなく「私の姑」とだけ記されているのと対照的である。ここから判断すると、対立はもっとのち、アレクシオスの病が深刻となった一一一二年以降のようである。

もうひとこと補足しておく。ピロシュカの出産についてアンナは、しかも「緋色の生まれ」の皇帝ヨハネスに双子が誕生したと、珍しく弟の名前を記している。しかも「緋色の生まれ」「皇帝」という正式の称号も付けている。弟のことを皇帝とは呼ばない、それどころか名前すら挙げないようにしているアンナが、珍しく「皇帝ヨハネス」と記している理由を私は次のように推測する。ヨハネスの息子は宮殿の緋の産室ではなく遠征先で生まれた、あの皇子は「緋色の生まれ」ではない。そう言いたかったのではないか。嘘ではない証拠にと、皇帝日誌のような公文書を引用したため、はからずもヨハネスを正式の肩書で呼ぶことになったのであろう。ちなみに、アンナの甥であるこの皇子は、祖父にちなんでアレクシオスと名付けられ、ヨハネス二世の跡継ぎすなわち共同皇帝とされた。父より一年早く死んだので正皇帝にはなれなかったが、聖ソフィア教会の二階回廊に両親と並ぶようにその姿を残している。

亡くなる二年前にアレクシオス一世は病を押して対トルコ遠征を行なった。戦場で結んだ一一一六年の和約をアンナは父の偉大な勝利と描いている。壮麗な凱旋式を行なわなかったのは皇帝のたっての希望だったという。どうやら病が悪化して少しでも早く宮殿に戻りたかったらしい。この遠征を最後にアレクシオスは国政を統御できなくなったようである。翌一七年にニカイア府主教のエウストラティオスが異端の廉《かど》で告発された時には、カトリック教会との論争などで功績のあった府主教を庇《かば》うことができず、見殺しにしてしまった。

アンナもまたエウストラティオスを高く評価していた。『アレクシアス』は、彼が異端として罷免《ひめん》されたことにはまったく触れず、「神学にも世俗の学問にも深い知識のある人物で、雄弁術という点では、ストア派やアカデメイア派の哲学者たちより輝いていた」と、最大級の称賛を送っている。ここから推測するに、エウストラティオスを異端と断罪したのはヨハネス二世の一派であろう。ヨハネスは来るべき即位に向けて教会の支持も固めつつあった。

一一一八年八月、アレクシオスは呼吸困難が進行し、腹部や足、さらに全身が腫れ上がって危篤となった。ここに至って家族の対立は一触即発の状態となった。

アレクシオス一世の最期

一一一八年八月に事態がどのように展開したのか、アンナがどんな行動をとったのか、正確なところはよくわからない。アレクシオス一世時代に関するもっとも詳しい記録である『アレクシアス』が、著者の思惑もあって、後継者をめぐる争いについて沈黙しているからである。

アレクシオスが息を引き取ったのは、大宮殿ではなくマンガナ宮殿であった。病が篤くなって、少しでも身体に良いようにと病室を移したのである。宮殿・修道院があるマンガナ地区は、かつて皇后マリアが住んでおり、アンナも少女時代を過ごしたところであった。『アレクシアス』の最終章は、マンガナ宮殿を舞台に、重態となったアレクシオスを囲んで、妃エイレーネー、アンナをはじめとする娘たちが必死の看病を続ける姿を描いている。呼吸困難に陥ったアレクシオスは、妃に「どうしてこんなに息が苦しいのだろうか、ねえ、どうしてだろう」と子供のように訴える。あの勇敢で頼もしかった父が と、懸命に介抱するアンナも涙を抑えることができなかった。

多くの医者が呼ばれ、さまざまの診断が下された。名医との評判の人物は、これは深刻な病気である、覚悟したほうがよいと告げた。アンナは言う。『私たちはその医者の言うことを信じなかった。信じたくなかったのである。』胡椒《こしょう》を処方した飲み薬が効いて呼吸困難が改善された時には、どう表現してよいかわからないほどの喜びに包まれた。しかしそれも束の間、数日で再び容体が悪くなった時の落胆、あの薬がかえって症状を悪化させたのではないか、とアンナは疑っている。悲しい疑いとしか言いようがない。

枕元で泣いているエイレーネーにアレクシオスは言う。妃を思いやる言葉であった。「私の死を悲しむよりも、自分のことを考えなさい。お前には危険が迫っている。」もう守ってやることはできない、辛い別れが迫っていた。アレクシオスは意識を失った。父の最期と思い、アンナは我を忘れて泣き叫んだ。その時、妹のマリアが薔薇のエキスを入れた冷たい水を父に注いだ。ひととき父は意識を取り戻した。「その水を皇后、お母さんにも」というのが最後の言葉であった。八月十五日アレクシオスは息を引き取った。

愛する人を失う悲しみのなか『アレクシアス』は閉じられる。

全世界を覆うこの悲劇をいったいどう表現すればよいのだろう。私の不幸をどう嘆けばよいのだろう。……皇帝はその浄らかな霊魂を神の手にお返しなされた。私の太陽は沈んでしまった。……

今でも私は、自分が生き長らえて、皇帝の死について書いていることが信じられない。ここに記していることがすべて夢ではないかと思って、目に手を当ててみる。……私たちは全世界を照らし続けてきた光、そうアレクシオス大帝を失った。（十五巻十一章20〜21節）

父の死をひとしきり嘆いたあとアンナは筆を擱く。「この悲しみを縷々《るる》として述べれば、辛い思いはいや増すばかりであろうから、私の物語はここで終えることにする。」

『アレクシアス』は、死の床にあるアレクシオス一世をめぐる麗しい家族愛を謳い上げている。しかしその陰で、帝位をめぐる生臭い争いが展開されていた。ひとことだけであるが、アンナも家族の対立を示唆する文を残している。アレクシオスの枕元で涙ながらに看取るアンナたちを尻目に、「帝位の跡継ぎは皇帝の……（死が近い？）……と知ると、こっそり自分の館へ行ってしまった。彼は急いで出発し、大宮殿に向かった。」写本が傷んで読めない部分があるものの、ヨハネスが死にかけている父を見捨ててさっさと宮殿へ向かった、ということはわかる。また、ヨハネスと呼ばずに「帝位の跡継ぎ」と言っているあたりも、弟に対して含むところがあるのが窺える。

アンナは薄情な弟にひとこと触れたあと、都の状況についても述べている。「当時、町全体が混乱していた。ただ、確かに混乱してはいたが、大混乱というわけではなかった。」アンナらしくない下手な文章である。帝位をめぐる争いについて書くべきだが、書きたくないという葛藤の結果であろう。こうしてアンナは帝位継承をめぐる争いをひとこと示唆しただけで、すぐに主題に戻って、父との永遠《とわ》の別れを嘆く。

「すべてを捨てましょう。帝冠、帝国、権威、あらゆる権限、玉座、支配、何もかも捨てましょう」と言って、母エイレーネーは哀歌を唱え始めた。私も他のことはすべて忘れて、母とともに泣き崩れた。（十五巻十一章17節）

自分たちは父のことだけを考えていた、帝位など眼中になかったと言いたいようである。

皇太子のクーデター

アンナが伏せている帝位をめぐる争いについては、ふたりの歴史家、十二世紀半ばのゾナラスと十三世紀初めのコニアテスが詳しく伝えている。両者の記述を比べながら、一一一八年八月十五日の事態をできる限り正確に復元してみたい。

息を引き取ろうとしているアレクシオスの枕元には、妃エイレーネーや娘たちが集まっていた。ヨハネスにも父の危篤が伝えられ、遅ればせながら病室にやって来たが、父の最期を看取るためではなく、死ぬことを自分の目で確かめるためであった。間違いなく死ぬとわかると、彼はすぐに出てゆき、大宮殿へと急いだ。ここまではアンナもほぼ同じことを述べていた。

危篤の父を残して宮殿へ向かう際に、ヨハネスは父の指輪を持っていった。指輪についてヨハネスやその側近は、皇帝から「あとを頼んだぞ」と渡されたと言っている。逆に、父の死を嘆くふりをしてその身体を抱きかかえ、母や姉アンナの眼を盗んで指輪を抜き取ったのだと非難する者もいる。ふたりの歴史家とも、双方の言い分を紹介しつつ、いずれが事実なのか、判断に迷っている。ゾナラスは、こっそり抜き取ったのではないかと推定し、コニアテスは父の意向だった可能性が高いと言う。

後継者問題におけるアレクシオスの態度からみて、あとは頼んだぞと指輪を託されたというヨハネス側の言い分がもっともなようである。意識不明の状態であったアレクシオスの指から抜き取ったとしても、父の意向だったというのはその通りであろう。アンナはヨハネスがいかにも薄情な息子であるかのように描いている。しかし、姉から咎められたなら、ヨハネスは反論したであろう。俺が一緒になって泣いていたら帝国はどうなるのだ。親父も、母たちが泣いてくれれば満足で、俺にはさっさと即位の手続きをせよと言うはずだ。「儂《わし》のことは気にするな、あとを頼む」という親父の声がする。

いずれにしても、父の存命中にヨハネスが宮殿へ向かい、即位の手続きをとったことは間違いない。簒奪と言われかねない行動に踏み切ったのは、母エイレーネーや姉アンナの策謀を恐れて、先手を打ったということであろう。ヨハネスの即位が自明のものではなかったことは、十二世紀後半に至っても次のような逸話が語られていたことからもわかる。ある日、父に従って総主教の館を訪れたヨハネスは、用件の済んだあともその場に残り、自分はどうなるのだろうかと総主教に尋ねた。あなたは父上の跡を継いで皇帝となる、と総主教は予言した。息子が父の跡を継ぐとわざわざ予言するのは、ヨハネスがおかれていた厳しい状況を伝えるものである。

エイレーネーは息子に対して、「お父さまが生きておられるのに即位するのはやめなさい」と説得しようとしたが、ヨハネスは呼び出しに応じなかった。それならばと声をかけたブリュエンニオスも煮え切らない返事しかしなかった。万策尽きたエイレーネーは瀕死の夫に訴えた。「あの子はあなたがまだ生きているのに、皇帝の地位を手に入れるため出てゆきましたよ。」妃の言葉にアレクシオスは、かすかに微笑み、両手を高く挙げたという。どういうつもりでそんなことをしたのか、息子を呪ったのか、息子のために祈ったのか、ゾナラスもコニアテスも判断に迷っているが、指輪の件も含めて、ヨハネスの前途を祝福したのではないかと私は思う。コニアテスは、曖昧な態度の夫にエイレーネーが語った言葉も伝えている。「あなたは二枚舌を使って、生涯ごまかしの名人でした。今、あの世へ旅立つ時ですら、そうなんですね。」この科白は歴史家の創作であろう。

危篤の父を残してヨハネスが即位を急いだ時、微妙な表現ながら、都に混乱があったとアンナは記していた。しかしながら大方がヨハネスの即位を認めていたことは間違いない。親族の大半、軍司令官や元老院議員、さらに総主教以下の教会勢力も、父から長男への帝位継承を当然のことと考えていた。この関係で注目すべき逸話をゾナラスが伝えている。それによると、父の指輪を持って宮殿へ向かったヨハネスは、途中でグルジア人の一行と出会った。アンナの長男アレクシオスの結婚相手となる王女を連れて、遠い都コンスタンティノープルまでやって来た使節であった。一行はヨハネス二世を歓呼し、その前にひれ伏した。到着したばかりの外国使節だったので、宮廷の事情に疎かったのかもしれないが、対立皇帝となるかもしれないブリュエンニオスの縁者ですら、ヨハネスの即位を当然のこととみていたのである。

ヨハネスの簒奪行為に抵抗したのは皇帝親衛隊であった。ロシア・北欧・イングランド出身者からなる親衛隊は任務に忠実なことで有名であり、このたびも、やって来たヨハネスの一行に対して、アレクシオス陛下が生きておられる限り、誰も大宮殿には入れないと言った。ヨハネスは皇帝の指輪を示して、父は死んだ、私が新しい皇帝だと告げた。それに対する親衛隊の反応について史書の伝えるところは一致しない。ゾナラスは、ヨハネスが父の死は本当だと誓約すると宮殿の門は開かれたと述べている。一方、コニアテスは、親衛隊は指輪を見せられても納得しなかったので、ヨハネスは引き連れていた部隊に命じて、強引に宮殿の門を抉じ開けたという。その際に民衆も宮殿になだれ込み、略奪が生じた。アンナの言う混乱とはこれを指すのかもしれない。

帝位継承に際して混乱はまったくなかったという証言もある。アンナと親しかった文人トルニケスもそのひとりで、事件から四十年近く経って書いた『アンナ・コムネナ追悼文』において、姉弟が帝位を争ったというような軽はずみなことを口にする人がいるが、事実ではないと次のように主張している。父がまだ息をしているのに、ヨハネスがさっさと大宮殿に向かったのもなんら不思議ではない。このような時には突発的な事態が生じがちであり、帝位継承者がぐずぐずしていたら、思いがけない僭称者が現れかねない。ヨハネスの行動はごく当然のことである。

その一方で、アンナは父の看病に専念し、そして涙ながらに死を悼んでいたとトルニケスは述べている。理想の孝行娘と称えるのである。さらに、先にも紹介したように、婚約者コンスタンティノスの死についても、アンナが帝国よりも学問を愛していることを神は知っており、学問の道へ進めるようコンスタンティノスを手元に引き取ったと説明して、アンナが帝位を争うはずもないと仄めかしている。姉弟の双方に配慮した追悼文であった。ひとりの人物を追悼するにも、さまざまの配慮が必要であり、文人の仕事は難しいものである。

ヨハネス二世

宮殿を掌握したヨハネスは、母やアンナ、義兄のブリュエンニオスをどう扱うべきか仲間の者たちと協議した。その結果、母や姉は放っておいて、まずは宮廷をしっかり押さえるべしとの結論になった。ヨハネスは「岩に絡みつく蛸《たこ》の如く」——とコニアテスは表現する——宮殿に閉じこもって、アレクシオス陛下の葬儀に出席するようにという母の再度の呼び出しにも応じなかった。父を蔑ろにしたというわけではなく、帝位の確保に専念したかったのであろう。アンナたちと顔を合わせるのが気まずかったのかもしれない。歴史家ゾナラスは、アレクシオス一世の治績を総括して、三十七年の治世をみごとに全うしたが、最期は皇帝にふさわしいものではなかったと結んでいる。「他人ではなく息子が、それもみずからの手で皇帝の位につけてやった息子が帝位を継いだというのに」、まともな葬儀も行なわれなかったと、人の世のはかなさを嘆くのである。

帝位をしっかり確保したヨハネスは恩賞も兼ねて叙位を行なった。協力してくれた弟イサキオスには、皇帝に次ぐ地位であるセバストクラトールの称号を与えた。アレクシオス一世が兄イサキオスのために新設した最高位の称号である。メリセノス家やタロニテス家といった父の代からの貴族も引き続き優遇した。いったんは遠ざけようとしたブリュエンニオスについても、敵意はないものと判断し、カイサルの地位にとどめたようである。

一一一八年八月の政争をビザンツ帝国の歴史のなかで捉え直すと次のようになるだろう。対立の軸となったのは皇后のエイレーネーと皇太子のヨハネスであった。ふたりは病の皇帝のもとでいずれが実権を握るかをめぐって争っていた。争いはアレクシオスの死期が近づくと必然的に後継者問題となった。エイレーネーはブリュエンニオスに白羽の矢を立てた。お気に入りの娘アンナを皇后にしてやりたいとの思いに加えて、学問・教養のあるブリュエンニオスは宮廷人のあいだで評判がよかったし、穏やかで控え目な娘婿なら、自分が主導権を握れるとの計算もあっただろう。

皇后エイレーネーが意識していたかどうかは別として、ブリュエンニオス擁立には、政治路線の選択という問題も関わっていたと思われる。貴族のあいだでは、ヨハネスは父から帝位を継承したと唱えて、自分たちの存在を無視するのではないかと懸念する声が少なからずあった。ハンガリー王女ピロシュカを妃としたことも、外戚の口出しを防いで独裁皇帝をめざす布石のように思われたようである。貴族連合体制を志向する勢力の旗印となり得るのが、名門のドゥーカス家やブリュエンニオス家であった。ここでもアンナは時代の象徴だったのである。

貴族たちの懸念をヨハネスは敏感に感じ取っていた。新皇帝としての叙位・叙勲に際して、メリセノスやタロニテスといった父の代からの有力貴族に配慮したのはそのためであろう。軍人としてだけではなく、時代の流れを見抜く政治家としても有能であったことが窺える。こうしてヨハネスの側も貴族連合体制の継続を掲げたので、皇帝独裁か貴族連合かという、イサキオス一世やアレクシオス一世の即位の際に焦点となった問題は争点とはならなかった。

一一一八年八月の対立は、帝国のあり方をめぐる政治路線の対立ではなく、皇帝一族内での権力争いであった。貴族連合体制の継続を前提としたうえで、誰がその頂点に立つ皇帝にふさわしいかが争われたのである。エイレーネーは学問・教養のあるブリュエンニオスを推し、ヨハネスは軍人としての力量を掲げて、自分こそがと主張した。ビザンツ皇帝はどのような存在か、どうあるべきか、軍人か文人か、「戦う皇帝」か「平和の皇帝」かが争点となったと言える。これまでも二通りの皇帝が存在していた。軍人皇帝としてはバシレイオス二世「ブルガリア人殺し」やイサキオス一世コムネノス、文人皇帝の代表はレオン六世「哲学者・賢者」あるいはその息子コンスタンティノス七世「緋色の生まれ」といったところである。

皇帝権のあり方という点でひとこと補足しておきたい。父アレクシオス一世の葬儀への参列を拒んだと聞いて、ヨハネス二世の行為に違和感を持たれた方も多いのではないだろうか。喪主ないし葬儀委員長として前皇帝の葬儀を取り仕切ることは、新皇帝の正統性を示すまたとない機会ではないのか、誰しもそう考えるところである。確かにコンスタンティヌス大帝の葬儀は、他の兄弟が到着する前に次男のコンスタンティウス二世によって行なわれたと、エウセビオス『コンスタンティヌスの生涯』は伝えている。しかし時代が進むとともに、前皇帝の葬儀における新皇帝の役割は低下していった。十世紀には新皇帝は葬儀に参列しなかったようである。さらに十一世紀になると、皇帝は死の直前に修道院に入り、修道士として死を迎えるようになった。こうして皇帝の葬儀は国家行事ではなくなってしまった。アレクシオス一世の場合も妻や娘たちが行なった「家族葬」であった。

一一一八年八月の政争の主役はエイレーネーとヨハネスであり、ブリュエンニオスはもちろんアンナも脇役でしかなかった。ひょっとしたら自分たち夫婦が皇帝になるのではとの期待をもちつつも、アンナは父の最期を看取ることに必死で、弟ヨハネスが着々と手を打つのを傍観していたと思われる。それから一年足らず、アンナは帝位を手にするべく積極的な行動に出る。

7　陰謀と和解

アンナの陰謀

　こうして一一一八年八月十五日にヨハネス二世が即位したが、アンナは帝位への野望を捨てていなかった。ヨハネスの即位から一年も経たないうちに皇帝殺害を試みたのである。一一一九年春のことと思われる陰謀事件は、前年八月の騒動よりもさらに謎に包まれている。そもそも事件などなかったと考える研究者もいるほどである。真相がはっきりしない原因は史料の不足にある。アンナの『アレクシアス』は、もちろんアレクシオス一世の死で閉じられている。天地創造から始まるゾナラスの『歴史要略』もアレクシオス一世の治世でもって終わる。これまでしばしば参照してきたこのふたつの歴史書は、一一一九年春の陰謀事件について、当然といえば当然であるが、ひとことも記していない。

　代わって、ヨハネス二世時代に関する主要な史料は、キンナモスとコニアテス、ともに『歴史』と題されたふたつの史書である。歴史家キンナモスは序文で次のように述べている。コムネノス三代の歴史を書くのが私の仕事であるが、アレクシオス一世については、すでに立派な歴史書があるので、改めて書き記す必要はなく、ヨハネス二世から始めることにしたい。コニアテスも似たようなことを言って、ヨハネス二世時代から書き起こしている。ただし、ふたりともヨハネス二世時代については序論という扱いで、簡単にしか記していない。ヨハネスにとって不幸なことであると同時に、私たちにとっても残念なことである。

キンナモスは、ヨハネスの即位についてひとこと触れただけで、すぐさま遠征へと話を移す。

アレクシオスが生涯を終えた時、ヨハネスが父から約束されていた帝位を継承した。時間が許す限り内政問題に専念したあと、ヨハネスはアジアに出陣した。（キンナモス『歴史』一巻二章）

帝位継承が円滑に行なわれた、陰謀などなかったかのようである。「内政問題に専念した」という句が、帝位継承をめぐる一一一八年八月の混乱、さらに一一一九年春の皇帝殺害未遂事件の収拾を指すと考えるのは、時間の許す限りと言っていることからもやや無理がある。叙位・叙勲を指すのであろう。コニアテスもヨハネス二世時代については簡単にしか記していない。幸いキンナモスとは違って、こちらはアレクシオス一世の晩年に遡って一族の対立に触れ、アンナの陰謀についても詳しく述べている。ヨハネス二世殺害未遂事件に関する貴重な記録であるが、事件から百年近く経ってから書かれたものなので、どこまで信頼できるのか疑問がないわけではない。しかし検討に値する記録はこれのみであり、何はともあれ、コニアテスに拠りつつ事件の経過を見てゆこう。

おそらく一一一九年春であろう、ヨハネス二世の近親が陰謀を企んだ。首謀者は皇姉のアンナで、弟ヨハネスを殺し、夫のブリュエンニオスを帝位に就けようとしたのである。陰謀の舞台となったのは、都の西、大城壁を出たところに広がるフィロパティオンであった。そこは猟場であり、宮殿もあった。アレクシオス一世は好んでフィロパティオン宮殿で執務したし、狩りが趣味であったヨハネス二世もしばしば泊まったようである。その機会をとらえて皇帝を襲うという計画であった。

都を離れたところを襲うという点では、先に見たニケフォロス・ディオゲネスのアレクシオス一世殺害未遂事件とよく似ている。しかしニケフォロスの場合、いきなり皇帝の寝室に忍び込むという杜撰《ずさん》な計画だったのに対して、アンナは周到な準備をしていた。仲間のあいだで誓約を交わしたり、城門の衛兵にたっぷりと金をつかませるなど、殺害計画はなかなかよく練られていた。政治家あるいは策謀家としてのアンナの力量を示すものといえよう。

準備が怠りなかったにもかかわらず、計画はあっけなく失敗し、アンナ以下、陰謀を企んだ者は逮捕された。肝心のブリュエンニオスがことの重大さに怯えてしまい、ぐずぐずしているので、実動部隊も動きそびれ、そうこうするうちに陰謀が露見したのである。不甲斐ない夫にアンナは怒りをぶちまけた。アンナの怒りについてコニアテスはかなり下品な言葉遣いで紹介している。ここではE・ギボンの良識ある意訳を引用するにとどめよう。


この陰謀が夫の不安もしくは逡巡のために阻止されるとアンナは、「自然の神が両性の別を取り違え、夫ブリュエンニオスに女の魂を賦与した」と感情的に叫んだ。(『ローマ帝国衰亡史』四十八章、中野好之訳)

女だてらにとアンナには一貫して批判的なギボンであるが、ここは無難な解釈と思われる。不甲斐ない夫を呪いつつ、アンナは祖母ダラセナを思い出したかもしれない。ダラセナも、夫が帝位を目の前にして怖気づき、みずから辞退してしまうという憂き目に遭った。臆病な夫のために帝位がドゥーカス家に移ってしまった時の悔しさ、コムネノス家に帝位を取り戻したいという願いを、ダラセナは繰り返し語っていた。「お祖母さま、私たちが男でしたら、皇帝になっていましたね。」悔しい思いをした共通の体験から、自分は祖母の生まれ変わりだと思うようになったのであろう。

身内の反応

ギボン以下、優柔不断でなさけないブリュエンニオスという解釈が広がっているようであるが、濡衣ないし誤解だと私は考える。歴史学から外れてしまわない範囲で、少し想像を逞しくしてみよう。

妻アンナが計画を強引に進めるのを、ブリュエンニオスは内心苦々しく思っていたのではないだろうか。アレクシオスが跡継ぎのことで妃エイレーネーに問い詰められて、聞こえないふりをしていたのと似たようなものかもしれない。ブリュエンニオスはアレクシオス一世に仕えるなかで、トルコ人・十字軍・北方遊牧民と、多くの敵を抱えている帝国には有能な軍人皇帝が必要だと考えるようになった。ともに戦場に出たこともあるヨハネスの将軍としての才能、強《したた》かな貴族をまとめ上げる指導力も知っていたはずである。義弟のほうが皇帝にふさわしいと思っていたに違いない。祖父のことを考えても、帝位争いが帝国にもたらす弊害は身に染みてわかった。反乱に失敗し捕えられた祖父が眼潰しの刑となったのが、奇しくもフィロパティオンであったことを思い出したかもしれない。

ブリュエンニオスは、妻アンナが弟に対する逆恨みともいえる執念をもって暴走するのをとめることができず、かといってその尻馬に乗るわけにもゆかず悩んでいた。彼が出した結論は、あえて優柔不断な愚か者のふりをして、陰謀が失敗するよう仕向けるというものであった。失敗の原因はブリュエンニオスの積極的な怠慢にあったというのが私の見立てである。本当にぼんくらな男だったら、アンナに担がれるまま皇帝となり、皇后やその取り巻きに実権を握られて、都合よく利用されていたに違いない。

もうひとり重要人物の動静を確認しておこう。一一一八年八月、危篤のアレクシオス一世を挟んでヨハネスと争ったのは皇后のエイレーネーであった。夫が死んだあと、エイレーネーは自分が建てたケカリトメネ修道院で暮らしていた。そんな母にもアンナは陰謀への参加を呼びかけた。ヨハネスの即位に反対していた母なら協力してくれるとの期待があったのだろう。しかし娘から計画を打ち明けられると、エイレーネーはたしなめるようにこう言った。「皇帝がいない時は、立派な皇帝を探すことが必要でしょうが、在位する皇帝を替えることはなりません。」

「皇帝を替えてはならない」これは名言だとコニアテスは言う。帝位争いを繰り返した挙句、ついに一二〇四年、帝都コンスタンティノープルを十字軍に奪われるという悲劇を体験した歴史家の実感であろう。この科白はまた、帝位争いに対するエイレーネーの姿勢を巧みに表現している。『オックスフォード・ビザンツ辞典』をはじめとして、アレクシオスが遠征に妃を同行させたのは、留守中に陰謀を企むのではないかと恐れたためと説明されているが、私にはそうは思えない。通説は研究者にありがちな、うがちすぎというものであろう。確かにエイレーネーは、夫の病が進行するにつれて政治に口出しするようになった。しかし夫をどうこうしてまで権力を握ろうというつもりはなかった。

息子ヨハネス二世に対しても同様であった。陰謀への協力を断わったエイレーネーは続けて、「ヨハネスが殺されるのは、あの子を産んだ時の苦しみより辛い。永遠に癒されることのない悲しみとなるに違いない」と言っている。この科白もコニアテスの創作らしいが、我が子への思いを伝えて余すところがない。修道院で静かな日々を送っていたエイレーネー。最愛の娘に誘われても、今さら……。

一一一九年春の事件はあくまでもアンナの陰謀事件である。

母の協力が得られず、夫も優柔不断で、陰謀は失敗に終わった。関係者が逮捕されたが、ヨハネスは首謀者のアンナに対しても、財産没収のみという寛大な処分で済ませた。相次ぐ陰謀を穏便に処理した父を真似たのかもしれない。事件が片付いたあと、ヨハネスは姉から没収した金銀財宝を見ながら、アクスークというトルコ人の側近に語りかけた。「身内が敵となり、味方してくれるのはお前のような他人である。」世の中さかさまではないかと嘆いたのである。続けて、姉の財産はそっくりお前に与えようと言った。アクスークは感謝の言葉を述べたあと、僭越《せんえつ》ながらひとこと申し上げたいと願い出た。なんでも言ってみよとの返事に、ヨハネスと同い年で、子供の時には遊び友達であったこのトルコ人は次のように皇帝を諭した。

姉君は家族の絆を断ち切って、陛下を亡き者にしようとなさいました。しかし家族の絆は切って切れるものではありません。今、姉君は半狂乱の状態で、冷静な判断力を失っておられますが、有徳の陛下の御身内であり、きっと後悔して陛下への愛情を取り戻されるでしょう。姉君を赦し、陛下の徳でその魂を浄化してあげてください。……この金銀財宝は私のものではありません。父上アレクシオス陛下から姉君に贈られたものです。（コニアテス『歴史』一巻）

ヨハネスは恥じ入った。良い家来をもったと喜んだのであろう、「お前の寛大さに劣るようでは朕は皇帝に値しない」と言って、全財産をアンナに戻し、姉弟が和解したという。こうして一件落着となった。

史料批判

以上が一一一九年春の事件の概略であるが、これまで保留しておいた根本的な問題が残されている。本当にアンナが弟殺害を試みたのか、陰謀事件など実際にはなく、まったくの濡れ衣ではないかという疑問である。先にも述べたように、この事件を伝えているのは十二世紀初めの歴史家コニアテスであり、百年近く前のことについてどこまで情報をもっていたのか疑わしい。実際、関係者の科白には、彼の創作ないし脚色としか思えないものも少なくない。しかも、もうひとつの重要な史料であるキンナモス『歴史』は、一一一九年春の陰謀にはまったく触れていない。そんな事件などなかったかのようである。果たしてコニアテスを全面的に信頼してよいものか、歴史学で言うところの史料批判が必要となる。歴史史料をどう読むべきか、ビザンツの歴史書がどこまで信用できるのか、史料批判の真似ごとを少しやってみよう。

史料の信憑性を判断するにあたっては、作成者の立場や意図、利害関係を踏まえておく必要がある。史料批判の第一歩といえよう。その点でいえば、コニアテスがコムネノス王朝に偏見をもっていたことを見逃してはならない。第四回十字軍による帝都陥落を目の当たりにしたコニアテスは、その原因を歴史的に考察しようとした。『歴史』を執筆した理由のひとつである。帝室の内輪揉めこそが諸悪の根源であり、その原点はアレクシオス一世の後継者をめぐる争いに求められる、というのが彼の結論であった。本来なら対象外であるはずのアレクシオス一世の末年についてわざわざ記したのはそのためだと思われる。

加えてコニアテスにあっては、歴史学は男の仕事だという信念のもと、女だてらに歴史を書いたアンナに対する強い偏見もあった。陰謀・内紛のコムネノス家という色眼鏡で女性歴史家アンナを見ていたとすれば、歴史学に手を染めるような女なら弟殺害くらいやりかねないというわけで、陰謀事件が濡れ衣の可能性もあり得る。

しかしながら、コニアテスが偏見にとらわれて根も葉もないことを書いたとは考えにくい。情報源の確かさ、著者の執筆態度も史料批判の重要な要素であるが、『歴史』と題される一連の著作は基本的に現代史で、著者がみずからの体験や聞き取りに基づいてまとめたものとして信頼度が高い。コニアテスの『歴史』も例外ではない。直接体験していないヨハネス二世時代を書くにあたって、皇帝を個人的に知っている人、遠征に同行した人やその子孫から話を聞いている。事実関係の調査はきちんとなされており、『歴史』の全編を通じて、ありもしない事件を捏造した形跡はない。確かに著者の偏見や脚色があり、登場人物の発言などはそのまま信じるわけにはゆかないとしても、基本的な事実に関しては信頼できる歴史書と言ってよい。

コニアテスを全面的に信頼した歴史家もいる。時代を降って十三世紀後半の『スクタリオテス年代記』は、天地創造から一二六一年のコンスタンティノープル奪回までを扱っているが、スクタリオテスと通称される著者は、ヨハネス二世時代をコニアテスに拠りつつ書いた。厳しい言い方をすると、適当に端折りながら丸写ししただけである。アンナの陰謀についてもほぼそのまま書き写している。コニアテスが高い評価と信頼を得ていたことを語るものと言えよう。

もちろん、『スクタリオテス年代記』を根拠として、アンナの陰謀事件は本当にあったなどと言うことはできない。このような丸写しの記録、いわゆる二次史料は無視するのが史料批判の原則である。私もここまでまったく触れずに済ませてきた。犯罪捜査でも、「Aが〜するのを見た」という証言は重要であるが、「Aが〜したと聞いた」では証拠として採用されることはない。

ただし後世の丸写し年代記であっても、元の書物にない情報が含まれている場合は、史料批判の対象となる。『スクタリオテス年代記』にはひとつだけ独自の情報がある。「カイサルのブリュエンニオスとその妻アンナが首謀者であった」という一文である。何らかの根拠に基づいて、カイサルのブリュエンニオスと書いたとすれば、事件の真相解明に寄与する貴重な情報といえる。このように史料間の異同の検討も史料批判の重要な作業である。

結論から言うとスクタリオテスの場合は、別途に古い記録を調べてブリュエンニオスを首謀者と記したのではなさそうである。コニアテス『歴史』にアンナが首謀者だとあるのをみて、女性が単独でこのような大胆なことをするはずがない、夫も共犯だったに違いないと推測しただけであろう。ブリュエンニオスは、皇帝殺害未遂のあとも修道院に入るどころか、ヨハネス二世に仕えて遠征に出ている。陰謀の首謀者ではありえない。

身近なものにたとえるなら、『スクタリオテス年代記』は手抜きの課題レポートのようなものである。一冊だけの参考文献を頼りに、よくわからないところは適当に省略し、丸写しではないという証明として、思いついたことを書き加えたといったところであろう。スクタリオテスはアレクシオス一世の最期についても、死の直前に修道士となったという、『アレクシアス』やゾナラス『歴史要略』にない独自の情報を伝えているが、他の皇帝の例から推測したもので、これまた信用できない。

アンナの陰謀事件が本当にあったとしてやや不思議なのは、丸写しの年代記を除けばコニアテスしか記録がなく、事件の存在を窺わせる伝承すら知られていないことである。一一一八年八月の後継者争いについては、ゾナラスやコニアテスといった基本的な歴史書に加えて、ひとことだけではあるがアンナも漏らしており、歴史書以外にも『アンナ・コムネナ追悼文』、総主教をめぐる逸話などが、帝位をめぐる対立やヨハネスの強引な即位を示唆していた。翌一一九年の陰謀についても、本当にあったのなら、どこかに痕跡が残っていてもよさそうな気がする。関連史料を広く探ってみるのも事実確認のために必要な作業となる。

ヨハネス二世時代の史料をそのつもりで読み直してみると、アンナの陰謀が実際にあったことを示唆する文章がひとつだけみつかる。ヨハネス二世と妃ピロシュカが、自分たちの墓所として建てたパントクラトール修道院の設立文書の一節である。

神の御手によって朕は、襲いかかってくるあらゆる敵より強力となり、待ち伏せする内外の軍団を蹴散らした。朕に刃向かう友人や近親、邪悪にも兄弟の和に背いた者たちを打倒し、その手足を縛った。（『パントクラトール修道院規約』序文）

「打倒した」という表現は、一一一八年八月の抜け駆けの即位よりも、一一九年春の陰謀事件の鎮圧にふさわしい。また、兄弟でありながら敵になった者として、ヨハネスの即位を支持したものの、のちに背いた弟イサキオスが念頭におかれているのであろうが、「兄弟の和に背いた者たち」と複数形になっており、アンナも含まれているとみるべきであろう。

以上の考察の結果をまとめておこう。アンナの陰謀事件を伝えるのはコニアテスのみで、もうひとつの重要な史料であるキンナモス『歴史』は一一一九年春の陰謀事件にまったく触れていない。しかし、書かれていないから陰謀はなかったというわけにはゆかない。ヨハネス二世時代は自分の生まれる前のことなので簡単にまとめた、と言っているキンナモスであるから、よくわからないことは省いたようである。間違ったことを書くくらいなら沈黙したほうがよいというわけで、彼の沈黙を根拠にアンナを免罪するわけにはゆかない。

ビザンツの歴史家は、自分の体験や聞き取りなど、信頼できる情報源に基づき真実を記すことを心掛けていた。それが歴史家としての誇りであった。都合の悪いことを伏せる「故意の沈黙」はあり――アンナも多用している――、細部について推測を交え、脚色を加えることもあったが、事件そのものを捏造することはなかった。コニアテスの場合も、アンナが夫ブリュエンニオスを詰った言葉などに脚色はあっても、陰謀事件の存在を否定することはできないように思われる。

姉弟の和解と確執

コニアテスは事件の経過を記したあと、「ヨハネスは没収した財産をすべてカイサリッサ（アンナ）に戻して和解した」と結んでいる。ここで用いられている「和解する」という単語は、互いに御神酒を注ぐという意味の動詞で、そこから協定ないし講和を結ぶという意味で使われる。言葉遣いからみると、きちんと和解の儀式をしたようである。姉君との関係を曖昧なままにしておくわけには参りません、正式に和解の儀式を執り行なってくださいと、かの忠臣アクスークが助言したのであろう。

和解は次のように進められたと私は推測する。ヨハネス側から、財産を返還し罪は問わない代わりに、アンナは修道院に入るという条件が提示された。母エイレーネーも、子供たちを和解させたく、そうするようアンナに助言したのかもしれない。アレクシオス一世の晩年には政治に関与したエイレーネーであったが、今ではケカリトメネ修道院での穏やかな日々に満足していた。失意の娘に、私のもとへ来なさいと勧めた可能性が高い。ヨハネスとしても、厄介な姉が母の眼の届くところにいれば、それに越したことはなかった。

アンナは無念の思いを禁じ得なかった。赦されて財産を返還されても、情けをかけられたと思えば腹立たしい。弟の恩着せがましい態度には反発を感じる。和解の儀式も、結局のところ屈辱の舞台でしかないだろう。しかし今さらどうなるものでもなく、修道院入りを受け入れる他なかった。和解式のあとでもアンナの気持ちは穏やかではなかった。ブリュエンニオスに対して憤懣をぶちまけたという逸話は、そのようなアンナの思いを推し測って語り継がれてきたものであろう。

『スクタリオテス年代記』は、やはりコニアテスを引き写しつつも、「カイサリッサにすべてを戻した」とだけ記して「和解した」は省いている。うっかり書き漏らしたというより、講和を結ぶという大袈裟な表現に違和感を持ち、姉弟のあいだで仰々しい儀式などありえないと判断したのか、そもそもアンナが和解に応じたはずはないと考えたためであろう。確かにアンナは納得していなかった。しかしながら、かたちだけにせよ和解が成立したことは、以下のような事実から確認できる。

姉弟の和解をなによりも証明するのは、夫ブリュエンニオスや息子たちがヨハネス二世に仕えていることである。逆に言えば、夫や息子の将来のためにアンナは和解に応じたのかもしれない。長男アレクシオスと次男ヨハネスは一一二二年頃、合同の結婚式を挙げた。ふたりの結婚を称える歌を作成したのは、宮廷の御用弁論家プロドロモスであった。当時ケカリトメネ修道院にいたアンナが息子たちの結婚式に列席したかどうか定かではないが、『祝婚歌』は兄弟の母である「緋色の生まれ」の皇女を称え、その美貌と教養を美の女神カリス、学問の女神ムーサイに擬えている。プロドロモスはさらに「両名の叔父、昨日凱旋式を導いた皇帝」が、今日は新郎を導くと歌っている。ブリュエンニオスは息子たちの結婚を、皇帝である義弟ヨハネスに委ねたようである。我が子の将来を考えてのことに違いない。

長男の婚約者がグルジアからコンスタンティノープルに到着したのは一一一八年八月十五日のことであった。結婚が数年延びて、結果的に次男と同時の挙式となったのは、アレクシオス一世の喪が明けないうちにアンナの陰謀事件が生じたためであろう。プロドロモスの『祝婚歌』は、皇帝が遠征から戻るのを待って結婚式が執り行なわれたかのように述べるが、帝室の内紛を隠そうという配慮のように思われる。陰謀から約三年、息子たちの結婚式はヨハネスとの和解の仕上げでもあった。

アレクシオス一世の後継者争いで母や姉アンナを支持した弟アンドロニコスも、その後ヨハネス二世に将軍として仕えている。一一九年春の陰謀におけるアンドロニコスの動静は不明であるが、これもまた和解が成立したことを示唆するものである。皮肉なことに、後継者争いで兄ヨハネスを支持し、恩賞としてセバストクラトールという最高の爵位を得たイサキオスが、ほどなく帝位を窺うようになり、謀反が発覚するやトルコ人のもとへ亡命するに至った。イサキオスは帝位への夢を実現できないまま修道院で死んだが、息子のアンドロニコスは長い流浪の旅ののち、父が果たせなかった野望を実現することになる。しかしそのアンドロニコス一世（在位一一八三～八五年）もわずか二年で失脚し、結果的にコムネノス王朝最後の皇帝となった。

ヨハネスは即位後まもなく、父の遺言と称して『アレクシオスの歌』を公表した。アレクシオス一世が息子ヨハネスに皇帝としての心得を語ったものという触れ込みである。やや変則的ではあるが君主鑑に属する作品である。実際、ビザンツの君主鑑のなかには、皇帝が跡取りの息子に教訓を与えるという形式のものがいくつか存在する。『アレクシオスの歌』の特徴は、韻文で書かれていることに加えて、皇帝の徳としてなによりも武勇を強調する点にある。皇帝たるもの武人でなければならぬ。父の遺訓を掲げて、ヨハネスは自分こそが正統な後継者だと訴えた。

ヨハネスはまた、宮殿にアレクシオス皇帝追悼のモザイク画を作らせた。黄金がふんだんに使われていたという壁画は現存していないが、アレクシオス一世の最期を看取った医者のひとりが、その絵を前にして歌った詩が伝わっている。「ああ、ヨハネスが偉大なアレクシオスを追悼している」と親孝行なヨハネスを称え、「ドロストロンの犬の遠吠えはどこにも聞こえない。ペルシア人の弓弦をかき鳴らす音も消えた」とアレクシオスの戦功を謳い上げている。

モザイクの壁画は、危篤の父を見捨てたヨハネスが罪の意識に苛まれ、詫びを込めて作成したものかもしれない。しかし『アレクシオスの歌』を合わせて考えるならやはり、自分は父からあとを託された、偉大な軍人であった父の教えを守る、跡継ぎにふさわしい皇帝であるという主張を表現した図像であろう。いずれにせよ、生前のアレクシオスの態度からみて、また即位後のヨハネスのみごとな統治からも、軍人皇帝ヨハネス二世が父の後継者にふさわしかったことは確かである。しかしアンナにはそれもまた不満であった。父を受け継ぐのは私である、私は父に似ていると言われた、私だけのお父さま……。そのような思いが最終的に『アレクシアス』となった。

アンナの『アレクシアス』とヨハネスの『アレクシオスの歌』の描く父アレクシオス像に大きな違いはないという理由で、姉弟のあいだに対立はなかったとする説もある。この説は二重に間違っていると私は思う。先にも少し触れたし、第二部2章で詳しく述べるように、ヨハネス二世やその息子マヌエル一世が掲げる「戦う皇帝」にアンナは強い違和感をもっていた。たとえ敬虔・寛大・英知等々の点では理想の父が共通だったとしても、その父をどちらが受け継いでいるのか、やはり姉弟のあいだに厳しい対立があったことは間違いない。偉大な父を奪い合う姉と弟、悲しい近親憎悪である。

一一一九年春の陰謀事件のあとアンナはケカリトメネ修道院に入った。そこには母エイレーネーの他、夫イアシテスと別れた妹のエウドキアもいた。若くして未亡人となった娘のエイレーネー・ドゥーカイナが、アンナと相前後してやって来た。それぞれの不幸を経験した母、妹、娘とともに、アンナは新たな生活を始めることとなった。

8　瀟洒《しょうしゃ》な独居房

救いの箱舟

クーデターに失敗したアンナは逮捕され、財産も没収されたが、まもなく弟と和解して修道院に入ることになった。三十代半ばのことである。アンナが後半生を過ごし、『アレクシアス』を書くことになるケカリトメネ女子修道院とはどのようなところだったのだろうか。

アレクシオス一世時代の末期、皇后エイレーネーは金角湾を見下ろす丘に聖母マリアに捧げられた女子修道院を建て、ケカリトメネと名付けた。ケカリトメネとは「恩寵で満たされた」という意味で、有名な受胎告知の場面、身籠ったマリアを天使が祝福した言葉「おめでとう、恵まれた方《ケカリトメネ》。主があなたと共におられる」（「ルカ福音書」一章28節）に由来している。エイレーネーがこのように命名したのは、不幸な女性がこの修道院に入ることを想定していたからであろう。「貧しい者は幸いである」と言われた主イエス・キリストに倣って、エイレーネーも、不幸な者にこそ神の恵みあれかしと願った。

ケカリトメネ修道院は現存しておらず、その所在地についても、都の北部、金角湾を見下ろす第四の丘の北東斜面としかわからない。コンスタンティノープル歴史地図のなかには、それらしく書き入れているものもあるが、本書八ページの地図も含めて、あくまでも推定に留まる。ケカリトメネ女子修道院に隣接して、アレクシオス一世の墓所となったフィラントロポス男子修道院も建てられた。晩年に入りつつあった皇帝夫婦は死を迎える準備を始めていたのである。近くにはダラセナのパンテポプテス修道院があり、少しのちにヨハネス二世も、自分たち夫婦の墓所としてパントクラトール修道院を建てている。聖使徒教会が聳える第四の丘から北東に広がる緩斜面には、コムネノス一族の隠遁・鎮魂の施設が点在していた。

ケカリトメネ修道院が帝国末期のパライオロゴス王朝時代にも存続していたことは、十四〜十五世紀にコンスタンティノープルを訪れたロシア人巡礼の記録から確認できる。聖使徒教会からパントクラトール修道院へまわるのがお決まりの経路だったようで、なかにはフィラントロポスやケカリトメネへ足を延ばす者もいた。もっともロシア人がケカリトメネを訪れたのは、アンナを偲ぶためではなく——のちほど述べるようにアンナの墓もあったはずだが——、この修道院に、著名な神学者で聖人となったダマスクスのヨハネスの聖遺物が納められていたからである。巡礼記録のなかには、ケカリトメネではなく「ダマスクスのヨハネス修道院」と記しているものもある。聖使徒教会はもちろん、パントクラトールに比べても、ケカリトメネについての記録はきわめて簡単で、巡礼先としてもかなり格差があったらしい。

その後まもなくコンスタンティノープルはオスマン帝国によって征服された。征服に伴って市内の教会・修道院の多くが破壊されたが、モスクとなって残ったものも少なくない。聖ソフィア教会はその代表である。パントクラトールも附属教会や霊廟がモスクに転用されたため、往時の姿を偲ぶことができる。反対に、聖ソフィアに次ぐ帝国第二の教会で、十一世紀までの歴代皇帝の墓があった聖使徒教会は完全に取り壊されて、跡地に征服者《ファーティフ》モスクが建てられた。ケカリトメネも、帝国末期の混乱のなか荒廃していたためであろうか、モスクなどに転用されなかったようである。

そういうわけで、アンナが後半生を過ごしたケカリトメネ修道院は跡形もない。前半生の舞台であった宮殿もほとんどが崩れ去ってしまい、昔日の栄華をかすかに伝えるのみである。両親や弟ヨハネスとは違って、面影を伝える肖像も伝わっていない。アンナの容姿については『追悼文』の一節から想像する他はない。『追悼文』によると、丸顔で輝く瞳、虹のような弓型の眉、ゆるやかな曲線を描くすらっとした鼻、薔薇の蕾のような小さな口、そして歳をとっても、肌は羊の毛のように白く、頬は赤みがさしていたという。

故人をひたすら称賛している追悼文であり、かつ紋切り型の表現なので、どこまで正確に面影を伝えているのか、心もとない限りである。もっとも、末弟イサキオスのように、思わぬところ――都の西北端にあるコーラ修道院の壁画（図9）――から肖像が見つかった人物もいるし、ケカリトメネの遺跡が発掘される可能性も否定できないから、アンナもいつかその姿を私たちの前に現わしてくれるかもしれない。美術史家や考古学者の仕事に期待しつつ、書斎派歴史家の私は文献をひもときながら、アンナの面影を刻んでゆくことにしよう。

ケカリトメネ修道院の建物は失われてしまったが、なぜこの修道院を創設したのか、どんな修道生活を送るのかなどを細かく定めた修道院規約が残っている。一一一〇年ないし、もう少しのちに作成されたもので、設立者エイレーネー皇后の声が聞こえる貴重な文書である。自筆の署名も残されている。「エイレーネー、神キリストに信仰深きローマ人の皇后、ドゥーカイナ」という称号は、皇帝を皇后と変えただけで、皇帝文書とまったく同じ形式であり、この修道院が皇帝につながる権威ある施設であることを語っている。ところが、赤いインクで記された肝心の署名は、ぎこちない大きな文字で五行にわ

図9　イサキオス・コムネノス（イスタンブル、カーリエ博物館＝旧コーラ修道院壁画）

たって書かれている。書き損なったのか、自分の字に満足できなかったのか、書き直した跡もみられる。どうやらエイレーネーは字を書くことにあまり慣れていなかったらしい。それでも頑張って署名したところに、ケカリトメネ修道院への強い思い入れが窺える。

規約の序文でエイレーネーは聖母マリアに語りかけている。まず、名門の家柄に生まれたこと、立派な教育を受けたこと、そして最高の地位である皇后になれたことは、神の母であるあなたのおかげであると述べ、さらに子供や孫に恵まれたこと、内外の敵から夫アレクシオス一世を守ってもらったことにも深く感謝して、この幸福が続くよう、アレクシオス皇帝の「日々になお日々を加え」（「詩編」六十一篇7）てくださるよう願っている。

混乱と嵐のこの世を、どうかあなたの翼のもとで暮らせますように。あなたの翼に守られなければ、この世の真っただ中を生きる者は、燃える炭の上を歩くかのように焼かれたり、あるいは棘に刺されたり、剣で切られたりせずには済まないからです。（『ケカリトメネ修道院規約』序文）

修道院を設立する理由を述べたあと、「いと輝かしく神聖な救いの箱舟である」マリアへの感謝と祈りの言葉とともに、「あなたの聖なる修道院のために私たちが定めた規程は以下の通りです」と序文は結ばれる。

長い序文に続いて七十八条に及ぶ修道規程が細かく記されている。このように神に仕える生活を送ります、どうか私たちをお守りください、というわけである。この修道院はいかなる世俗の権威にも服さない、神に直属する独立の施設であると厳かに宣言したのち、具体的な内容として、二十四名の修道女が神に仕えて厳しい修道生活を送る、一族の命日には追悼の法要を営み、貧民への慈善事業も行なうと述べている。さらには院長の任命・罷免、さまざまの役職、毎日のお勤め、祝日の勤行などについて細かい規程が並んでいる。

エイレーネーの深慮

エイレーネー皇后が修道院を設立したのは、聖母マリアに感謝の気持ちを示し、この世の荒波から自分たちを守ってもらうためであった。私たちの行く末を守ってほしい、そう祈る場としてケカリトメネを建てたのである。皇后としての華やかな日々は、たちまちのうちに暗転するかもしれない。皇帝一族だからこそ荒波が打ち寄せてくる。先の皇后マリアの数奇な運命、孤独な晩年がそう語っている。私たちにもそのような日が来ないとは限らない。たとえこのまま平穏な時代が続いても、いずれ夫に先立たれれば宮殿を出ることになるだろう。神にすがりたい思いであった。

しかしエイレーネーは、ただ聖母マリアに祈るだけで私たちの将来は大丈夫だと考えるほど無邪気ではなかった。「救いの箱舟」が確かに自分たちを守ってくれるよう、この修道院で幸福な生涯を送れるよう、自分や娘たちのために特別な配慮もしていた。皇后の権威を利用して、ケカリトメネの規約に例外条項を盛り込んだのである。

修道士を指すギリシア語のモナコスは「孤独」がもともとの意味である。元来、修道士とは俗世を捨て、ひとり砂漠や山奥で神と向かい合う存在であった。ほどなく、集団生活を通じて神に仕える新たな修道形態が生まれ、修道活動の主流は孤独の隠修士から共住型の修道院に転換した。もっとも、形式は異なっても厳しい禁欲・修行を行なうことは同じである。ケカリトメネも共住型の修道院で、院長の指導のもと厳格な規律に従って共同生活が営まれていた。ところがエイレーネーは例外規程を設けた。宮廷で優雅な日々を過ごしてきた皇族女性が、修道院の厳しい生活に耐えられないなら、院長にその旨申し出て、特別扱いが認められるとしたのである。

『ケカリトメネ修道院規約』の第四条は、設立者の一族がこの修道院に入った場合の特例措置について詳しく定めている。皇族女性が望むなら、集団生活は免除され、修道院内に建てられた特別の屋敷で暮らすことが許される。この建物を「独居房」という修道士の住まいを指す言葉で呼んではいるものの、実際は瀟洒な邸宅だったようである。個室が与えられるだけではなく、食事も一般の修道女よりも贅沢な料理が提供され、しかも自室で摂ることが許される。さらに各々に二名の召使いが修道院の費用で付けられる。

このあとのアンナの文筆活動との関連で注目すべきは、外部の者との面会、あるいは外出についての規程である。いずれの修道院においても、修道士・修道女が院外に出ることは堅く禁止されており、女子修道院ならば男子禁制が原則であるが、ケカリトメネの皇族屋敷に暮らす女性には特例が認められた。親族が危篤の場合などは外泊すら許されている。逆に外部の者を屋敷に招くこともできた。召使いには男性もいたから、男性客もあったはずである。

皇族女性は死後も優遇されていた。『規約』の第七十条には、修道女たちのために霊廟を建てる余地が院内にないので、遺体は別の修道院に運んで埋葬するとある。ところが七十六条でエイレーネーは、私の娘・嫁・孫娘がケカリトメネに葬られることを望んだ場合、「すでに修道服をまとっている」という条件付で、聖堂の外拝廊に墓を造ることが許されると定めている。皇族屋敷で暮らしていたアンナも、死の直前に正式に修道女となったようなので、ケカリトメネの遺跡が発掘されたなら、墓が見つかるかもしれない。どんな墓碑銘が刻まれていたのか、アンナの生涯を最後までたどったうえで考えてみることにしよう。

このようにみてくると、エイレーネーはケカリトメネ女子修道院を巧みに使い分けていたように思われる。聖母マリアの御加護を頂きつつ、都合の悪いことは「神にお仕えする身ですので」と断る。その一方で、正式に修道女となったわけではないのだからと、これまで通りの生活を続けてゆく。したたかな生き方というべきであろう。アンナも母を見習ったに違いない。皇帝殺害に失敗したあと、ケカリトメネで軟禁状態であったと言われることが多いが、どうやらそうではなく、修道院とは思えないような優雅な環境のなかで『アレクシアス』を書いたと考えたほうがよさそうである。

この世の荒波から守ってほしいと祈るだけではなく、確かな場所をしっかり確保しておくというエイレーネーの措置は正しかった。アレクシオス一世の即位とともに、帝位が目まぐるしく交代する混乱の時代は終わった。しかしそれでも陰謀事件は何度もあったし、晩年には後継者をめぐって一族のあいだで争いが生じた。皇族でありながら、いや皇族だからこそ、さまざまの不幸が襲ってくるというエイレーネーの心配は杞憂ではなかった。娘や孫が次々とケカリトメネに入ることになったのである。

最初に修道院に入ったのは娘のエウドキア——アンナの六歳下の妹——であった。気位の高い夫イアシテスの家庭内暴力に悩まされ、とうとう病気になってしまった。夫婦にはふたりの子供がいたが、エイレーネーは離婚させることにした。「神が結び合わせてくださったものを、人は離してはならない」(「マタイ福音書」十九章6節)と離婚が禁じられていた時代にあって重大な決意である。教会の許可を得るため、エイレーネーは娘をケカリトメネに入れた。離婚が許される数少ない理由のひとつが、キリストの花嫁になること、すなわち修道院に入ることであった。

続いてエイレーネー自身もケカリトメネ修道院に入った。修道院を設立した段階で、夫が死んだら入るつもりだったのか、それとも息子ヨハネスとの対立の結果、宮殿に居場所がないと修道院入りを決意したのか、決断の理由は不明である。帝位争いに触れたくないアンナは、父の死を見届けて母はすぐさま修道服をまとったとしか述べていない。いずれにせよ、夫アレクシオス一世をフィラントロポス修道院に葬ったのち、エイレーネーは隣接するケカリトメネ修道院に入った。

修道院のアンナ

帝位継承をめぐる一族の争いはヨハネスの即位でも終わらなかった。ケカリトメネの皇族屋敷はまたひとり住人を迎えることになる。帝位への野望を捨て切れないアンナが、弟ヨハネス二世の暗殺を謀った。修道院にいた母エイレーネーにも協力を求めたが、きっぱりと断わられた。自分は神に仕える身だからと言われては、アンナも引き下がるしかなかった。母の協力を得られないうえ、対立皇帝に担いだ夫ブリュエンニオスは頼りにならず、陰謀はあっけなく失敗した。居場所のなくなったアンナは、母の勧めでケカリトメネに入ることになった。相前後して、若くして夫を失った長女エイレーネーもやって来た。こうして宮殿から修道院へと舞台を移して、母・娘・孫の生活が再開された。

ケカリトメネでの家族生活は幸せだったと思われる。修道院という言葉から連想されるような厳しい修行、ひたすら神に仕える禁欲の日々ではなく、優雅な宮廷生活の延長だったらしい。ところがアンナ本人は『アレクシアス』のなかで、哀しみと憤りを込めて次のように記している。

> 今は亡き三人の皇帝――私の父である正帝、女主人で母である皇后、そしてああ、夫カイサル――を偲びつつ、私は日陰者として、書物と信仰に捧げる日々を過ごしている。……この三十年のあいだ、父の友人は誰ひとり私たちのもとを訪ねて来ない。……時の権力者を恐れて面会をためらっているのである。（十四巻七章6節）

一一一九年春の事件から三十年、陰謀の首謀者として要注意人物の烙印を押され、修道院の片隅にひっそり暮らしている、そんな後半生であったかのようである。この一節を書いた時はすでにヨハネス二世はこの世を去り、息子マヌエル一世の時代であったから、今は亡き皇帝たちを偲ぶのなら、弟のヨハネスも含めるべきところ、あえて無視しているようにも思える。政治犯としてケカリトメネ修道院に幽閉され、弟ヨハネスを恨みつつ『アレクシアス』を執筆したという通説は、ここから引き出されるのである。

しかしながら、修道院に監禁されていたという通説には疑問がある。かたちだけとはいえ弟との和解が成立していたし、アンナ自身、三十年の孤独を嘆いたその直後に、父に仕えた人々、古参兵から思い出話を聞いて『アレクシアス』を書いたと、明らかに矛盾することを記している。ケカリトメネ修道院の規約からもわかるように、皇族女性にはかなりの自由が認められており、屋敷に客を迎えることもできた。夫ブリュエンニオスも遠征に出ている期間が長かったが、戻るとすぐにケカリトメネに顔を見せた。

『ケカリトメネ修道院規約』には全七十八条のあとに追加の二条がある。修道院の屋敷で再開された家族の生活は幸せだったが、それも束の間、妹のエウドキアが死んでしまった。まだ三十代だったと思われる。幸薄い生涯であった。辛い思いで記したのだろう、「私の罪ゆえに、愛しい娘、『緋色の生まれ』の修道女エウドキアが死んでしまったので」と、エイレーネーは条項を追加する理由を説明している。修道院はアンナに継がせる、アンナのあとはその娘エイレーネー――同姓同名のお気に入りの孫娘――が継ぐという内容であった。アンナ夫婦に帝位を継がせることができなかったエイレーネーは、せめて自分の建てた修道院を継がせようとしたのである。

追加条項にはアンナの住居に関する規程も含まれている。ケカリトメネ女子修道院は、アレクシオス一世の墓所となったフィラントロポス男子修道院と隣り合っていた。ふたつの修道院は高い塀によって区切られており、行き来はもちろん覗き見ることもできなかった。ところがアンナは母にせがんで、境の壁に接するように屋敷を増築してもらった。壁に迫り出した部屋、父が葬られている修道院の見える部屋がアンナの住まいとなったのである。この措置は物議を醸したようで、追加条項では、アンナの死後は部屋を取り壊し、境界の壁を一メートルほど高くすると定められた。

追加条項の最後は、修道院の東西南北の境界を記している。しかし途中で写本が失われており、ために修道院の所在地がはっきりしないと研究者から惜しまれている。私が残念に思うのは、記事の末尾にあったはずのエイレーネーの署名が失われたことである。条項が追加されたのは、ケカリトメネ修道院に入ってから十年くらいのちと思われるから、この間の修道院生活で学問を深め、今回は水茎の跡も鮮やかな署名をしたのではないか。名誉挽回ができなくてエイレーネーもさぞかし無念であろう。

自分が死んだあと修道院はアンナに譲ると定めたのが、知られているエイレーネー最後の行為であった。『ケカリトメネ修道院規約』の追加条項は遺言となったといえよう。没年については一一三三年説がもっとも有力である。死期を悟ったのか、エイレーネーは娘のアンナにも遺言状を書くよう勧めたという。残念なことにアンナの遺言状は現存せず、なぜか序文だけが、イタリコスという文人の著作集に収められている。「カイサリッサ、アンナ殿の遺言状への序文」という表題には補足の文言があって、「彼女によって公表されたものとして」となっている。なんとも微妙な表現で、果たしてアンナ自身が書いたのかどうか、見解が分かれている。そのつもりでみると、「カイサリッサ」という表現や「殿」という敬称も、著者がアンナではないかのようである。

著者は誰であれ、文章表現やまわりの人々への思いなど、アンナが書いたとしても不思議はない作品である。たとえイタリコスの代作だとしても、アンナの気持ちを充分くみ取って書いたものであろう。そのなかに次のような一節がある。

主キリストよ、子供たちが父カイサルとともに生き残り、まず私を土に葬ってくれますように。太陽よ、どうか私が主人カイサル、……そして息子たちの死を見ることがありませんように。(『アンナ・コムネナの遺言状序文』)

子供はもちろん、夫ブリュエンニオスよりも先に死にたいとアンナは述べている。修道院に暮らすなか、生きる希望を失ってしまったのだろうか。しかしアンナは気を取り直し、母の死、夫の死を乗り越えて『アレクシアス』を残すことになる。アンナを励ましたのは亡き父母であった。修道院規約第六十五条は「毎月朔日には修道院のすべての人々の前で『規約』が読み上げられる」と定めている。母の死とともにケカリトメネ修道院を受け継いだアンナは、月例の儀式を執り行なう立場になった。『規約』が読み上げられると、母の声が聞こえてくるようであった。部屋に戻ると父の眠るフィラントロポス修道院が見える。亡き父母に見守られてアンナは晩年を送る。

文化サロン

静かな環境のもと、あり余るほどの時間をアンナはどう過ごしたのだろうか。若い頃から関心のあった書物の世界に暮らす日々となったようである。話は飛ぶが、元外交官の佐藤優氏の『獄中記』は私の愛読書である。五百十二日間に及ぶ拘置所生活の記録は、何度読んでも、羨ましくて仕方がない。監獄に入りたいとは何を馬鹿なと叱られそうだが、余計なことに煩わされず読書・思索・著述に没頭できるなら、これに越したことはない。佐藤氏も獄中日記の初めにこう記している。「ここでの生活は規則正しく、周囲の雑音にも煩わせられないので、案外快適である。おそらく修道院の生活というのはこのようなものだったのだろう。」

こんな不謹慎な感想をもつのは、私が書斎派の歴史家だからであろう。現地踏査をするわけではなく、文書館や修道院・教会を訪ねて古文書を探すこともなく、ただ書物とのみ付き合う歴史家にとって、牢獄や修道院は理想の環境である。妻や娘夫婦は面会に来てくれるだろうし、佐藤氏によれば、拘置所に持ち込める本には冊数制限があるとのことだが、アンナ・コムネナという特殊なテーマで本を書くなら、それもさほど苦にはなるまい。

アンナもどちらかといえば書斎派の歴史家であった。古代ギリシア以来、歴史は、軍事や政治に関わった者がその体験をもとに記すものとされてきた。夫のブリュエンニオスをはじめ、ビザンツの歴史家も多くは帝国官僚である。みずから歴史を書いた皇帝もいる。アンナは女性というだけではなく、弟ヨハネス二世暗殺計画を除けば、実務体験なしという点でも異色の歴史家である。書斎派のアンナにとってケカリトメネ修道院は願ってもない世界であった。

ケカリトメネは時間がゆっくり流れる、静かな世界というだけではなかった。多くの文人が集まるサロンだったという点でも、学問を志す者にとってありがたい環境であった。文芸サロンの主催者は母のエイレーネーである。学問とくに神学に関心が深かったエイレーネーは学者・文化人を大切にしていた。アレクシオス一世の後継者をめぐって、「ヨハネスは、粗暴で遊び人。それに比べてブリュエンニオスは学問を修めて弁が立つ」と言って、息子ではなく娘婿を推したのも、いかにもエイレーネーらしい。世話になった皇后を慕って、ケカリトメネの皇族屋敷にやってきた文人のひとりイタリコスは、エイレーネーのことを「もっとも神々しい皇后」と称えている。

文人たちの称賛は娘のアンナにも向けられた。もともと持っていた学問への関心、静かな環境のなかたっぷりある時間、一流の学者との交流から得られる知的な刺激、ケカリトメネ修道院においてアンナは学問に親しみ、教養を深めていった。一一三三年頃に母が死ぬと、アンナは修道院とともに文化サロンも受け継いだ。以下、ケカリトメネのサロンに集った文人を簡単に紹介して、アンナを取り巻く学問的雰囲気を再現してみよう。

『アンナ・コムネナ追悼文』を書いたトルニケスは、アンナよりもかなり若い神学者である。アンナの娘エイレーネーとも親しかったらしく、どうやら娘エイレーネーの依頼で追悼文を書いたようである。追悼文には、少女時代から晩年までの勉強ぶりも詳しく記されており、学問を通じて深い付き合いがあったことがよくわかる。

トルニケス以上にアンナと親しかったのが、『アンナ・コムネナの遺言状序文』の著者とも言われるイタリコスである。代筆できるほどアンナのことを熟知していたということであろうか。哲学や修辞学の教師として活動し、コムネノス家の人々とも広く親交があった。アンナの母エイレーネーのために即席で称賛文をまとめたこともあった。ヨハネス二世に宛てた書簡や称賛文も残っており、アンナが可愛がっていた弟アンドロニコスを偲ぶ文章も書いている。『アンドロニコス悲歌』は、母エイレーネーや姉妹が故人に涙する場面を描いており、アンナたちが執筆を依頼したものであろう。

夫ブリュエンニオスも、ある意味ではサロンの一員であった。義母のエイレーネーからアレクシオス一世の治績をまとめるよう依頼されていたブリュエンニオスは、ヨハネス二世に仕えて忙しい日々を送りつつ、遠征先でも執筆作業を進めていた。都に戻ると、エイレーネーやアンナのいるケカリトメネを訪れ、執筆状況の報告も兼ねて、サロンに集まった人たちに書きかけの原稿を披露することもあった。

ヨハネス二世の凱旋を称える詩で有名な宮廷弁論家プロドロモスは、アンナの息子たちの結婚を祝う歌の作者でもあった。『祝婚歌』の作成が遅れたことは微妙な問題を残しているが、ヨハネス二世がアンナの息子たちの結婚を取り持ったことなどから考えて、アンナと宮廷のつながりは切れていなかったと思われる。その他にも、アンナ自身に宛てた詩や、次男ヨハネス・ドゥーカスの妻への弔辞も書いており、ブリュエンニオスとともに宮廷とケカリトメネをつなぐ役割を果たしていた。

詩人で古典学者のツェツェスも、アンナに宛てて手紙を書いている。「皇后陛下」と呼びかけ、教会問題での支援を依頼するという内容である。これをみると、修道院に入ってもアンナは各方面にそこそこ影響力をもっていたらしい。ヨハネス二世やその跡を継いだマヌエル一世との関係もそれほど悪くなかったようである。さもなければ、アンナの口利きはむしろ逆効果であろう。もっともツェツェスは一流の文人ではなかったようで、有力なパトロンを持たず、困窮のあまり本も売ってしまったと嘆いているので、手当たり次第思いつく人物に声をかけたのかもしれない。

アンナの交友関係として目立つのはアリストテレス学者である。ニカイア府主教エウストラティオスは、アリストテレスに深入りして異端とされたイタロスの弟子で、師に連座することは免れたものの、アレクシオス一世の晩年に異端の疑いで主教職辞任を余儀なくされた人物である。アンナは異端宣告についてはひとことも述べず、その学識を高く評価して「ストア派やアカデメイア派の哲学者たちより輝いていた」と称えている。

アンナは勉強のため「エフェソス出身の賢者」に頼んでアリストテレスの注釈書を作成してもらった。夜遅くまで仕事に取り組んだため眼を悪くしてしまったという賢者とは、『ニコマコス倫理学註解』で有名なエフェソスのミカエルではないかと推定されている。ミカエルの『註解』には、時の皇帝に対する厳しい批判が含まれているのが特徴である。テオフュラクトスの『皇帝教育』と同じく僭主について解説しつつ、「親愛なるアリストテレスよ、このことはとりわけ今日の状況に当てはまる。だから私は乞食なのである」と穏やかではないことを書き記している。

このようにみてくると、ケカリトメネには神学者・哲学者・弁論家・詩人、そして歴史家と多彩な知識人が集まっていた。それぞれの立場も、宮廷の御用弁論家から、傍流の貧しい文人、さらには異端や皇帝批判も辞さない反体制派とさまざまであった。多士済々のサロンだったと言えよう。

ケカリトメネ修道院をめぐる文人たちの動きをヨハネス二世は承知していた。なかには不穏な言辞を弄する輩もおり、姉がわだかまりを捨てていないこともわかっていたが、どうせ口先だけの連中、実害はあるまいと大目に見ていたようである。さまざまの知識人による談論風発、それを許したヨハネスの雅量が、アンナの学問を育て『アレクシアス』を生むことになる。

9　学問の世界に

アンナの自慢

人は誰でも自分に誇りがある、自慢したいことがある。アンナの誇り、自慢は何だったのだろうか。『アレクシアス』の序文には次のような一節がある。

私、アレクシオスとエイレーネー両陛下の娘として緋の産室に生まれ育ったアンナは、読み書きとは無縁でないどころか、正しいギリシア語を修めたのち、修辞学をしっかり学び、アリストテレスの作品やプラトンの対話篇を熟読し、四つの学問（天文学・幾何学・算術・音楽）で知性を磨いた。（序文一章2節）

アンナの誇りは皇帝の娘であること、そして高度な学問を修めたことであった。右の引用文は、間近で見ていた父の偉大な業績を、自分の学問・教養を駆使して書き記すという執筆宣言であるが、同時に私はこういう人間なのだという自己紹介でもある。やや自慢たらしいところがアンナの特徴であろう。微笑ましいとみるか、図々しいと思うか、受け取り方は自由である。

親を選ぶことはできないのだから、緋の産室で生まれた、皇帝の娘だと自慢するのはいかがなものかと言われても、アンナにとっては何物にも代えがたい宝であった。もちろん、学問を究めたことは誰に遠慮なく誇ってよいだろう。とりわけ女性の場合、深い教養を身につけることが難しかった時代、学問好きで本に親しんだという母エイレーネーも、署名するのがやっとの有様、そのような時代のことである。大したものだと言わざるを得ない。アンナも自分の学問について述べたあと、「努力して獲得したことを述べるのは、けっして自画自賛ではない、堂々と語ってよいはずである」と言っている。

アンナは、『アレクシアス』の随所で古典の教養を披露しつつ、末尾近くの十五巻七章でもう一度、自分の学問を誇らしげに記している。序文での自己紹介を繰り返したもので、「初級の勉強を済ませたのち、修辞学に進み、哲学に取り組んだ。そしてこれらの学問と並行して、詩人や散文作家を読み耽った」とある。くどいと言われようが何度でも言いたい、自分の存在証明であった。

歴史学者はものの見方がひねくれているようで、私なども、アンナが学問を修めた、教養を身につけたと言うのを聞くと、反射的に疑ってしまう。かつてK・マルクスは、歴史学の素朴な認識を批判して次のように述べた。


日常生活ではどんな商売人でも、ある人が自称するところと、その人が実際はどういう存在なのかをちゃんと区別するのに、我々の歴史記述はまだこのありふれた認識にも達していない。歴史学者は、それぞれの時代が自分自身について語るところを言葉通りに信じている。(『ドイツ・イデオロギー』古在由重訳、一部修正)

マルクスの認識の基本となっているもので、『ルイ・ボナパルトのブリュメール十八日』など、他の著作でも同様の趣旨を繰り返している。しかし現代の歴史学には当てはまらないようである。「必ず返す、私が言うのだから間違いない、大丈夫」と言われて、安心して金を貸す歴史学者はいないだろう。本人の言うことは信用できないというのが歴史学、史料批判の原則である。アンナについても本人の言い分だけではなく、まわりの人々の証言を聞かなければならない。

客観的な評価

アンナの学問自慢は自画自賛ではなかった。同時代や少しのちの人々からも、女性には珍しい教養ある文化人とみられていた。前章で紹介したケカリトメネ修道院の文人たちは、口を揃えてアンナの学問を称えている。まずは面識のあった人々の証言を聞こう。

アンナがケカリトメネ修道院に入ってまもなく、息子のアレクシオスとヨハネスが同時に結婚式を挙げた。弁論家プロドロモスは「もっとも幸福なるカイサルの息子たちへの祝婚歌」と題された頌詞を読んでいる。『祝婚歌』は、頌詞の決まり通り、祖父アレクシオス一世をはじめとする、新郎の祖先・親族を称えている。両親についてはまず母のアンナに言及し――ここにも夫婦の関係が反映している――、「緋色の生まれ」の母は哲学を学び、「十番目のムーサ（学問の女神）」とも言うべき存在だとまで称えている。

一一三〇年頃に書かれたと思われる『アンナ・コムネナの遺言状序文』は、アンナの学問について『アレクシアス』とほとんど同じことを記している。もしイタリコスの作品だとすれば、アンナの自画像を裏付けるものである。ただし、いくらかの違いも認められる。『遺言状序文』では、アリストテレスやプラトンへの言及はなく、代わりに神の言葉を深く学んだとなっている。アンナの学問を紹介するのに、異端の疑いを招きかねないアリストテレスではなく、聖書や神学を学んだことを強調したのだろうか。イタリコスは総主教座の学校で福音書を講義したこともあり、のちにはフィリッポポリスの府主教となった。教会人として気を利かせたのかもしれない。

トルニケスの『アンナ・コムネナ追悼文』は、お悔やみが遅れたことへの弁解から始めて、アンナの学問について詳しく述べている。知恵や学問を愛するアンナは、両親が止めるのも聞かず、読み書きを学んだ。父の死とともに哲学に没頭するようになり、親しく交わっていた文人にアリストテレスの注釈書の作成を依頼した。父アレクシオス一世の業績が忘れられないようにとみずから歴史を書いた。その歴史書『アレクシアス』は華麗な文体で明快に書かれている。神学はもちろん、医学の知識もあると、あらゆる学問を修めた奇蹟の女性と称えている。

このようにケカリトメネの文人たちはアンナの学識を口々に称賛している。親しい友人が褒め称える趣旨で書いたものなので、これまた、どこまで信頼すべきか疑問はあるとはいえ、根も葉もないことを褒めるわけにはゆくまい。事実とまったく異なることを書いたなら、とりわけ聴衆を前に読み上げる頌詞や追悼文の場合、嫌味にしかならず、失笑を買うのが落ちであろう。

仲間内の文人たちの証言に加えて、第三者のより客観的な評価を聞く必要もある。アンナはアレクシオス一世の没時、さらにはヨハネス二世の即位直後の帝位をめぐる争いに関与したので、歴史書でもしばしば言及されている。歴史家たちはアンナの政治的行動にあまり好意的ではないが、その学問については、同じ知識人、歴史家として高く評価している。アレクシオス一世末期の帝位争いについて記すにあたって、歴史家ゾナラスは次のようにアンナを紹介する。

ブリュエンニオスは学問にも通じていた。彼の妻は夫に負けず劣らず、いやそれ以上の智者で、アッティカ風の古語を正しく使い、高尚な問題に対する優れた理解を有していた。もって生まれた洞察力と努力によってそうなったのである。彼女は書物や教養ある人々を尊重し、彼らとの交流も通り一遍のものではなかった。（『歴史要略』十八巻二十六章）

ヨハネス二世以降の歴史を書いたキンナモスはその序文で、なぜヨハネス二世時代から書き始めるかについて説明している。それによると、アレクシオス一世の時代については、同皇帝に好意的な歴史家たちによって満足すべき歴史書が書かれているから、今さら書く必要はないという。アレクシオス一世に好意的な歴史家とあることから、名前は挙げられていないもののアンナを念頭においていることは間違いあるまい。

時代は降って十三世紀初めのコニアテス『歴史』も、ヨハネス二世に対する陰謀事件の首謀者と非難しつつも、アンナの学問は高く評価している。ブリュエンニオスが皇帝に担がれたのは深い学識を有していたからだと、皇帝の資質として学問・教養を強調したうえで、妻アンナの存在にも言及している。

先に述べたように、彼は皇帝の姉であるカイサリッサのアンナの夫であった。アンナは諸学の女王である哲学を熱心に学び、学問のあらゆる分野に通じていた。（コニアテス『歴史』一巻）

コニアテスもトルニケスの『追悼文』と同じように、アンナはあらゆる学問を修めたと言っているが、具体的に挙げているのは、なぜか歴史学ではなく哲学である。

歴史家たちの評価と並んで、客観的な指標となりうるのが『アレクシアス』そのものである。細かい分析は第二部「作品」に譲ることとして、ここでは『アレクシアス』がおのずと語るアンナの学識について簡単に確認しておきたい。修辞学を学び、美しい文が書けるよう努力したとアンナは自慢しているが、『アレクシアス』を読めば、それが偽りでないことがよくわかる。「哲学に取り組んだ」「詩人や散文作家を読み耽った」という言葉も、『アレクシアス』に引かれる古典作品によって証明されるようである。全編に散りばめられたホメロスの詩句は言うまでもなく、アリストテレス、プラトンなどの哲学者、エウリピデスやアリストファネスのような劇作家、女流詩人サッフォー、さらに弁論家デモステネス、イソクラテスの名前や著作が随所で言及されている。客観的に見ても、アンナは高度な学問を修めた奇蹟の女性であった。

学問への道

さまざまの学問をアンナがどのようにして身につけたのか、詳しいことはよくわかっていない。本人はたどりついた結果を述べるのみである。いつ頃、誰から、どのように学んだのか、といったことはこちらで推定するしかない。アンナの生涯を学びという視点から振り返ってみよう。

ビザンツ帝国では教会・修道院に寺子屋のような学校があり、読み書きを学びたい子供は五～七歳くらいからそこで学んでいた。読み書きと言っても、学習に時間がかかる「書き」は二の次で、もっぱら「読み」が教えられた。「読み」もホメロスや聖書の暗唱が中心で、文字を使うことは滅多になかった。かつての日本で広く行なわれていた『論語』の素読のようなものである。そう考えれば、学問好きだったという皇后エイレーネーが署名に苦労したのも、なるほどと思われる。

学校へ行かない子供も多かった。そのような子供は両親、とくに母親から手ほどきを受けた。アンナは七歳から婚約者の母マリアのもとで暮らしていたが、マリアは外国人、グルジア王女であったから、読み書きを教えることはできなかったはずである。事実、プセルロスのマリア称賛文には「沈黙は女の栄光」とあり、言葉は達者ではなかったようである。マリアと暮らしたマンガナには修道院があったとはいえ、アンナが学問の道に進むのは宮殿に戻ってからではなかったか、と私は推測する。その根拠は『アンナ・コムネナ追悼文』である。

『追悼文』は、アンナには帝位への野心がなかったと言うために、婚約者コンスタンティノスの死を次のように解釈している。アレクシオス一世は娘の将来を考えて最高の伴侶を選んだ。「緋色の生まれ」のコンスタンティノス・ドゥーカスである。いずれは帝位に就く人物であった。親としてできる限りの配慮であったが、人間の知恵には限界があった。アンナが政治ではなく学問に関心があることを見抜いた神は、コンスタンティノスの存在を学問への妨げと判断して、みずからのもとに引き取り、地位という点では劣るが、学問に理解のあるブリュエンニオスと結婚させた。この一節は、アンナの学問が結婚――と言ってもまだ十二歳――後に始まったことを示唆している。

アンナの学問に大きな影響を与えたのは、やはり母のエイレーネーであった。『アレクシアス』五巻九章でイタロス異端問題から脱線して、アンナは母の思い出を記している。

食事の用意ができているのに、皇后、私の母が本を手にして、聖なる教父たちの神学の著作、とくに哲学者で殉教者のマクシモスを学んでいたことを私は憶えている。……一度だけ母に尋ねたことがある。「どうして、そんな難しい本が読めるの？　私は怖くて、この人の話はほんの少しでも聞こうとは思わないの。その本は、とても抽象的、知的で、読んだら眩暈がすると言われているのよ。」（五巻九章3節）

難解な神学書を見て「読んだら眩暈がする」というアンナに、母は優しく諭した。「慌てなくても大丈夫、まずはいろいろ読んでごらん。そのうちこの本の面白さがわかりますよ。」ブリュエンニオスとの結婚前後のことと推定されるこの逸話は、好奇心は強いが、勉強は始めたばかりで、まだまだというアンナの姿を伝えているようである。

夫のブリュエンニオスは軍事貴族の御曹司であったが、軍事よりも学芸に関心があった。アレクシオス一世も娘婿の性向を察して、異端に対する対応や外交交渉に用いていた。アンナは夫の学問・教養を繰り返し称賛しており、強い影響を受けたことが窺える。母の感化を受け、夫に刺激されて、学問への道が開かれた。

アンナの学問がアレクシオス一世の宮廷で始まったことは、自分の学問・教養について念を押している十五巻七章が、アレクシオス一世称賛でもあることからも確認できる。当時を回想して、あの頃は皇帝が学問に関心があったので、教育に力が注がれていた。ところが今では学問・教育は重視されず、文人もふさわしい地位を与えられていない。自分も学問を大切にする雰囲気のなかで育っただけに、現状には腹立たしく、悲しい思いがするというのである。

アレクシオス一世の教育政策についてアンナは具体的な事例を挙げている。最後のトルコ遠征から戻って、アレクシオスは戦争被害者を収容する施設を都に建設した。孤児院・障害者施設・養老院などからなる複合施設には初等学校が付設され、戦争孤児はもちろん、外国人もそこで読み書きを学ぶことができた、というものである。『アレクシアス』の末尾に近い十五巻七章の記事ではあるが、続く八〜十章のボゴミール派異端記事とともに、敬虔で慈悲深い皇帝を強調するため、わざと結びの部分においたもので、ゾナラス『歴史要略』やアトス山の修道院文書などから、施設の設立は一〇九五／一一〇〇年頃と推定される。ちょうどアンナが学問に進み始めた時期である。

学問に関心を示す少女アンナに対して、両親がどのような態度を示したかについては、正反対とも言えるふたつの証言がある。『アンナ・コムネナ追悼文』によると、両親は世俗の学問を娘には危険だと考えて学ばせなかったけれども、アンナはこっそり読み書きやホメロスを宦官の従者から学んだという。確かに、異教時代のものであるギリシア古典を学ぶことへの警戒心は強かったので、両親の態度もさもありなんと思わせる。アンナ自身も、哲学とくにアリストテレスに傾倒したイタロスが異端とされたことを詳しく記している。ただ『追悼文』は学問への熱意を語るのに際して、「両親の眼を盗んで、恋い焦がれた読み書きと会う」という恋愛物語の決まり文句を使うなど、どこまで事実を正確に伝えているのか、判断が難しい。

まったく逆の話を伝えるのが『遺言状序文』で、アンナは好きなように学問をさせてくれた両親に感謝している。「学問の道を閉ざすことなく、私の望むだけ学問の泉から汲むことを許してくれた私の皇帝たち、両親に感謝する。」ただし先にも述べたように、著者がアンナとは言いきれない疑問の多い著作で、こちらの情報もまた、どこまで信頼できるのか、疑えばきりがない。

推測も含めてまとめてみると、少女時代の学問歴はよくわからないものの、母に加えて夫からも刺激を受けて、聖書や神学に興味を持ち、一般のビザンツ人がそうであったように、古典ギリシア語の読み書きを学び、ホメロスや聖書を暗唱していたことは間違いなさそうである。のちに『アレクシアス』を書くに至る素地は、宮殿にいた頃に創られたと言ってよいだろう。

アンナの学問が本格的になるのは三十代半ば、弟ヨハネス二世に対する陰謀が失敗したのち、母エイレーネーがいたケカリトメネ修道院に入ってからである。修道院といってもアンナの場合、厳しい修行ではなく、境内に建てられた皇族用の屋敷――アンナは父の眠るフィラントロポス修道院を見渡せる特別室を増設してもらった――での生活は快適であった。宮殿において古典ギリシア語、聖書やホメロスといった基礎的な教養を身につけていたアンナは、新たな住みかであるケカリトメネ修道院で高度な学問に取り組むことにした。

負けず嫌いのアンナは、学問においても頂点を極めようとした。諸学の女王とされていたのは、言うまでもなく哲学である。自分の学識を自慢している『アレクシアス』序文でも、プラトンやアリストテレスを熟読したと述べている。すでにみたように歴史家コニアテスも、アンナの学問として、歴史学ではなく哲学を挙げていた。「棺を蓋いて事定まる」はずなのに、やや意外な評価であるが、コムネノス王朝の内紛が一二〇四年のコンスタンティノープル陥落につながったと考えていたため、アレクシオス一世への称賛に終始している『アレクシアス』にはあまり感心できなかったのであろうか。

哲学以外にも、神学、医学、文学（詩・悲劇・弁論）……とアンナは貪欲に学んでいった。知的好奇心の強さ、学問に対する積極的な姿勢は、教会が危険視する占星術さえ学んだことに現れている。占星術を学んだことについてアンナは、将来を予言するためではなく、占星術の愚かさを知り、それを信じている者、実践している者を批判するためだと弁明している。アンナが占星術を非難し、父はそんなものは信じなかったと書いていた頃、帝位にあったマヌエル一世――ヨハネス二世の息子、アンナの甥

――は、占星術師を侍らせ、政策にも関与させていた。神の摂理を冒瀆しかねない行為に歴史家コニアテスも眉をひそめ、占星術師のことを「空ばかり見て、足元が疎かになっている輩」と揶揄《からか》っている。アンナも愚かな甥を批判するため、わざわざ占星術について論じたのかもしれない。

ケカリトメネ修道院はアンナにとって最高の学問環境であった。前章でみたように、皇太后のエイレーネーを慕って文人が集まりサロンが誕生していたからである。このような集まりを当時の人々はテアトロンと呼んでいた。現代語の劇場の元となっているギリシア語である。もともとは「見世物。見世物が上演される場所」という意味であったが、ビザンツ時代には競馬場を指す言葉となり、文人が作品を読み上げる席もこう呼ばれるようになった。

ケカリトメネの文化サロンに出入りしていたのは、いずれもそれぞれの分野で業績のある人物であった。サロンの文人のひとり「エフェソス出身の賢者」にアンナは、アリストテレスについて口頭で講義するだけではなく、文書にまとめてほしいと頼んでいる。テアトロンでの耳学問では満足できず、本格的に学ぼうとしたのであろう。勉強の成果はあったようで、『アレクシアス』ではアリストテレスの主著『ニコマコス倫理学』の一節を引用して、自分は真実を記していると巧みに主張することができた。一流の文人と交わることで、アンナの知性は開花したのである。

聖書の知識

ホメロスと聖書はビザンツ人の一般教養であり、当然アンナも学んでいた。慣れ親しんでいたと言ってよい。アンナの教養がどの程度だったのか、ここでは聖書を例にとって確かめておこう。

中世キリスト教世界の東西を通じて、人々が聖書に接するのは主に説教を通じてであったが、どちらかといえばビザンツ人のほうが聖書に親しむ機会が多かったようである。西欧のカトリック教会は俗人が聖書を読むことを警戒していた。そもそも日常生活の言語とは異なる、特殊な文語であるラテン語であり、翻訳が禁止されていたので、読めるのはほぼ聖職者に限られていたと思われる。これに対してビザンツ帝国では、聖書がギリシア語、つまり自分たちの言語で書かれていたから、ふだん使う言葉とはかなり違っていたとしても、古典ギリシア語よりはずっと親しみやすく、その気になれば手に取って読むこともできた。

このような状況は当然アンナにも反映される。文書の性格もあって聖書引用に満ちている『ケカリトメネ修道院規約』ほどではないにせよ、『アレクシアス』でも旧約・新約のさまざまな箇所が引用されたり、踏まえられていたりする。ざっと数えても、外典を除く旧約の三十九文書、新約二十七文書のほぼ半分が何らかのかたちで言及されている。聖書に対するアンナの広い知識が確認できそうである。

ところがアンナの聖書引用を細かくみてゆくと、あまり厳密でないことがわかる。間違っているわけではないが、言葉遣いが異なることが多い。きちんと読んでいないのではないかと疑われるのも当然かもしれない。確かにうろ覚えのまま書いたところもあるだろう。アンナにとって不運だったのは、書き上げたあと聖書本文と照合して確認する、時間的余裕がなかったことである。

もうひとつ別の理由も考えられる。アンナが手元に持っていた聖書は、今日私たちが読むものと、いわゆる版が違っていた。白髪の老人が若きアレクシオスに語りかけた「しっかりせよ、成功せよ、真理と謙虚と正義により統治せよ」という旧約「詩編」の一節は、新共同訳では「輝きを帯びて進め、真実と謙虚と正義を駆って」とかなり異なっている。現代の旧約聖書はヘブライ語の原本に基づいているが、アンナが用いたのは「七十人訳」と称されるギリシア語版で、そちらを見ると正確に引用していることがわかる。

新約についても同様である。神の言葉として注意深く筆写されてきた聖書でも、不注意による書き間違いはあるし、教会の思惑による意図的な修正もあった。聖書学者たちが長い努力を重ねて、後世の書き換えを明らかにし、本来の文言を復元したのが、私たちが手にする新約聖書である。「正文批判」と呼ばれるこの作業において、アンナが使っていたようなビザンツ系と呼ばれる写本は、後世の修正が甚だしいとして参照されることはまずない。聖書原本ではなく、ビザンツ人が使っていた聖書と対照すれば、アンナの聖書引用がそれほど杜撰ではないことがわかるだろう。

思い違い、版や写本の相違ではなく、明らかにアンナの間違いである聖書引用もみられる。一例を挙げてみよう。十字軍に同行してきた聖職者が武器をとることにアンナが驚き、我が国ではそんな野蛮なことはありえないと述べる一節である。


我々は教会法と聖書の教えによって「触れるな、不平を言うな、手をつけるな。なぜなら汝は聖なる存在だから」と命じられている。(十巻八章8節)

この文はパウロの「コロサイ人への手紙」二章21節をふまえている。パウロは「手をつけるな、味わうな(メーデ・ゲウセー)、触れるな」と記しており、「不平を言うな(メー・グリュクセース)」は、アンナないし写本家の書き間違いらしいが、「なぜなら」以下はアンナの挿入である。根本的に違うのは、パウロが「触れるな」云々という旧約の戒律は空しい、それに縛られる必要はないと述べているのに対して、アンナは、そのような戒律を守って聖職者は武器をとるべきではないと主張しており、議論の方向が百八十度異なることである。大きな誤解と言わざるを得ない。

同じような誤解をもうひとつ挙げておく。父を称えてアンナはこう記している。これもまたパウロの手紙をふまえた文章である。両者を並べてみよう。


何も、キリスト教徒に対する愛から父を引き離しはしなかった。悲しみも、喜びも、戦争の惨事も、その他いかなる大小の不幸も……。（『アレクシアス』十二巻三章4節）

だれが、キリストの愛からわたしたちを引き離すことができましょう。艱難か。苦しみか。迫害か。飢えか。裸か。危険か。剣か。（「ローマ人への手紙」八章35節）

よく似た文章であるが、大きな違いがある。キリストが私たちを愛しているというパウロの文を、アンナは父アレクシオス一世がキリスト教徒を愛していたという文脈で使った。きちんと聖書を読んでいなかったであろうか。

アンナの身になって二箇所の誤読を再検討してみよう。「触れるな」云々の引用は明らかにアンナの誤解である。しかし十字軍の暴虐ぶり、戦う聖職者というおぞましい存在を目の当たりにして、平和を尊んできたビザンツ教会の長い伝統を思い、パウロの文脈を無視してでも、聖職者は武器をとるなと書いたのであろう。「ローマ人への手紙」の文章から愛の主体が入れ替わったのも、父アレクシオスを称えたいがあまり、キリストが私たちを愛するように、父は苦難のなか国民を愛し続けたと、こちらは無意識のうちに誤読したものと思われる。

何度か翻訳をした経験から言うと、誤訳の原因は語学力の不足よりも、訳者の思い入れにあることが多い。こうあるはずだ、こうあるべきだという考えが強すぎると、原著者もそう書いているものと思い込み、思わぬ誤訳を招く。自分を殺す、心頭滅却の境地が翻訳者には必要である。自己主張の強いアンナなど、ひとつの章句の引用ですら、自分が表に出てしまうようである。右に見たふたつの事例の場合、どうしても言いたいことがあったための誤読で、あながち聖書の知識不足とは言えないと思われる。

遠い歴史学

アンナが深い学識を有していたことは、本人の主張だけではなく、多くの人々が認めるところであった。しかし、学問の中味をみると意外なことに気づかされる。歴史学の影が薄いことである。自己紹介でも、読み書きの基礎から、修辞学・哲学・四科（算術・幾何・音楽・天文学）などを修めたというものの、歴史学を学んだとは言っていない。『アレクシアス』には哲学者・詩人・劇作家・弁論家の名前は出てきても、ヘロドトスやトゥキュディデスの名はなく、まともな引用もない。一九二九年に刊行された学術書『アンナ・コムネナ』のなかで、著者G・バックラーは、「奇妙なことに、アンナはトゥキュディデスを引用していない。名前を挙げることさえない」と首をかしげている。確かに、ビザンツ歴史家の模範であったトゥキュディデスにひとことも触れないのは不思議である。

ビザンツの歴史家についても、わずかな例外を除いて読んだ形跡はない。例外というのはプセルロス『年代記』、そして夫ブリュエンニオスの『歴史』である。アンナがこれらの史書をどう読んだのかについては第二部で詳しく論じることにして、ここでは歴史家であった夫ブリュエンニオスとの学問の違いのみ確認しておこう。

ブリュエンニオスは序文で謙遜を交えながら、自分にはトゥキュディデスやデモステネスのような文才はないと述べている。この言葉にもあるように、ビザンツの教養人にとって、散文の代表ないし模範は、歴史学のトゥキュディデスと弁論術のデモステネスであった。ところが、アンナが文章表現について述べた十四巻七章4節には、デモステネスの代わりに、彼と並び称される弁論家イソクラテスが挙がっているものの、トゥキュディデスへの言及はなく、ポリュビオスなどそれに代わる歴史家の名前もない。『アンナ・コムネナ追悼文』も、人々は散文としてトゥキュディデスとデモステネスを称賛するが、アンナが模範としたのはカイサレイアのバシレイオスとナジアンゾスのグレゴリオスだと言っている。どちらも著名な神学者である。

ケカリトメネの文人たちのアンナ称賛でも歴史学への言及はなかった。ようやく『追悼文』で父の歴史を書いたと称えられるものの、それから半世紀ものちになって歴史家コニアテスは、アンナが学問のあらゆる分野に通じていたと言いつつも、具体的には哲学を挙げている。

学問についての本人の述懐、まわりの人々の評価や見解を合わせると、おおよそ次のようなことになるだろう。アンナは聖書に加えて、ホメロスや悲劇にも造詣が深かった。ケカリトメネ修道院で高度な学問に取り組んだが、対象は神学やアリストテレスの哲学であり、歴史には関心が薄く、知識も乏しかった。そのアンナが晩年を歴史学に捧げることになるのだから、人間の運命とは不思議なものである。

10 『アレクシアス』と死

歴史学との出会い

人生においては本人の意思とは関係なく、進む道や仕事が決まってしまうことがある。しかしきっかけがどうであれ、自分の前に開けた道を歩み、その仕事に全力を尽くせば、悔いのない人生といえるだろう。アンナもまた、はからずも出会うこととなった歴史学に全身全霊を捧げた。幸いなことに、父の歴史を記すというやりがいのある仕事であった。ケカリトメネ修道院において学問の世界に入ったものの、歴史とは縁が薄かったアンナが、晩年『アレクシアス』の執筆に心血を注ぐことになったのはなぜだったのか。まずはアンナと歴史学の出会いからみてゆこう。

皇后エイレーネーは夫の治績を長く後世に伝えたいと願い、ブリュエンニオスにアレクシオス一世の一代記を書くよう依頼していた。その学識を高く評価し、一時は夫の後継者と考えた娘婿である。古代ギリシア以来、歴史は男の学問であり、政治や軍事に携わった者がその体験を踏まえて書くものとされていたので、まさにうってつけの人物であった。ブリュエンニオスは、ヨハネス二世に仕えて将軍として活動するなか、寸暇を惜しんで資料の収集・整理、原稿の執筆に取り組んでいた。偉大な父の治績を後世に伝える、夫がその仕事を進めていることは、アンナにとってなによりの喜びであった。

かたちだけとはいえ修道院に入り、夫ブリュエンニオスもたびたび遠征に出たので、別居状態が続いたが、アンナは歴史書の完成を心待ちにしていた。宮殿を訪れた折には、夫に進捗状況を確かめたし、夫のほうからケカリトメネ修道院にエイレーネーやアンナを訪ねて来ることもあった。そんな折には、修道院の一室が即席の劇場《テアトロン》となり、ブリュエンニオスは書きかけの一節を朗読してくれた。そこには、思い出を囲むように家族が寄り添う、至福のひとときがあった。若き日の父の雄姿を巧みに謳い上げる夫に、アンナは歴史学の面白さを堪能し、同じく学問を志す身として感嘆を禁じ得ない。笑顔で傍らの娘を見やって、「お祖父さまのことをよく憶えておくのよ」と言っただろう。母エイレーネーも一座の人々を見渡して微笑んでいる……。しかしそれも束の間、楽しみにしていた歴史書の完成を待たずして母はあの世へと旅立った。

母に続いて、夫も帰らぬ人となった。一一三六年、ブリュエンニオスはヨハネス二世に従ってシリアへ遠征に向かった。出発の時から身体の不調を訴えていたが、過酷な行程や不順な気候のため病は悪化し、皇帝よりひと足先に遠征先から戻ってきた。アンナたちの前に現れたブリュエンニオスは腹部が腫れ上り、明らかに重態であった。それでもシリアでの活躍ぶりを語って聞かせようとした。苦しい息で声も途切れがちの夫を、アンナは「病気が良くなってから聞かせてちょうだい」と涙ながらに押しとどめた。ブリュエンニオスは回復することなく帰らぬ人となった。

葬儀を済ませたあとアンナは夫の遺品を整理した。武具や書籍、身のまわりのものの他に、書き物の束があった。ついに完成させることのなかったアレクシオス一世の歴史である。ブリュエンニオスが戦場から大切に持ち帰った書きかけの原稿について、現代の研究者はさまざまな推定をしているが、アンナ自身は次のように書いている。

著作を走り書きし、半分仕上げたものをもって、国境のかなたから私たちのもとへ戻ってきた時、ああ、夫は死の病もいっしょに持ち帰ったのであった。(序文三章4節)

「半分仕上げたもの」とは現存するブリュエンニオスの著作『歴史』と考えられてきた。確かに、『歴史』はアレクシオスの即位直前で途切れている。ところがこの通説に異論を唱えた研究者がいる。アンナが夫の著作について、「半分仕上げたもの」とか「走り書き」というような無礼なことを言うはずがない。半分仕上げた走り書きとは現存する『歴史』ではなく、治世の最後まで書かれていた草稿である。これが、ブリュエンニオスはすでに下書きを完成させていたという新説、「『アレクシアス』草稿存在説」である。

なるほどと思わせる説であるが、研究者のあいだではきわめて評判が悪い。草稿が存在したという具体的な証拠はどこにもないうえ、この新説は次のように続くからである。アレクシオスの死まで書かれていた草稿を清書し、自分の誕生など個人的なことを書き加えて完成させたのが『アレクシアス』である。だから『アレクシアス』はアンナの著作とは言えない。せいぜいのところ夫婦の合作である。そもそも『アレクシアス』は戦争の歴史であり、実戦経験はおろか、都の外へ出たことすらほとんどないアンナに、あんな生き生きした戦闘場面が書けるはずがない。

アンナ贔屓の私も「草稿存在説」に反論を書いたことがある。詳しいことは第二部「作品論」に譲って、ここでは、実戦経験のないアンナに『アレクシアス』が書けたはずはない、という議論に対する、ある女性研究者の反論を紹介しておこう。「女には戦争の歴史が書けないとは、どういうことですか?」

夫の死は悲しかった。それに加えて、父の治績を記した著作が未完成のまま放棄されてしまうことも、アンナには耐えがたい思いであった。誰か適当な人物に夫の仕事を引き継いでもらえないだろうか。自分は歴史を学んでいないことを考慮に入れて、アンナは、母エイレーネーが娘婿ブリュエンニオスに白羽の矢を立てたように、誰か適任の男性に執筆を依頼しようと考えたに違いない。トゥキュディデスの文体を論じたことのあるツェツェスなど、心当たりもないわけではなかった。

しかしアンナはみずから筆を執ることにした。父の歴史は私が書く。思い切った決断と言ってよいだろう。修道院での静かな生活のなか、来し方行く末を考える時、できる限りのことをして神の裁きに立ちたい、アンナはそう思うようになっていた。歴史学を本格的に学んでいないけれども、これも神の思し召しかもしれない。晩年を意義あるものにしたい、父のことを後世に伝えたい、自分という存在を歴史にとどめたい……、さまざまの思いが交錯するなか、アンナは夫の仕事を引き継ぐことにした。五十歳を過ぎて、またも人生の転機となった。

執筆の方針

急に忙しくなった。あり余る時間にまかせて、あれこれと好きなように神学や哲学を学んでいた頃とは違い、具体的な目標ができて張り合いのある毎日が続く。即位の直前で終わってしまった父の歴史を、夫に代わって完成させる。残された人生を賭けるに足る仕事である。まずは夫の遺稿を整理することから作業は始まった。

遺稿は思いのほか多かった。史料の抜き書き、短い覚書、ある程度まとまった下書き、そして百枚以上に及ぶ完成稿もあった。著作の最初の部分が几帳面な字で清書されていたのである。序文の冒頭には、エイレーネー皇后から執筆を頼まれたことが記されていた。「いたく賢明なる精神の御方よ、偉大なるアレクシオス陛下の治績をまとめよという、あなたがお命じになった仕事は、私の知るかぎりもっとも難しい課題です。」その難題に私が取り組むのだ、夫の清書稿を持つ手がかすかに震えたかもしれない。

アンナあるいはその子孫からブリュエンニオスの清書原稿を借りた人物がいて、そっくり書き写して一冊の本にした。これが私たちが知っているブリュエンニオス『歴史』である。この人物はどういうつもりなのか、すでに著者の序文があったのに、新たに長い序文を付け加えた。付加された序文には間違いや混乱があり、歴史的な知識の面だけではなく、教養においても著者のブリュエンニオスにはるかに及ばなかったようである。ちなみに後世の序文は、ニケフォロス三世に反旗を翻したアレクシオスは、都を出てアドリアノープルへ向かい、その地で皇帝宣言をしたと述べている。ブリュエンニオス家もコムネノス兄弟の反乱を支援したと言いたいらしいが、事実とは異なるようである。

ブリュエンニオスは序文――著者自身が付けた本来の序文――の最後で、この作品に題名を付けるなら『歴史の素材』であると述べている。将来アレクシオス一世の歴史を本格的に書く人のために材料を提供するだけだ、との謙遜であろう。控え目なブリュエンニオスらしい言葉である。ひょっとすると、自分が書いていることは娘婿のひいき目ではなく、客観的な事実であるという積極的な主張を込めた表題なのかもしれない。いずれにしてもアンナが夫の著作を『歴史の素材』と呼ぶことはない。けっして素材を並べただけの資料集などではなく、きちんとまとめられた立派な歴史書だと考えていたに違いない。

序文に続いて本文は、コムネノス家から初めて帝位に就いたイサキオス一世と、その弟ヨハネスすなわちアレクシオスの父についての記事から始まっていた。読み進めてゆくと、祖母のダラセナが夫に向かって帝位に就くよう訴える場面もある。アンナは懐かしさのあまり涙が溢れそうになっただろう。きちんと清書された原稿は、一〇八〇年に始まった有力貴族メリセノスの反乱の途中で唐突に終わりとなった。そこで夫の命が尽きたのである。

清書はアレクシオス一世即位の前年で終わっており、肝心の治世について夫はまだ書き上げていなかった。しかしながら準備作業は進めていた。ブリュエンニオスが遠征先から病とともに持ち帰った「走り書きし、半分仕上げたもの」がそれである。「半分仕上げたもの」が現存する『歴史』ではないことは「草稿存在説」の言うとおりであろう。しかし、ほぼ完成していた草稿ではなく、史料や抜き書き、部分的な下書きをまとめて、そのように表現したものと私は考える。もしも草稿があったなら、『アレクシアス』執筆に二十年近くかかることはなかったはずである。私の経験でも、史料を読んで抜き書きし、情報を整理して構想を練り、下書きを作成するという作業は、気が遠くなるほど時間がかかる。草稿ができれば、あとは推敲・清書だけである。

史料やメモを整理して、夫の『歴史』の続きを書くのなら、それほど難しいことではないとアンナは考えていたのかもしれない。きちんとした文章術、修辞学を身につけ、文学に親しみ哲学を修めた自分ならできる、アンナが執筆を決断した理由のひとつである。ところがいざ取り組んでみると、大変な仕事であると実感させられることになった。将軍としての任務のあいまに歴史を書いていた夫、病に苦しみながらも原稿をもって遠征に出かけた夫の苦労が、今さらながら偲ばれたであろう。

続編を書くために、夫の完成原稿をていねいに読み直してみた。かつて修道院のサロンで語られた一節がきちんとした文章になっていた。読み進めてゆくと、父の活躍に嬉しくなる。夫の朗読を並んで聞いていた母の思い出も懐かしくよみがえってくる。しかし夫の作品には、肝心の治世が書かれていないだけではなく、他にもいくつか不満があった。

私のことが書かれていない。生まれる前の時代なので仕方がないかもしれない。でも、序文で母エイレーネーを「いたく賢明なる精神の御方」と呼んでいるのだから、私のこともひとこと触れてほしかった。アンナはそう思ったであろう。もちろん無いものねだりである。歴史書には個人的なことを書かないのが原則で、ブリュエンニオスは歴史学の作法に忠実であった。序文で義母に触れたのは『歴史』の成立事情を説明するためであって、何の関係もない妻のことを持ちだせば、物笑いの種になりかねない。

父アレクシオスに対してなんとなく冷たい、よそよそしい書き方にも、アンナは不満があったはずである。そう感じたのにはいくつか理由があった。そもそも義父のことをアレクシオスとか司令官の職名で呼んでいるのは、いささか他人行儀ではないだろうか。褒め方が足りないようにも思われた。とりわけ、巧みな策略で強敵を打ち破ったのを、卑怯な戦術を使ったかのように述べているのには納得できなかった。負けたのが自分の祖父なので、ついついアレクシオスの手柄にけちを付けたくなったのかもしれないが、もっと暖かい目でお父さまのことを書いてほしかった……。アンナの気持ちもわかるが、ブリュエンニオスの執筆態度は、やはり歴史書の作法に則ったもので、家族の感情を持ち込むのは違反である。アンナがアレクシオス一世のことを、繰り返し「私の父」と呼んでいるのは、『アレクシアス』が正統な歴史書ではないことを語っている。

自分には充分な時間があるとアンナは思っていた。五十歳は越えているが、まだまだ死なない。時間をかけて納得のゆく歴史を書こう。当初考えていたような夫の『歴史』の続編ではなく、清書されている部分についても、不満な箇所は改めて書いておきたい。そのあとに父の治績を詳しく述べる。それも夫の残した史料や覚書だけに頼るのではなく、資料調査からやり直すことも厭わない。私ならこう書く、こう書きたいという思いが湧いてきた。計画は定まり、執筆生活が始まった。

『アレクシアス』の日々

『アレクシアス』を書くことを通じて新しい世界が開けてきた。アンナの晩年については、『アレクシアス』を執筆したこと以外ほとんどわかっていない。執筆は楽しかったようである。自分は政治よりも学問に向いているのだと納得したかもしれない。筆を進めながら、思わず笑うこともあった。『アレクシアス』において自分の不幸を繰り返し述べているアンナ、泣いてばかりいるアンナには珍しい、ほとんど唯一と言ってよい笑っている箇所が執筆の場面である。

ノルマン君主ロベール・ギスカールは、ビザンツ帝国征服の野望に燃え、その口実として、廃位された皇帝ミカエル七世の復位を掲げた。「この御方こそが正統な皇帝ミカエル殿である」と、それらしい風情の修道士を担ぎ出したのである。もちろん、ひとたびコンスタンティノープルに迎え入れられたなら、偽者はさっさと厄介払いするつもりであった。他方、偽ミカエルのほうもギスカールの思惑は承知の上で、ノルマン人が皇帝になれるはずはないから、あくまでもミカエル七世として振る舞い、ギスカールを利用して帝位に就こうと考えていた。ビザンツ帝国に対する攻撃の口実をでっち上げるギスカールと、それにつけ込む偽ミカエルのやりとりを記しつつ、この連中の愚かさ、狐と狸の化かし合いに「ランプの灯りのもと筆を走らせながら、口元に笑いが浮かんでくる」アンナであった。

もちろん楽しいことばかりではない。ギスカールの息子ボエモンドとの戦いの経過を夢中になって書いているうちに、ランプを灯す時間となった。日暮らし机に向かい続け、さすがに疲れてきたのか、筆は走らなくなり、眠気が襲ってくる。「言葉がこぼれ落ちてゆく」とアンナは表現している。言いたいことがあるのに、ぴったりの言葉が浮かばない、もどかしい思いである。笑いが浮かぶ、もどかしい思い、どちらの場面でもアンナはランプに言及している。毎晩のように机に向かっていたのであろう。

夫が集めていた材料だけでは不十分だったので、あらためて史料調査・収集をする必要があった。『アレクシアス』の情報源について述べた十四巻七章を読むと、アンナも、体験者からの聞き取りが歴史のもっとも重要な資料であることを承知しており、アレクシオス一世に仕えた兵士を探して――今では年老いて修道士になっていた――、修道院の屋敷に招いたことがわかる。老兵たちは、遠い昔、はるかな戦場の思い出を語ってくれた。戦場に立ったことのない、それどころか宮殿から出ることすらほとんどなかったアンナではあったが、アレクシオス皇帝の戦いぶりを聞いて、経験はなくても戦闘場面をしっかり書けると自信が湧いてきたであろう。

聞き取りと並行して文書の調査もした。これまた歴史学の基本である。書斎派のアンナも最小限の史料調査は行なっている。外出の許可を得るのは難しくなかったし、ケカリトメネの規約では皇族女性は外泊も許されていた。皇帝の姉ないし伯母という立場を利用して宮廷の文書庫に入れてもらったこともある。アレクシオス一世が母のダラセナに権限を委ねた金印文書の控えを見つけて、ていねいに全文を写し取った。最後に皇帝の署名があった。「アレクシオス、神キリストに信仰深きローマ人の皇帝、支配者、コムネノス」。父の声が聞こえてくるようであり、祖母の面影が浮かぶようであった。

皇帝の活動日誌も見せてもらった。父は休みなく任務をこなしていた。東へ西へ、また北へと遠征を繰り返しており、八面六臂という言葉がぴったりの日々であった。「皇后同行」という注記を見て、病身の父を案じて、母が可能な限り同行していたことを思い出した。少し頁を繰ると、いよいよ戦いが迫ってきたのか、皇后は都に戻るという記事があった。自分の名前も見つけた。フィリッポポリス行きの同行者名簿に「緋色の生まれ、カイサリッサのアンナ殿」と記されていた。そう、あの時は楽しかった、お父さま、お母さまと一緒だった、妹のマリアもいた。アンナははるかな昔、遠い町を思い出した。

　史料の調査・収集よりもっと楽しい、アンナが心待ちにしている日があった。修道院のサロンが開かれる日である。識字率が低かった時代、印刷術がなく、書物が貴重品だった時代には、文学は語るものであり、聞くものであった。ビザンツ帝国においても同様で、典型的なのは皇帝賛美演説である。多くの作品が伝わっているが、もともとは皇帝を前にして読み上げられたものである。歴史もまた語り物であった。ブリュエンニオスは宮廷でも『歴史』のさわりを語っていたに違いない。夕食が終わったあと、高位高官が集まって、晩餐会場が即席の劇場《テアトロン》となった。聴衆は皇帝一族、自分たちの祖先の活躍を喜んで聞いてくれる人たちである。整った歴史書であるブリュエンニオス『歴史』に、アレクシオス皇帝の義兄ミカエルがまだ少年の頃に、人質として預けられていた要塞から脱走した話など、わずかな脱線があるのは、聴衆を意識した語りの名残りであろうか。

　アンナもケカリトメネ修道院で父の歴史を語った。収容人数五～十万と言われるコンスタンティノープル競馬場《テアトロン》は言うに及ばず、ブリュエンニオスが作品を披露していた宮廷のテアトロンに比べても、なんとも小さな劇場ではあったが、舞台には違いなかった。娘のエイレーネーをはじめ修道院の女性たち、トルニケスたちサロンの文化人や、父を知っている老人、資料の収集に協力してくれた人々を前にしてアンナは語った。執筆中の原稿を読み上げながら思い出がよみがえって来て、話が思わぬ方向へ逸れてゆくこともあった。弟アンドロニコスの奮戦ぶりを語りつつ、亡き弟に「アンドロニコス、あなたはどこへ行ってしまったの」と涙したこともある。

単調な執筆生活が続くなか、身近な聴衆を前に原稿を読み上げる日はアンナの晴れ舞台であった。アンナの朗読を何度も聞いた親しい文人トルニケスは次のように述べている。

皇帝である父の治績を全世界に語る舌よ！　おお、美しい声、美しい言葉を披露するために、盛大な集会、多くの聴衆、全ギリシアの劇場《テアトロン》を駆り立てる舌よ！（『アンナ・コムネナ追悼文』）

追悼文とはいえ「全ギリシアの劇場」とはいかにも大袈裟な表現であるが、アンナはそれくらいの意気込みであった。確かに、読み上げることで作品は改善され、表現が滑らかに、話も劇的になるものである。『アレクシアス』は、アレクシオス一世そしてアンナにつながる人々との交流のなかで創り上げられた、と私は考える。読者を引き込む、読ませる作品となったのはそのためもあろう。サロンへ向けて準備を進め、サロンの翌日からはまた執筆という日々が何年も続いた。

幸福な最期

アンナは自分の生涯を不幸の連続だったと言っている。八歳になる前に襲った不幸、少女時代への別れ、「太陽は消えた」と嘆いた父の死、帝位への望み破れて修道院に入った日、母の勧めで遺言状を書いたアンナ、その遺言状で私のほうが先に死にたいと言ったのに、先立ってしまった夫……。『アレクシアス』序文で我が身の不幸を嘆いたアンナは、最後もまた嘆きの言葉で終える。「父の死という最大の不幸に見舞われたあとでも、私は感情をもった人間として生きなければならない。いっそのこと、命なき石になってしまえばよかったのに。」

晩年のアンナは幸福だったと言った人がいる。一九九九年に百一歳で亡くなったスコットランドの女性作家ナオミ・ミッチソンである。彼女は一九二八年に刊行したアンナの伝記を、生涯最後の十年間は幸福だったに違いないと結んでいる。ミッチソンはブリュエンニオスの死を一一三八年頃、アンナの死を一一四八年頃と考えており、最後の十年とは『アレクシアス』を執筆していた期間ということである。歴史学に携わる者として、『アレクシアス』を書いている時アンナは幸せであったと断言するのはためらわれる。本文中でアンナが繰り返し泣いているからである。しかし、悲しみのなか父アレクシオスの業績、自分の不幸を書くことで、しだいに慰められてゆき、書き上げた時には確かに幸せだったと私も想像する。歴史学によって慰められ、生きる力を得たアンナ。

アンナの死亡年代を確定することは難しい。一一四八年頃にはなお存命中であったことは、修道院での生活に触れて「この三十年間誰とも会っていない」と書いているので確かである。しかしそのあと何年生きたのか不明で、かつては、まもなく死んだと考えて一一四八年頃没という説が広く受け入れられており、ミッチソンによる伝記も四八年説に従っている。近年では一一五三／四年頃という説が有力であるが、やはり正確な日付はわからない。一一五四年だとすれば、享年七十歳ということになる。

一一五四年死亡説の根拠は、一一五四／五五年頃に書かれた『アンナ・コムネナ追悼文』である。『追悼文』は冒頭で、お悔みが遅れたことを詫びている。「哀しみは時間によって癒される。哀しみのあとに慰めは無用である、いや有害ですらある。」今頃になって遺族に慰めの言葉をかけても、ようやく薄れた悲しみがよみがえってくるだけだと、ひたすら故人を称賛する弔辞となっている。残念ながら、アンナの死と『追悼文』のあいだにどれくらいの月日があったのかは不明である。

ケカリトメネ修道院の規約はアンナの追善供養について、「愛する娘、『緋色の生まれ』カイサリッサのアンナ殿の法要はその命日に行なわれる」と定めている。命日には貧民にパンや小銭を配るべしとあるが、まだ存命中だったので日付は記されていない。『コムネノス家過去帳』にはアンナの名前がない。アンナより長生きした息子アレクシオスの命日が記されているので、存命中だったから記載されていないというわけではない。アンナの婚約者コンスタンティノスや、妹エウドキアの別れた夫の命日まで記されており、作成者は多くの情報をもっていたようであるが、アンナの命日は確かめられなかったらしい。

結局のところ、アンナの没年は不明である。死亡年代がはっきりしないのは、その死が人々の注目を集めなかったからであろう。臨終の枕元には、娘のエイレーネーと修道女たちしかいなかったはずである。宮廷からの弔問はなかったし、文化サロンの常連であったトルニケス――『アンナ・コムネナ追悼文』の作者――さえも、アンナの死を知ったのは随分のちのことであった。淋しい最期だった。しかしアンナ自身は満ち足りた思いで生涯を終えたと私は考える。

トルニケスの『追悼文』によれば、アンナは体調が悪いのを隠して無理に無理を重ね、とうとう倒れてしまったという。「病は頭を襲い、哲学する舌は沈黙して、雄弁家は声を失う」とあるので、脳卒中だったらしい。回復の見込みはないと医者に見放されたが、奇蹟的に意識を取り戻し、みずから願い出て「キリストの花嫁となり、死の衣をまとった。」

身体の異変で死期を悟ったアンナは、寿命が尽きるまでに『アレクシアス』を書き上げようとした。命がけの努力は報われた。『アレクシアス』は夫の『歴史』とは異なり、「私の物語はここで終えること

図10　パントクラトール修道院（イスタンブル、モラ・ゼイレク・モスク）

にする」という結びの句で終わっている。完成された作品である。その『アレクシアス』に二十箇所ほど空白がある。人名・地名・年代などが抜けているのである。たとえば十三巻一章10節では、「陰謀を企んだアーロンは……へ、その兄弟テオドロスはアンキアロスへ追放された」と地名が抜けている。ここも含めて大部分は、のちほど調べて埋めるつもりで空けておいたものである。空白が残ったところをみると、書き上げてまもなくアンナは死んだと思われる。大往生であったと『追悼文』は称えている。

アンナは死を嫌々受け入れるのではなく、旅立ちに怖気づくこともなく、ソクラテスよりもはるかに広い心で、死の宣告を神々しく受け止めた。（『アンナ・コムネナ追悼文』）

死刑宣告を平然と受け入れた哲学者ソクラテスのように、アンナもまた『アレクシアス』を書き上げた満足感から、穏やかな気持ちで死を迎え入れたと私も思う。「終わりよければすべてよし」という通り、幸せな生涯だったのではないだろうか。

葬儀も「緋色の生まれ」の皇女ではなく、ひとりの修道女を見送る儀式として、厳かながら淋しいものであっただろう。遺体は、ケカリトメネ修道院規約の特例に従って、聖堂の外拝廊に造られた墓に葬られた。母と同じ墓所であり、隣接するフィラントロポス修道院には父が眠っていた。弟ヨハネス二世の墓は少し離れたパントクラトール修道院にある（図10）。帝国中興の時代を象徴する壮麗なパントクラトールの霊廟に比べると、ケカリトメネの墓はずいぶん小さかったが、アンナがみずから筆を執った墓碑銘が刻まれていたはずである。アンナならきっとこう書いただろう。

アンナ・コムネナここに眠る。皇帝アレクシオス・コムネノスと皇后エイレーネー・ドゥーカイナの長子として緋の産室に生まれた私は、あらゆる学問を修めたのち『アレクシアス』を著した。

第二部　作品

1　越境する歴史学——執筆戦略——

(1) 歴史書らしからぬ歴史書

『アレクシアス』の評価は分かれている。十八世紀の歴史家E・ギボンは『ローマ帝国衰亡史』において、アンナ・コムネナの学問を高く評価しつつも、教養をひけらかし、女の虚栄心を至るところで露呈していると苦言を呈している。冷静で客観的であるべき歴史書としては大きな欠陥であり、アンナが伝えるアレクシオスの功績にも疑いの目を向けざるを得ないというのである。女性歴史家に対する偏見はさておき、『アレクシアス』が事実を伝える歴史ではなく、父を称賛する賛辞文であるという批判は現代でもみられる。たとえば『キリスト教人名辞典』のアンナ・コムネナの項には、「この書は、歴史書というより、父の統治に関する批判的精神を欠いた弁明と称賛に満ちたものである」とある。ここまで手厳しくなくとも、各種の辞典や概説書でも、事件の順序や年代の誤りに加えて、父アレクシオス一世への過度の称賛が指摘されることが多い。

逆に、J・ヘリン『ビザンツ　驚くべき中世帝国』は、アンナをビザンツ最高の歴史家と呼び、「まともなビザンツ史の本なら必ずアンナ・コムネナに一章を割くであろう」と述べている。アンナ贔屓の私には嬉しい言葉であるが、その私もアンナに一章を当てた本など書いたことはない。ビザンツ通史でアンナに一章を当てるのは、さすがにゆき過ぎではないかと思う。

現在でも標準的なビザンツ通史とされるG・オストロゴルスキー『ビザンツ帝国史』は、アンナの教養を高く評価するとともに、『アレクシアス』についても、父を称賛する傾向が見られ年代の混乱もあるが、それを補って余りある重要な歴史資料であると述べている。研究者らしく作品そのものよりも、歴史研究に有益かどうかに評価の重点がおかれているようである。

『アレクシアス』のロシア語訳を刊行したJ・リュバルスキーは、「なぜ『アレクシアス』はビザンツ文学の傑作か？」という論文を書いた。同論文は、表題を少し変えた「『アレクシアス』はビザンツ文学の傑作ではないのか?」という疑問文で結ばれている。もちろん傑作だという反語である。ただし、歴史学ではなく文学の傑作と言っていることに留意すべきであろう。確かに『アレクシアス』は歴史書らしくない歴史書である。評価が分かれる要因もそのあたりにありそうに思われる。

歴史書らしからぬ歴史書が誕生した理由を考えるために、まず、なぜアンナが歴史書を書いたのかからみてゆこう。こう言えば、アンナが父の歴史を書いたわけははっきりしており、わざわざ考える必要はないという反論が聞こえてきそうな気もする。確かに序文で本人が述べているように、夫ブリュエンニオスが書くはずだったアレクシオス一世の歴史が、夫の死によって未完に終わったので、その遺志を継いで続編を書いた。それだけのことである。

しかしながら、ブリュエンニオスの『歴史』とアンナの『アレクシアス』には大きな違いがある。細かい議論は第4章「歴史家の仕事」に譲るとして、なによりも叙述の対象であるアレクシオス・コムネノスへのまなざしが異なる。ブリュエンニオスが、歴史家らしい醒めた目で岳父の功績を記しているのに対して、アンナは、アレクシオス一世と書くべきところをしばしば「私の父」と表記している。叙述の端々に父への思いが溢れている。父を思い、涙する姿だけでも、単に夫のあとを引き継いだというものではなく、独自の執筆目的があったことが窺える。

『アレクシアス』は皇帝アレクシオス一世の治績を伝える歴史書である。しかしアンナの執筆意図はそれだけではなかった。執筆に至る経過を記した序文や、著作の方針や手続きを記した十四巻七章3〜7節――「方法論」と呼ぶことにする――は、アンナのいわば歴史学宣言である。ところが、何のために、どのように歴史を書くのかを説明したこれらの文章のなかで、アンナは我が身の不幸を繰り返し強調している。長い序文は「嘆きこそが本書の主題である」と結ばれる。普通の歴史書ではありませんと断っているようである。十四巻七章の「方法論」も、史料を収集・分析し真実を明らかにするといった、歴史学に取り組む姿勢を語る文章と、不幸を嘆く言葉が交互に繰り返されるという奇妙な構成になっている。

どうやらアンナは、父の業績を後世に伝えるだけではなく、父への思い、さらには我が身の不幸も語りたかったらしい。弟ヨハネス二世に対する恨み辛みもあっただろう。夫ブリュエンニオスのような正統な歴史書では、目的を充分に果たせないと考えたようである。一風変わった歴史書が生まれた原因は、ひとまずアンナの個人的な思いに求められる。それではアンナは自身の思いをどのように表現しようとしたのだろうか。この点を考察するためにまず、ビザンツ人の考える歴史書のあるべき姿、歴史学の作法を確認する必要がある。

（2）歴史学の伝統

ビザンツの歴史書は、年代記（クロニコン）と同時代史（ヒストリア）という二種類に分けられ、それぞれ性格や作法が異なっていた。年代記は、原則として天地創造から始めて、時代順に事件を列挙した雄大な通史である。著者の多くは修道士であり、天地創造から始めることでもわかるように、キリスト教の影響を強く受けている。神の定めた摂理の展開を示すことを目的とした、宗教的性格の濃い歴史書である。もうひとつの類型である同時代史は、古代ギリシア歴史学の伝統を受け継ぐもので、帝国政治に関与した文人がみずからの体験をもとに、自分の時代について記した現代史である。

これから読み解いてゆく『アレクシアス』は、変則的なところがあるが同時代史に数えられる。『アレクシアス』の特徴を理解するために、まず古代ギリシアの歴史学、続いてそれを受け継いだビザンツの同時代史について簡単にみておきたい。

ペルシア戦争の歴史を記したヘロドトスは、短い序文でみずからの歴史書について、次のように説明している。

本書はハリカルナッソス出身のヘロドトスが、人間界の出来事が時の移ろうとともに忘れ去られ、ギリシア人や異邦人《バルバロイ》の果した偉大な驚嘆すべき事蹟の数々――とりわけて両者がいかなる原因から戦いを交えるに至ったのかの事情――も、やがて世の人に知られなくなるのを恐れて、自ら研究調査したところを書き述べたものである。（『歴史』序文、松平千秋訳）

ここには、歴史学を構成する要素として、「偉大な事績」「原因」「研究調査」が挙げられている。王たちの偉大な業績を記録し後世に伝えることは、それまでも行なわれていたが、ヘロドトスは加えて出来事の原因も明らかにしようとした。「研究調査」という意味のギリシア語「ヒストリエー」がヒストリー（歴史）の語源である。調査研究して事実を詳《つまび》らかにし、原因を明らかにする、ここに歴史学が誕生した。ヘロドトスは「歴史の父」である。

続くトゥキュディデスは、ヘロドトスをふまえつつ、歴史に新たな要素を付け加えた。それによってギリシア歴史学の基本的な性格が定められたと言ってよい。トゥキュディデスは本論に先立って次のように述べている。

> 戦争中に為されたことの事実については、……自分が遭遇して目撃した場合でも、また他人から聞いた場合でも、その各々について可能な限り厳密に検討した上で書くべきと考えた。……いつか再び生起するはずの、これに類似し近似したことについて、明確に見究めようと欲する人がいつか現われて、これを有益だと判断してくれれば、それで充分であろう。（『歴史』一巻二十二章、藤縄謙三訳）

トゥキュディデスは、歴史に書き残すべき偉大な事績とは、なによりも戦争であると考えた。ヘロドトスが地誌や民間伝承などさまざまなことも書きとめたのに対して、トゥキュディデスの史書はペロポネソス戦争に焦点を当てており、『戦史』という表題が与えられることもある。また、歴史家の直接体験を重視したことも特徴である。彼自身アテネの将軍としてペロポネソス戦争に従軍している。体験に基づく歴史とは、言い換えれば現代史ということで、ビザンツの同時代史に受け継がれることになる。トゥキュディデスはまた、アテネの将軍職を解かれたあと、追放の身として敵方の事情にも通じるようになったと述べて、公平で客観的な立場から情報を厳密に検討し、真実を明らかにしたことを強調する。とりわけ注目すべきは、右の引用文の最後にある有益という文言であろう。ヘロドトスの歴史が物語風なのに対して、トゥキュディデスは教訓的歴史と呼ばれている。

後世への教訓をさらに強調したのが前二世紀のポリュビオスである。トゥキュディデスと並んでビザンツの歴史学に大きな影響を与えた歴史家であった。ポリュビオスはいわゆる「実用的歴史」、すなわち政治と軍事の実態と方法を教えてくれる、役に立つ歴史を標榜した。そのうえで、有益な歴史書を著すにはいくつかの条件が必要だと主張する。第一に、著者に政治・軍事の経験がなければならない。

> 戦争を一度も経験したことのない者が、戦場の現実を正しく書き記すのは不可能であり、また国政にかかわる活動や場面に関与した経験のない者が、国家の現実を記録するのは不可能である。つまり書物で育った学者には経験にもとづく明瞭な記述ができないのだから、その著作は読者にとってなんら現実の用をなさない。(『歴史』十二巻二十五章g、城江良和訳)

第二に、真実が書かれていなければ、後世の人々に役立つ「実用的歴史」とはなりえない。それゆえ「友を咎めることも、敵をほめることも躊躇《ちゅうちょ》してはいけない」、公平無私で客観的な歴史を書くことが必要である。第三に、原因の究明が大切であるとポリュビオスは言う。なぜそのようなことが生じたのか、原因を明らかにしなければ、読者を感動させることはできても有益な教訓とはならない。真実を記し、原因を追究して初めて、歴史は後世の人々への教訓となる。

ヘロドトスからポリュビオスに至るギリシア歴史学の特徴をまとめるなら、政治・軍事の経験を持つ者が、みずからの体験や聞き取り調査を通じて、偉大な事績――とりわけ戦争――について、公平な立場からその真実を記録する、調査研究して事件の原因を明らかにする。そういう歴史書こそが後世の人々に役立つ、ということになる。現代の歴史学につながる考え方である。大きく異なるのは、歴史家の条件として政治・軍事の経験が重視されたことであろう。「書物で育った学者の著作は、読者にとってなんら現実の用をなさない」と言われれば、書斎派の私など耳が痛い。まだしもアンナは、帝国政治がどのように動くのか、宮廷の片隅で見てきたし、ヨハネス二世に対する陰謀の首謀者という経験もあった。もっともその経験はおくびにも出せないものだったが。

古代ギリシアにおいて政治や軍事は、完全にと言ってよいほど男の世界であった。歴史家は政治・軍事の経験をもつ必要があるとなれば、歴史学が男の仕事となるのは理の当然である。歴史が男の仕事であることはキリスト教時代になっても変わらなかった。実際、西洋の古代・中世を通じてアンナ以外に女性の歴史家はひとりもいない。アンナとその作品『アレクシアス』を考えるうえで、歴史学が男の学問であったことは見逃せない点である。

ギリシア歴史学の伝統はビザンツの同時代史に受け継がれた。橋渡しをしたのは六世紀の歴史家プロコピオスである。ユスティニアヌス一世の歴史を記した『戦史』『秘史』の著者であるプロコピオスは、ユスティニアヌスが古代ローマから中世ビザンツへの転換期の皇帝であったように、古代ギリシア歴史学とビザンツ歴史学の接点に立つ歴史家であった。『戦史』の序文には、古代ギリシアから受け継がれだ歴史学のあるべき姿がまとめられている。少し長くなるが、重要な文章なので引用しておく。ちなみにプロコピオスは序文を三人称で書いている。公平で客観的な叙述であることを示すための技法である。

カエサレイアの人プロコピオスは、ローマ皇帝ユスティニアヌスが東西の野蛮人に対して行なった戦争の歴史を記した。……同帝の業績を記憶にとどめることは重要であり、今日の人間だけではなく、もしいつの日か、同じような問題に再び直面するなら、将来の世代にも大いに有益であろう。……さらに彼は、自分がこれらの出来事を記すのに誰よりも適任だと確信していた。なにより も、ベリサリウス将軍の秘書官に任命され、事件のほぼすべてに立ち会ったからである。修辞学には巧妙さ、詩には創造力がふさわしいのに対して、歴史には真実がふさわしい。（『戦史』一巻一章）

プロコピオスの序文は「ビザンツ歴史学宣言」と言ってよいものである。戦争をはじめとする偉大な業績が忘れ去られないように記録する。みずからの体験をもとに、聞き取り、調査研究をして真実を書く。そのような歴史は将来の世代にとって有益である。唯一ギリシア歴史学と異なるのは、原因の追究に触れていないことである。この点については、第3章「『なぜ?』という問いかけ」で詳しく考察したい。

プロコピオスに続いて同時代史が次々と書かれたが、七世紀半ばにイスラーム教徒アラブ人の侵入があり、八世紀後半まで続く「暗黒時代」には歴史書の編纂は途絶えてしまった。同時代史の執筆が再開されるのは年代記に比べて遅く、十世紀を待たねばならない。十一世紀にはプセルロスやアタレイアテスといった優れた歴史家が現れ、十二世紀のブリュエンニオス、アンナ・コムネナ、キンナモス、十三世紀初めのコニアテスと、帝国末まで連綿と書き継がれた。

プロコピオスによっていわば定式化された同時代史のあり方は「暗黒時代」を越えて受け継がれた。十一世紀末の歴史家アタレイアテスも、プロコピオスと同じような趣旨を、みずからの著作『歴史』の序文と末文で繰り返している。より簡潔にまとめられている末文を引用しておこう。

私は以上のことがらの目撃者であり、その善悪の判定人となった。私は知ったことすべてを真実の秤にかけて書き記した。……本著作は、この偉大な皇帝（ニケフォロス三世）の素晴らしさと彼の比類なき業績の思い出を、不滅のものとして将来の世代に伝えるものである。（『歴史』三十六章21）

「目撃」「真実」「比類なき業績」「将来の世代」といった、聞き慣れた言葉が散りばめられている。原因の追究が挙げられていないことも含めて、プロコピオスの「ビザンツ歴史学宣言」の繰り返しである。

念のために、アンナより半世紀ほどのちの歴史家ニケタス・コニアテスの場合もみておこう。やや冗長な序文を要約すると、みずからが目撃・体験した記憶に値する出来事を後世の人々のために書き記す、となる。文体について細かく述べているのがコニアテスの特徴であるが、真実を伝えるために簡潔な文体を選んだと言いたいのである。ここでも、プロコピオスが定式化し、アタレイアテスも繰り返した同時代史の基本理念が確認できる。

ギリシア＝ビザンツ歴史学の伝統にアンナも掉さしていた。しかし彼女は伝統から逸脱することも辞さなかった。

(3) アンナと歴史学

『アレクシアス』にも歴史学の伝統は受け継がれている。序文でアンナはポリュビオスを引用して、友情や敵意は棚上げし、偉大な業績の真実を伝えると宣言する。十四巻七章の「方法論」でも、トゥキュディデスを踏まえているのか、みずからの見聞や聞き取り調査の結果を比較検討したと述べている。ギリシア歴史学の重要な課題であった原因の追究に言及しないのも、プロコピオス以下のビザンツ歴史家と共通している。

その一方で『アレクシアス』には、ギリシア＝ビザンツの歴史家たちが掲げていた、将来の世代への教訓はみられない。それに代わるかのように強調されるのが個人的な嘆きや不幸である。「方法論」の章でも真実と並んで不幸がキーワードとなっており、わずか五節の文章のなかで、どちらも六回ずつ使われている。不幸や涙、嘆きはギリシア＝ビザンツ歴史学にはまったくない要素であり、伝統からの逸脱である。アンナにとって歴史とは、将来の世代への教訓ではなく、私の悲しい過去であった。うしろ向きの歴史学だったのである。

『アレクシアス』が歴史書らしくない歴史書となった理由は、父を称賛し、我が身の不幸を嘆くという執筆意図に加えて、アンナの学問も関わっていた。歴史学宣言とも言うべき序文と「方法論」を通じて歴史家への言及はまったくない。ビザンツ人の一般教養であったホメロスはもちろん、プラトンやアリストテレスといった哲学者、雄弁家イソクラテス、抒情詩人ピンダロス、女流詩人サッフォーなどの名前が、教養をひけらかしていると非難されかねないほど、次々と挙げられているのに、歴史家の名前は出てこない。『アレクシアス』全巻を通じても、歴史家への言及は、夫ブリュエンニオスを除けば十一世紀のプセルロスだけである。

アンナにとって歴史学は遠い世界であった。第一部「生涯」でもみたように、少女時代には、読み書きの基本に加えて、当時の人々の教養であった聖書とホメロスを学んでいたようである。結婚前後のことと思われる、母エイレーネーや祖母ダラセナの思い出もアンナの学問を示唆している。難しい本を読んでいる母に向かってアンナは言った。「その本は読んだら眩暈がすると言われているのよ。」母が読んでいたのは聖マクシモスの神学書であった。祖母も神学に関心が深く、聖職者・修道士を宮殿に招いていた。ダラセナが実権を握った宮廷は修道院のようになったとアンナは言っている。母や祖母の影響で神学の本を覗いたことはあっても、歴史書を手に取った形跡はない。

ケカリトメネ修道院で本格的に学問を志すようになっても、歴史学とは無縁のままであった。アンナをパトロンとする文化サロンに出入りしていたと思われるのは、夫のブリュエンニオスは別格として、アンナの追悼文を書いたトルニケス、アンナの遺言状に序文を寄せた可能性のあるイタリコス、アリストテレスの註釈を献呈した「エフェソス出身の賢者」などである。いずれも神学あるいは哲学に業績のある人物であった。これらの文人たちがアンナの学問を称える時にも、具体的に挙げているのは哲学である。アンナにとって歴史学は親しい、身近なものではなかった。歴史学が男の学問とされていたことを考えれば当然かもしれない。

アンナが歴史学を学んでこなかったことは、ギリシア歴史学の代表とも言えるトゥキュディデスをとってみても明らかである。『アレクシアス』にはトゥキュディデスへの言及はなく、明確な引用もない。辛うじて六巻十章11節にそれらしい記事が見える。トルコ人総督をコンスタンティノープルに招待して時間を稼ぎ、そのあいだに要塞を建設するという父の巧みな策略を紹介したあと、似たような話が、ペロポネソス戦争期のアテネの指導者アルキビアデスに関して伝えられていると述べている。トゥキュディデス『歴史（戦史）』一巻九十章以下に紹介されている逸話であるが、アンナはデモステネスの弁論から孫引きしている。あまつさえ、トゥキュディデスもデモステネスも、アルキビアデスではなく、ペルシア戦争の英雄テミストクレスのこととしており、アンナは孫引きして間違えたことになる。間違いの原因は不明だが、トゥキュディデスをきちんと読んでいないことは確かだろう。

アンナの不勉強を暴き立てるのは辛いが、もう一例だけ指摘しておこう。同様の間違いは七巻七章1節にもみられる。父アレクシオスが戦死した将校の息子たちから編成した、「遺児部隊」について説明する際に、アンナは有名なテーベの「神聖隊」と比べている。ところが「スパルタ人の神聖隊」と初歩的な間違いをしてしまった。プルタルコス『英雄伝（対比列伝）』の「ペロピダス伝」を聞きかじりで引用したようで、歴史の知識不足は否めないようである。

第一部でもみたように、夫のブリュエンニオスは散文の模範としてトゥキュディデスを挙げていた。これに対して『アンナ・コムネナ追悼文』によれば、アンナが模範としたのは神学者のバシレイオスやグレゴリオスの文章だったという。文章表現をとってみても、ブリュエンニオスが正統派の歴史家であったのに対して、アンナは歴史学より神学と親しかったと思われる。

こうしてみると、アンナは歴史学には関心が薄く、知識も乏しかったことが明らかであろう。一一三六／三七年頃に夫で歴史家のブリュエンニオスが死ぬまで、自分が歴史を書くとは思ってもみなかったようである。夫の死によって父アレクシオス一世の歴史が未完のまま残された時、男の学問という歴史学の性格や自分の素養を考慮すれば、適任の男性に続きを依頼すべきであっただろう。しかしアンナはあえて筆を執ることにした。どうしても書きたいことがあったのである。

歴史学を学んでいない、戦争や政治の体験もない私に、どうすれば歴史が書けるだろうか。アンナはさまざまの工夫をした。歴史書らしくない歴史書を生むことになったアンナの試みを順にみてゆくことにしよう。

(4) 歴史書の制約

アンナには是非とも伝えたいことがふたつあった。ひとつは父アレクシオス一世の業績、もうひとつは自分のこと、我が身の不幸である。五十代半ばになって思いがけず、それを表現する機会がめぐってきた。歴史学を本格的に学んでいないが、これを機会に父のことを後世に伝えたい、自分という存在を歴史にとどめたい。アンナは自分の学問・教養も考慮に入れつつ、執筆の可能性を追求した。女性という不利な条件を克服すべく、表現方法にさまざまな工夫をしたと思われる。あるいは、自分が書く歴史がたとえ歴史学の伝統や作法から外れていても、女だから許されると度胸を据えたのかもしれない。アンナは父の歴史をどのように書こうとしたのだろうか。

言うまでもなく、夫の著作『歴史』の続きを書くことがアンナの仕事であった。歴史はどのように書かれるべきか、古代ギリシア以来の伝統もひととおりわかっていた。しかし作法に則った歴史書を書くことにはあまり気が進まなかったようである。歴史学を学んでこなかったというだけではなく、歴史書という制約のもとでは、自分の伝えたいことが思うように表現できないという不満があったからである。

アンナが伝統的な歴史学に違和感をもっていたことは、夫ブリュエンニオスの『歴史』に対する態度にも窺える。『アレクシアス』の冒頭部分、第一巻の前半は、ブリュエンニオスの『歴史』と重複している。老ブリュエンニオスの反乱など、いくつかの事件についてもう一度書いているのである。アンナは何度か「詳しいことは夫の著作を読んでほしい」と断っているが、それならわざわざ繰り返す必要はなく、夫が筆を止めたところから書き始めればよかったはずである。年代記でも同時代史でも、先行する歴史書の続きを書くのはごく普通のことであった。あえて重複させたのは、ブリュエンニオスの『歴史』に不満があったからであろう。

アンナは序文以下、繰り返し夫の学問を称え、その著作『歴史』についても、たとえば次のように紹介する。

> 夫はこの著作において祖父ブリュエンニオスの事件を詳しく記した。祖先の苦難を正確に述べ、義理の父（アレクシオス）の武勲について書いたが、結婚による親族と血統による親族の双方に関して嘘は書かなかった。（七巻二章6節）

歴史にとって大切なのは真実である。不都合なこともきちんと事実を記さなければならない。夫がそう心掛けていたことをアンナもよく承知していた。『アレクシアス』の序文で、ポリュビオスを引用して、歴史家は友情や敵意を忘れなければならない、敵であっても、優れた行為に称賛を惜しんではならない、肉親の行為でも非難せざるを得ないことがある、と述べている。本文中でも何度か、肉親の情に背いてでも真実を記すとか、逆に、父だからといって遠慮することなく功績は堂々と述べると言っている。アンナにとっても真実は至上の命題である。

しかし理性の判断と感情の動きは別の問題であった。父に不利なことは書きたくない、書かずに済ませたい……。確かにアンナがわざと言及を避けたと思われる出来事が存在する。ブリュエンニオス反乱についていえば、その前半にはまったく触れていない。「どのように反乱が始まり、広がったのかはカイサル（＝ブリュエンニオス）の『歴史』がすでに記している」からと省いている。しかし『歴史』は反乱の後半も記しているので、省略した本当の理由は別のところにあったと考えられる。どうやら、父がさほど活躍しなかったところ、父の行動が誉められたものではない事態には沈黙したらしい。

アレクシオス一世の治世に関しても、あこぎな財政政策、祖母ダラセナの修道院入り、帝位継承問題をめぐる家族内の対立など、他の歴史書には記されていることが『アレクシアス』にはみられない。やはりアンナが意図的に伏せたのである。このような省略は「故意の沈黙」と呼ばれる。ありもしないこと、事実と異なることを記すのは許されないが、「故意の沈黙」はビザンツの歴史家も多用する編集技法であった。『アレクシアス』において、弟ヨハネスの活躍がいっさい述べられないのもその一例であろう。

しかし「故意の沈黙」にも限界があった。父が即位後まもなく、デュラキオン郊外においてノルマン軍に大敗を喫したことを伏せるわけにはゆかなかった。多数の戦死者が出た、周知の大事件だったからである。アンナは戦いの経過について詳しく記している。もっとも戦略上の失敗はさらっと済ませ、話はいつのまにか、アレクシオスは神の助けを受けてみごとに戦場を離脱したと、父の英雄的な行動へと移ってゆく。

両親の容姿などを記した三巻三章では、アレクシオス一世は身長が低かったことも包み隠さず記している。ただし、「それほど背が高いというわけではなかった」とまわりくどく表現し、続けて、しかし玉座に座ると恐ろしいほどの威厳があったと補足している。逆に、父の宿敵であったアンティオキア公ボエモンドについても、公平な叙述を心がけていると言わんばかりに称賛を惜しまない。背丈があり、肩幅・胸幅は厚く、古代ギリシア人の理想の体型であった。頭の回転が速く、抜け目がない……。ひとしきり褒め称えたあと、次のように結ぶ。「これほどまで優れたボエモンドも、アレクシオス皇帝には敵わなかった。」

真実を記すという歴史書は、相手が皇帝であっても容赦しないものとされていた。歴史家の矜持と言ってよいかもしれない。皇帝中心の国家であるビザンツ帝国の場合、歴史を書けば、どうしても皇帝の責任を問うことにならざるを得ない。アレクシオス一世の時代、帝国は繁栄を取り戻したので、皇帝批判もそれほど厳しいものとはならなかったであろうが、それでも歴史家として書かねばならない失政もあったはずである。アンナが歴史を書くことをためらった理由である。

実際のところ、皇帝批判を避けたいのはアンナに限ったことではなかった。歴史学の建前と実際の歴史書のあいだには大きな違いがあったのである。ビザンツの同時代史は、歴史家がみずからの体験をもとに記す現代史である。歴史家はたいていが皇帝に仕える文人であり、その皇帝は「神の代理人」である。こういう状況にあって、正面切って皇帝を批判することは難しかった。ユスティニアヌス皇帝を厳しく非難したプロコピオスの史書が『秘史』とならざるを得なかったゆえんである。

『アレクシアス』にあっても、「肉親の行為であっても非難する」という歴史学宣言にもかかわらず、皇帝批判はみられない。アレクシオス一世は称賛の対象であり、不満や恨みつらみのあるヨハネス二世も「神の代理人」として君臨する皇帝なので、公然と批判することは叶わなかった。皇太子時代の活躍を伏せる「故意の沈黙」が精一杯であった。

しかしアンナは、裏返しの皇帝批判とでも言うべき仕掛けに気づいたようである。過去の皇帝であるアレクシオス一世への賛美が、それにひきかえ今では……と現皇帝ヨハネス二世に対する遠回しの非難になるのではないか。歴史の意外な魅力であった。隠れたヨハネス批判と思われるのが、アレクシオス一世が一一〇八年にアンティオキア公ボエモンドと結んだディアボリス条約に関する記事である。ここでは、祖母ダラセナに関する金印文書などと並んで、『アレクシアス』には珍しい原文書の引用があり、弟ヨハネスも「(共同) 皇帝、緋色の生まれのヨハネス殿」と正式の称号で呼ばれている。長い引用文によって叙述が乱れるのを厭わず、弟を皇帝と認めるかのような表現も承知のうえで、条約の原文を挿入したのには次のような理由があったと私は推定する。

一一三六/三七年にヨハネス二世はアンティオキアをめざして出陣した。病のブリュエンニオスを都に戻らせたあと、アンティオキアを服属させることに成功し、ヨハネスは馬上この町に凱旋した。弟の武勲をアンナは冷たい目で見ていた。はるか三十年も前に父はディアボリス条約を結んでいる。第一回十字軍を利用してアンティオキアを占領したボエモンドに対して反撃に出て、ビザンツ帝国の宗主権を認めさせたのである。アンナに言わせれば、ヨハネスの誇らしげな凱旋も、父アレクシオスの二番煎じに過ぎない。本当に偉大だったのはアレクシオス陛下です。御覧なさい、ここに証拠の条約文があります。

そのつもりで読むと、念を押すかのように自分の学問について述べる十五巻七章の条《くだり》も、単なる自慢ではなく、かつてアレクシオス一世の時代には学問が盛んであったのに、今では詩人や文人は軽視されていると嘆いているようである。自分を育ててくれた環境を懐かしみつつ、軍人皇帝ヨハネス二世、マヌエル一世を批判するアンナであった。

裏返しの皇帝批判は魅力的であったが、自分の不幸を嘆くのはもちろんのこと、父を称えるのにも、歴史書では限界があることにアンナは気づいていた。真実を記すという歴史家の仕事と、父を称えたいという娘の思いが交錯するなか、アンナはできる限りの工夫をした。女性という立場をいわば逆手にとって、歴史学を超えた表現方法を模索したのである。

(5) 頌詞の魅力と限界

父を称えるならもっと手っ取り早い方法があった。頌詞(エンコーミオン)ないし演説(ロゴス)と総称される、個人を称える文学作品である。頌詞はビザンツ文学のもっとも多産な分野であり、とくに宮廷で読み上げられる皇帝賛美演説は知識人の晴れ舞台、腕の見せどころとなった。皇帝賛美演説の他にも、新郎新婦を寿ぐ祝婚歌、故人を偲ぶ追悼文など、頌詞はアンナにとって歴史よりもはるかに身近な存在であった。

のちのオフリド大主教テオフュラクトスもアレクシオス一世を称える演説を行なっている。「小さくても獅子の仔は獅子である」と、息子ヨハネスを共同皇帝にするよう促した演説の会場に、アンナもいたはずである。当時まだ四歳であったから何も憶えてはいないだろうが、大人になってからも何度か宮殿での皇帝賛美演説に列席したに違いない。

ケカリトメネの文化サロンに出入りしていたイタリコスが、皇后エイレーネーのために即席で頌詞を読み上げたことがあった。「四頭立ての馬車をみごとにかつ賢明に操って天を駆け、空をめぐり、天使たちと舞っている」とエイレーネーの修道生活を称える言葉をアンナも聞いていた。イタリコスはこの演説のなかで「カイサルのセイレーン」にも言及している。その歌声で船乗りを誘惑したという魔女セイレーンは、ビザンツ時代には音楽の女神とされていた。「カイサルのセイレーン」とは、サロンで優雅に語るアンナを称える言葉であった。

アンナにとりわけ強い印象を与えた頌詞はプセルロス『年代記』の一節である。もともと歴史には関心の薄かったアンナではあったが、婚約者だったコンスタンティノスのことが書かれていると知って読んでみることにした。『年代記』の最後に、時の皇帝ミカエル七世（在位一〇七一～七八年）を称える章があり、皇太子コンスタンティノスへの称賛文も記されていた。

私はコンスタンティノス、皇帝ミカエル・ドゥーカスの息子を、彼がまだ乳母に抱かれている頃に見た。……この世にこれほど美しいものを見たことはなかった。（『年代記』七巻百七十六章）

続けてプセルロスはコンスタンティノスに向かって、「もし私に普通の人より長い寿命が与えられたなら、あなたのためにもうひとつの作品を書きましょう」と語りかけている。いずれ皇帝となる皇子の前途を祝福する言葉であった。

『年代記』は、コンスタンティノスの母である皇后マリアについても、「沈黙は女の栄光」という悲劇作家ソフォクレスの一節を引用しつつ、その美しさや徳を称えていた。アンナは少女時代を婚約者の母、皇后マリアのもとで過ごした。マリアに可愛がってもらったと、遠い日の思い出を『アレクシアス』のなかで綴っている。コンスタンティノスも、「何年経っても、この若者のことを思い出すと涙が溢れて仕方がない」存在であった。懐かしいふたりに出会うことができたプセルロス『年代記』は、歴史に頌詞を織り込むという技法を教えてくれた。

しかしながら、歴史と頌詞には大きな違いがあった。相容れないものだったと言ってよい。プセルロス自身、『年代記』のなかで歴史と頌詞の違いを強調している。悪いことは伏せ、良いことのみで頌詞という布が織り上げられる。しかし、このような方法は歴史には適用できない。なぜなら歴史にとってもっとも大切なのは真実だからである。こう宣言したあと、恩義のあるコンスタンティノス九世（在位一〇四二〜五五年）、賛美演説を読み上げたこともある皇帝についても、歴史書では真実を伝えなければならないと言って、この皇帝から帝国の衰退は始まったと批判している。良きことのみを記す頌詞と、真実を伝え、皇帝批判も辞さない歴史というわけである。

頌詞の特徴は、結婚式の祝辞や弔辞で我々も体験しているところである。「故意の沈黙」を駆使して故人の長所のみを述べる。時には話に真実味をもたせるため、あえて新郎の些細な失敗をユーモラスに紹介することもあるが、基本的に良いことだけを述べるのである。また同じ行為も、見方を変えて称賛の対象とする。これもまた頌詞の技法である。プセルロスも『年代記』では、帝国を破滅させたと批判するコンスタンティノス九世の放漫財政を、賛美演説では「陛下の泉から黄金の川が流れてくる」と褒め称えていた。文人トルニケスがアンナへの追悼文で、「父の死とともに」哲学に没頭したと言ったのも、頌詞らしい巧みな表現である。「弟との帝位争いに敗れて」とは言わずに、敬愛する父の死によって哲学に目覚めたと、いかにももっともらしく称えている。もちろん嘘はひとことも吐《つ》いていない。

頌詞はアンナにとって魅力的なジャンルであった。自分の文学的素養を駆使して、思う存分父を称賛できるからである。しかしながらアンナは頌詞の限界にも気づいていた。いくら巧みに称賛文を綴っても、所詮、身びいき、娘の父親自慢であって、事実とは思ってもらえないと危惧したに違いない。序文からはじまって、繰り返し何度も、自分は称賛文を書いているのではない、歴史を記しているのだと断っているのも、頌詞と受け取られないようにという配慮であろう。『アレクシアス』の精神は真実である、とアンナは訴えている。

ジレンマを克服するため、アンナは歴史のなかに頌詞を潜り込ませるという方法を思いついた。プセルロスが歴史書の末尾に、自分の文才を誇るかのように、賛辞を書き加えたのに対して、アンナは本文中に称賛文を散りばめたのである。しかしながら、歴史家の任務を放棄して、ひたすら父を称えているわけではない。アンナは自分の著作をあくまでも歴史と呼んでいる。脱線したあとは必ず、歴史に戻ると宣言する。婚約者コンスタンティノスを「ギリシア人の言う『黄金の種族』の末裔」のようだと称賛した時も、歴史を混乱させてはならないと自分を戒め、本論に戻っている。

父アレクシオスが母ダラセナに帝国統治を委ねたことを、皇帝の金印文書を引用しつつ述べた三巻六章〜八章は、祖母を称える頌詞でもある。そこでもアンナは自分が書いているのは歴史であると強調している。ダラセナ称賛の一節は次のように結ばれる。

短いあいだではあったが、私は祖母をこの目で見ており、尊敬していた。以上のことが自慢話ではないことは、すべての人が知っている。……もし私が歴史ではなく頌詞を編んでいたなら、祖母に関する話はもっと長くなっていただろう。（三巻八章11節）

一連の発言はけっして根拠のないものではなく、アンナの基本が歴史にあったことは間違いない。頌詞の魅力に惹かれつつも、父アレクシオスについてさえ称賛を全面的に展開することは避けた。あくまでも歴史が軸であり、そこに称賛文を織り込んだのである。

歴史書『アレクシアス』を書くにあたって、アンナは頌詞以外の文芸ジャンルも考慮に入れた。プロコピオスの「ビザンツ歴史学宣言」において、歴史と並んで挙げられている詩も――「詩には創造力、歴史には真実」――そのひとつであった。

（6）英雄叙事詩と悲劇

ギリシア語で詩人という単語に定冠詞がつくとホメロスを指す。父の業績を描く方法としてアンナが思いついたのは、頌詞に次いでホメロスであった。ホメロスはビザンツ人の一般教養であり、アンナも少女時代から親しんでいた。『イリアス』に描かれる英雄アキレウスをアレクシオスに置き換えて、ホメロス風の英雄叙事詩を書くという発想はごく自然なことと思われる。実際、『アレクシアス』（アレクシオスの物語）という題名は、アンナ自身の命名とは断定できないが、『イリアス』（イリオンつまりトロイアの物語）をふまえたものである。

英雄叙事詩として個人の功績を謳い上げるという発想は、すでにブリュエンニオスにもみられた。ブリュエンニオスは『歴史』のなかで同名の祖父に触れて、もし歴史を書くのではなく、祖父についてこと細かに物語るならば、もう一冊の『イリアス』が生まれたと言っている。夫の文章にも刺激されて、アンナは、父を称える方法として『イリアス』をモデルとすることを思いついた。『アレクシアス』がいかにホメロスの影響を受けているかについて、いちいち指摘すれば膨大な紙数を費やしそうなので、やはりまたブリュエンニオスの反乱についての記事を例にとることにする。先にも述べたように、アンナは夫ブリュエンニオスの反乱記事に若干の訂正を加えている。父に不利なことを伏せただけではなく、ホメロス風の表現を盛り込んだりもした。たとえば、青年将軍アレクシオス配下の部隊の突撃に対して、ブリュエンニオス軍が反撃した場面では、「猛々しい勇気を奮い起こして」と、『イリアス』の常套句を付け加えた。この句はアンナのお気に入りだったようで、他でも何度か用いている。

同じブリュエンニオス反乱でも、アンナのみが記している記事ではホメロス色がさらに強くなる。反乱の首謀者ブリュエンニオスを都へ連行する途中、アレクシオスは草原で小休止をとったという、父が好んで話した逸話もそうである。アレクシオスは剣を外して枝に吊るすと、老ブリュエンニオスの傍らでぐっすり眠り込んだ。しかしブリュエンニオスには安らかな眠りは訪れなかった。その剣をとってアレクシオスを殺そうかと迷い続けていた。もしも天上から神の力が働かなかったなら、実行に移されただろうとアンナは記している。

父の逸話を記すにあたってアンナは『イリアス』を重ねた。天から女神アテナが降りてきて、アキレウスに剣を鞘に戻させたという話と結びつけたのである。「安らかな眠りは訪れなかった」という句もホメロスからの引用である。読者にホメロスを想起させることで、ありえないような話に信憑性を持たせようとしたものと思われる。

『イリアス』は運命に翻弄される英雄たちの悲劇を謳い上げている。『アレクシアス』のなかでアレクシオスが何度も涙しているのも、アキレウスに倣ってのことであろう。悲劇といえば、アンナはホメロスだけではなくギリシア悲劇にも造詣が深かったようで、序文でも、エウリピデス『ヘカベ』に加えて、ソフォクレスも引用している。悲劇作家も詩人と呼ばれていたので、歴史とは異なる文芸ジャンルとして詩を模索した時、ギリシア悲劇もアンナの念頭に浮かんだはずである。

序文で「嘆きこそが本書の主題である」と言ったアンナは、『アレクシアス』の最後の章、アレクシオス一世の死を扱った十五巻十一章の冒頭で次のように述べている。

私の仕事は、皇帝アレクシオスに生じたことを、歴史として、また悲劇として語り述べることである。すなわち、彼の苦難を歴史として記す一方で、心を悲しませたすべてのことを哀歌として謳い上げることである。……その功績、多くの戦いや試練を、歴史として将来の世代に伝えるよう文人たちに命じる母、つまり皇后に対して、父が「やめてくれ」と言うのを聞いたことがある。父は自分のために悲しみ、不幸を嘆いてほしかったのである。(十五巻十一章1節)

アンナは歴史と悲劇を対比しつつ、父は歴史に名を残すより、悲劇として歌われることを望んでいたと回想している。この言葉は『アレクシアス』の最後、父アレクシオスの死の場面でアンナが嘆き、泣き崩れて、歴史家としての任務を放棄したまま、ついに歴史叙述に戻らなかったことへの弁明となっている。これまでアンナは執筆の途中で何度も脱線し、個人的な哀しみを述べたり、思い出の世界に迷いこんだりしては、その都度、涙を拭って歴史に戻ると宣言してきた。アンナのこのような叙述方法を、自分はすぐに涙するか弱い女だが、歴史を書いている時は、涙を拭って、すなわち女性であることを忘れて真実を記す歴史家である、歴史として自分が記していることは真実である、と主張するための修辞法と考える研究者もいる。

嘘泣き説の当否はともかくとして、父の生涯を悲劇として描こうという気持ちがアンナにあったことは確かだと思われる。その気持ちを余すところなく表明したのが、先に引用した「不幸を嘆いてほしい」という父の言葉であろう。アンナに関する古典的研究書を著したG・バックラーも言うように、『アレクシアス』は悲劇作品でもあることは間違いない。アレクシオスの治績を悲劇として綴ることは、アンナの個人的な哀しみにも通じるものであった。

しかしながら、英雄叙事詩にせよ悲劇にせよ、頌詞とは別の意味で限界があった。詩人というギリシア語は「創る人」が原義である。詩は作りごとの世界であり、物語《フィクション》の創造が詩人の仕事であった。真実を伝える歴史学とは別個のジャンル、異なる世界だったから、そこに没入するわけにはゆかなかった。

(7) 聖人伝または自伝

悲劇として父の生涯を描いた、あるいは自分の不幸を嘆いた作品だとすれば、伝記ないし自伝と呼ぶべきかもしれない。最後に、アンナが『アレクシアス』執筆に際して、どれほど伝記を意識していたのか検討しておこう。

ビザンツ文学において伝記というジャンルは盛んではなかった。古代のプルタルコス『英雄伝』のような作品は生まれていない。ただし、個人を称える頌詞に加えて、歴史書も伝記に近い性格をもっていた。帝国の政治体制を反映して、ビザンツの歴史書は皇帝を軸としてまとめられている。事件を年代順に列挙する年代記でも、章立ては皇帝単位のことが多いし、同時代史となると特定の皇帝の治世を扱うので、形式・内容とも伝記にきわめて接近することになる。とくに『アレクシアス』は、ほぼアレクシオス一世の時代のみを対象としており、かつ皇帝個人に焦点を当てているので、伝記といえば伝記に違いない。

不振だった伝記文学において唯一多くの作品が書かれたのは聖人伝である。アンナは父をイエス・キリストに擬えるなど聖人のように描いており、老ブリュエンニオスとの旅の逸話や、デュラキオンの戦場からの脱出など、奇蹟物語風の記事もあって、『アレクシアス』には聖人伝のような雰囲気が漂っている。敬虔な父の姿、父を守っている神の摂理……、『聖アレクシオス伝』と名付けてもよさそうにも思える。

アンナ以前に、伝記ないし聖人伝に近い歴史書が確かに存在した。十世紀の『続テオファネス年代記』の第五巻は「高名な皇帝バシレイオスの生涯と業績の歴史叙述」という表題が与えられ、「バシレイオス一世伝」と通称されている。赤ん坊のバシレイオスを鷲が羽を広げて守ったという、歴史書らしくない逸話も収録されている。編者はバシレイオスの孫、「緋色の生まれ」のコンスタンティノス七世であり、形式・内容のみならず、成立事情からも『アレクシアス』の原型と言える作品である。

しかしながら、『アレクシアス』には『続テオファネス年代記』を読んだ形跡はない。聖人伝への言及もほとんどない。アンナにとって伝記は親しい世界ではなかった。プルタルコス『英雄伝』はビザンツでもよく知られており、アンナとも付き合いのあった文人ツェツェスは、貧窮の果てに書物を売り払って、残ったのは『英雄伝』のみだったという。そのプルタルコスでさえ、先にみたようにアンナの引用は、スパルタとテーベを取り違えるなど芳しいものではなかった。

アンナには父の伝記を書くつもりはなかったと思われる。伝記なら、主人公の祖先・両親、誕生などから書き始めるのが決まりであるが、『アレクシアス』の冒頭に登場するアレクシオスはすでに十四歳の成人である。第二巻一章では「アレクシオスの生まれた土地、一族について知りたければ、夫カイサルの著作（ブリュエンニオス『歴史』）を見てほしい」と言っている。成人となってからの父の業績を記している『アレクシアス』は、個人に焦点を絞っているものの、やはり歴史である。

両親のことを記すのが伝記の要件だとすれば、『アレクシアス』はアンナ自身の伝記、自伝といえるかもしれない。繰り返し涙を流す姿をみると、自分の生涯を不幸というテーマでまとめた悲劇的自伝とみることもできるように思われる。自伝的要素は確かにある。自分の誕生に関する詳しい記述など、歴史書に記すべきことではない。婚約者の母マリアに育てられた幼い日、母エイレーネーの読書の思い出も自伝にふさわしい記事と言ってよいだろう。

皇帝として戦場から戦場をめぐり、多忙であった父との個人的な思い出はほとんど書かれていないが、十四巻八章では、トラキア地方の町フィリッポポリスへアレクシオスが出陣したことを記したあと、「私自身、ある用件で皇帝とこの町に滞在したことがある」と父との旅を懐かしく振り返り、わざわざ町の歴史や景観について述べている。父の死を描いた最後の十五巻十一章も、我が生涯最大の不幸として、ある意味では自伝的要素をもっていると思われる。

先にみたように、歴史に頌詞を盛り込むという発想をアンナはプセルロスの『年代記』から得た。歴史書に自分自身のことを書く、自伝的な要素を取り入れるという方法も、同じくプセルロスから学んだようである。ビザンツの同時代史は、政治に関わった人物が自分の体験を軸に記した現代史なので、著者が歴史に登場するのは当然のように思えるが、実際には、ほとんどの歴史家は自分を露出させることを控えている。「自分が遭遇して目撃した場合でも、……可能な限り厳密に検討したうえで書く」というトゥキュディデスの言葉が念頭にあったからであろう。確かに、公平で客観的な歴史を標榜するからには、できる限り自分を消す必要があった。

この作法を破ったのがプセルロスである。『年代記』には著者プセルロスが随所で登場する。アンナの大伯父イサキオス・コムネノスの反乱の際に、皇帝ミカエル六世の使節として反乱軍と交渉に当たったのもプセルロスであった。プセルロスは自分がいかに巧みに和平交渉を進めたのか自慢気に記している。

プセルロスが著作の『年代記』に登場するのは、それなりの必然性があるのに対して、アンナが歴史書に登場する必要は、少なくともアレクシオス一世の治世末まではまったくない。誕生記事や亡き婚約者の思い出など、場違いも甚だしいと言わなければなるまい。それを承知のうえで、アンナは自伝的な文章を『アレクシアス』に書き込んだのである。

自伝の可能性をアンナに教えてくれたのは、『年代記』に加えて、プセルロスのもうひとつの著作であった。『アレクシアス』には、プセルロスの学問を称え、どのようにして高度な学識を身に付けたのか紹介する一節がある。

> プセルロスは学識のある教師につくことはなかったが、生まれついての知性と理解の鋭さに支えられ、そのうえ母の熱心な祈りで神の助けも得ていた。母は主の聖堂に籠もり聖母マリアの尊いイコンの前で、息子のために執りなしてくれるよう、涙ながらに徹夜で祈ることもあった。(五巻八章3節)

この文章はプセルロスの著作『母への追悼文』に基づいている。表題の如く、亡き母を称える頌詞であるが、『プセルロス自伝』と呼ばれることもあるように、母の思い出が自分の前半生に重ねられている。初等教育を終えた時、まわりの人々はプセルロスを仕事に就かせようとしたが、母は「この子は学問で身を立てる」と反対し、その後も献身的にプセルロスの勉学を支えてくれた。母を偲びつつ自分の学問歴を披露している『母への追悼文』を読んだアンナは、父アレクシオスの生涯を描きつつ、自分という存在を後世に伝える可能性を見出したに違いない。

しかしながら『アレクシアス』をアンナの自伝とみるわけにもゆかない。アンナは我が身の不幸を繰り返し嘆いているものの、何がそんなに悲しいのか、具体的な事実についてはほとんど書いていないのである。「方法論」の章に出てくる「まだ八歳にならないうちに私を襲った不幸」という文言についても、親元を離れマリア皇后と暮らすようになったことか、ヨハネス二世の共同皇帝戴冠を指すのか、現代の研究者がさまざまに推定しているだけである。また、結婚のことも、子供たちのこともいっさい触れていない。書きたくないことも多かったに違いない。『アレクシアス』にアンナの自伝的要素はあっても、自伝と言えないことは明らかであろう。

ここまで、アンナのさまざまな試み――歴史・頌詞・悲劇・伝記など――についてみてきた。行きつ戻りつの錯綜した議論に長々とお付き合いいただいたが、結論は簡単である。

(8) アンナ・コムネナの挑戦

夫ブリュエンニオスからアレクシオス一世の歴史を受け継いだアンナは、あれこれと思いめぐらせ、大いに迷った。夫の遺志を継いで『歴史』を完成させたいという思い、しかし歴史学は遠い世界であった。父の偉業を後世に伝えたいという願い、しかし自分のことを嘆いてほしいと父は言っていた。弟への恨みも含めて、我が身の不幸を書き残したい、しかし口が裂けても言えないこともあった……。さまざまの思いが交錯した。何を、どう書こうか、アンナは迷った。

父の治績を称賛する、我が身の不幸を嘆くために、アンナは大胆な挑戦をした。歴史学の作法を承知のうえで、頌詞・英雄叙事詩・悲劇・伝記など、他の文芸ジャンルの表現方法を思い切って取り入れたのである。こうして『アレクシアス』は、歴史書らしくない歴史書、他分野へ越境した特異な歴史書となった。越境する歴史学、これこそが『アレクシアス』の特徴であった。アンナとその著作への称賛も非難も、そこに原点を求めることができる。

歴史書に賛辞を盛り込む、著者自身がひんぱんに登場するといった『アレクシアス』の特徴は、すでに十一世紀のプセルロス『年代記』に見られた。夫ブリュエンニオスを除けば、『アレクシアス』において唯一名前の挙がっている歴史家がプセルロスである。引用もホメロス、聖書についで多い。トゥキュディデスやポリュビオス、さらにはプロコピオスではなく、異色の歴史家プセルロスの影響を受けたところに、アンナの歴史学の特異な性格の一端があった。

誤解を恐れずに言うなら、プセルロスの精神は自我の覚醒である。異端の疑いをかけられたこともあるプセルロスは、ビザンツ歴史学の流れにおいて、己を殺して神の摂理の展開を語るキリスト教年代記の対極に位置づけられるだろう。プセルロスに芽生えたヒューマニズムはアンナにも受け継がれた。アンナもまた自分という存在を歴史に持ち込んだ。しかも女性であることを逆手にとって、さまざまな越境行為も試みた。伝統に縛られることなく、みずからの思いを大胆に表現するアンナ。歴史学の作法よりも、伝えたいこと、言いたいことをアンナは優先させた。

美術表現だけではなく、文学表現においても規範が厳しかったビザンツ世界において、このような越境行為を試みる者はほとんどいなかった。大胆な逸脱が同時代の人々に理解されなかったことは、『アンナ・コムネナ追悼文』における『アレクシアス』称賛にも現れている。トルニケスは、不幸や嘆きといったアンナ独自の要素にはいっさい触れず、父の偉大な治世、その政治や戦争について、みずからの目で見たこと、聞き取り調査したことに基づき、その真実を徳の見本として記したと、ギリシア＝ビザンツ歴史学の伝統を繰り返している。アンナの挑戦を無視して、正統派の歴史家と評価しようと努めているようである。『アレクシアス』を称える弔辞を聞いたなら、アンナは苦笑いしたかもしれない。

「批判的精神を欠いた弁明」にせよ「ビザンツ最高の歴史家」にせよ、アンナは歴史学からはみだした越境の歴史家であった。越境する歴史学は現代でも可能だろうか。私にはその勇気はないが、歴史学に限らず、どんな分野でも新たな可能性は越境行為にあるのではないか。アンナの挑戦は現代にも生きている。

2 戦い続けた「平和の人」——願いを込めて——

(1) 戦争の歴史『アレクシアス』

『アレクシアス』は戦争の歴史である。全十五巻のすべてに戦闘場面がある。ノルマン人・トルコ人・北方遊牧民との相次ぐ戦争の記事のあいまに、陰謀事件、異端などの内政問題がところどころ挟まれているといった感じである。国内の事件でも、内乱など戦いの場面が少なくない。生涯を宮廷と修道院で過ごし、戦場に立ったことのない女性が書いたと考えにくい作品である。

戦争の歴史であることを根拠として、『アレクシアス』はアンナの著作ではない、軍人でもある夫ブリュエンニオスの原稿に手を加えたに過ぎない、という説が出されたこともあった。しかし「草稿存在説」に首肯しがたいことは、アンナびいきの希望的観測ではなく、客観的な根拠がある。すでに第一部「生涯」でも述べたが、同説を否定する理由をもう一点付け加えておきたい。

執筆に際して用いた資料に言及した十四巻七章の「方法論」には、自分の体験、老人からの聞き取りに加えて、「事実を伝えるだけで、優雅さのかけらもなく、文体も修辞もお粗末な覚書」も挙がっている。しかし、アンナが参照した覚書にブリュエンニオスの草稿が含まれていたとは考えにくい。ブリュエンニオスが「文体も修辞もお粗末な」ものを書くとは思えないし、ましてアンナがそう表現するはずもない。また、夫の学問を高く評価し称賛しているアンナであるから、草稿を参照したならその旨明記したに違いない。実際、ブリュエンニオスの『歴史』には何度も言及しており、「アレクシオス一世の即位以前の業績をまとめた史書」と正確に紹介している。

戦争の歴史となった理由は、ブリュエンニオスの草稿を清書したからではない。それに代わる理由としてすぐに思い浮かぶのは、戦争こそ歴史書が扱うべき主題であるという、トゥキュディデス以来の伝統であろう。しかし前章でみたように『アレクシアス』は伝統から逸脱した「越境する歴史学」であった。歴史学の伝統だけでは説明がつかない。結局のところ、平凡だが次のような結論にならざるを得ないだろう。アレクシオス一世の時代が戦争の時代だったからである。

アレクシオス一世の治世だけではなく、ビザンツ帝国の歴史は戦争の連続であった。一千年の歴史を通じて、平和だったのはごくわずかな時期のみである。厳しい現実を反映して、プロコピオス『戦史』以下いずれの歴史書も、戦争の記事で満ちている。

父アレクシオス一世の戦いを謳い上げている『アレクシアス』には、次のような、やや意外な言葉も含まれている。

①アレクシオス皇帝はあらゆる手段を通じて平和を維持しようと努めた。……彼は生まれついての平和の人《エイレーニコス》であった。（十二巻五章2節）

②アレクシオス皇帝は、トルコ人との和平協定が自分の死後もずっと守られてゆくよう願っていた。……ところがその努力も、帝位を継いだ者たちの愚かさによって空しいものとなってしまっ

た。(十四巻三章9節)

③戦わずして勝つよう努めるべきである。将軍の第一の徳は、危険を冒すことなく勝利を得ることである。……勝利はひとつであるが、勝利を獲得する方法はさまざまである。(十五巻三章2節)

アンナは父の行なった戦争について詳しく記しつつ、ふと思いついたように個人的な見解を付け加えた。戦いを避ける、平和を維持する、そういう趣旨なので「平和言説」と呼ぶことにしよう。なぜアンナは、戦争の連続であったアレクシオスの生涯と矛盾するような文言を挿入したのだろうか。『アレクシアス』が戦争の歴史となることは仕方がない、父は戦い続けていた。しかし……。

(2) 卑怯な父?

順序は逆になるが、「戦わずして勝つべし」という十五巻三章の文から考察を加えよう。この文は、トルコ人との戦争に出陣したものの、病もあってなかなか開戦に踏み切らないアレクシオスが非難された、という記事に続くものである。だからといって、無理に捻り出した言い訳というわけではない。真正面から戦うだけではなく、場合によっては策略を用いてでも勝てばよい、一番よいのは戦わずに勝つことだという発言は、『アレクシアス』で何度か繰り返されている。たとえば、アンティオキア公ボエモンドとの戦いにおけるアレクシオスの戦略は次のように説明されている。

思うに、将軍は必ずしも剣を抜くことで勝利を求めるべきではない。……将軍の最大の任務は勝つことであるが、勝利は武力によってだけではなく、条約によっても得られる。場合によっては騙して敵を倒すことも可能である。このたびアレクシオス皇帝はこの方法を採った。（十三巻四章3節）

注目すべきことにアンナは、宿敵のボエモンドにも同じような発言をさせている。十字軍の一員としてアンティオキアを攻略する際に、「すべての勝利が剣によってもたらされるわけではない。多くの場合、戦いではなく交渉や外交が大きな成果をもたらした」と主張したというのである。十字軍の伯たちに向けたこの演説はアンナの創作の可能性が高く、戦わずして勝つのが名将軍だという持論を表明したものであろう。さすがは父アレクシオスに次ぐ英傑、みごとな戦略だというわけである。

「戦わずして勝つ」「騙して敵を倒す」は、直接的には、父のトルコ人やノルマン人との戦争を弁護する発言であった。しかしながら、勝つために手段は問わないと強調する時、アンナは夫ブリュエンニオスの『歴史』を強く意識していたと私には思われる。

ブリュエンニオスは、青年将軍アレクシオスの功績として、自分の祖父ブリュエンニオスの反乱を鎮圧したことを挙げている。一時は都コンスタンティノープルに迫る勢いだった反乱軍を、アレクシオスが巧みな戦略で撃破したという話である。歴史家ブリュエンニオスは、正々堂々と戦う祖父が敗北し、狡猾な戦術をとったアレクシオスが勝利したと、ふたりの将軍を対照的に描いている。妻の父であり、現皇帝ヨハネス二世の父でもあるアレクシオスをあからさまには非難しないものの、敗れた祖父への思い入れは明らかである。たとえば、反乱に失敗して捕えられ、アレクシオス将軍の前に引き出された時の姿は次のように描かれる。

アレクシオスはこの男（祖父ブリュエンニオス）の風貌と体軀に驚いた。まことに帝位を窺うのにふさわしいものがあった。アレクシオスは、自分が打ち負かした将軍が「腕において高貴」で、魂において大胆、強い性格をもつ、これほどの人物なのを見て大いに喜んだ。（『歴史』四巻十五章）

ブリュエンニオスの『歴史』は人物を評価する際に、「ゲンナイオス（良き生まれの、高貴な）」という言葉を好んで用いる。しばしば「腕において」という修飾語をつけて、「腕において高貴な」すなわち「勇敢な」が最大の褒め言葉となっている。ブリュエンニオスはさらに称賛を続けて、祖父について詳しく述べるなら、もう一冊の『イリアス』が必要だとも言っている。我が祖父は、正々堂々と敵に立ち向かって敗れた、「腕において高貴な」悲劇の英雄であったというのである。

マンツィケルトの戦いに敗れ、トルコ軍の捕虜となったロマノス四世についても、ブリュエンニオスは同様の観点から同情を寄せている。トルコ人の卑怯な戦術について説明し、真正面から戦ったならロマノスが勝っていたと示唆するのである。マンツィケルトの戦いに限らず『歴史』全編を通じて、トルコ人はがっぷり四つに組んだ決戦をせず、卑怯な戦術を採るものとされている。アレクシオスについても勇敢に戦ったとは言うものの、祖父への称賛に比べるとおざなりで、その戦いぶりをトルコ人の戦法に重ねているようである。

歴史家ブリュエンニオスは英雄アキレウスのような戦い方を理想とした。正々堂々と一騎打ちを挑むアキレウスに祖父を擬えていることは、『イリアス』云々の文言からも明らかである。敗れたとはいえ英雄であることに変わりはない、と言いたい気持ちが文章の端々に滲み出ている。同じような価値観を古代のローマ人ももっていた。ハンニバルとの決戦を避け、敵を消耗させる作戦をとった独裁官ファビウスは、「遅延者《クンクタトル》」という不名誉な綽名を貰った。

ポリュビオス『歴史』もローマ人の戦い方を称えている。曰く、ハンニバルと同盟したこともあるマケドニア王フィリッポス五世は卑劣な策謀を用いた。弱小国の現実的選択としてやむをえないと言う者もいるだろうが、昔の人は味方を騙すことはもちろん、敵に対しても詐術を用いて勝とうとはしなかった。たとえ飛び道具を使うにしても、遠くや物陰から射るというようなことはしなかった。不意打ちなどはせず、きちんと宣戦布告した。ところが今日では、正々堂々と戦うのは馬鹿だといわんばかりの風潮である、とひとしきり嘆いたのち、次のように述べる。

ただしローマ人のあいだには、昔のやり方の痕跡のようなものがわずかながら残っている。ローマ人は宣戦布告を欠かさず、待ち伏せをまれにしか行なわず、間近で腕と腕をぶつけるような戦いを通例とする。（ポリュビオス『歴史』十三巻三章7節、城江良和訳）

ポリュビオスが理想とした時代がいつだったのか。アキレウスの英雄時代なのか、アテネ市民の歩兵部隊がペルシア軍の弓攻撃に耐えて勝利したマラトンの戦いなのか、確定は難しい。いずれにしても、ブリュエンニオスは真正面から正々堂々と戦う古代人を理想とした。軍人の家系に生まれながら、どちらかといえば学問に親しむことになった男の精一杯の自己表現であろうか。

残念ながらと言うべきか、アンナは夫のそのような気持ちに思い至らなかった。敗れても英雄であると祖父ブリュエンニオスを称える夫の文章は、勝者アレクシオスへの非難ではないか。父は英雄ではない、卑怯者だと言われているように感じられた。わずかな手勢のみで奮戦した父、巧みな戦術で強敵を破った父をアンナは弁護したかった。

（3）オデュッセウスの復権

父を弁護するため、夫の『歴史』と重複するのを承知で、ブリュエンニオス反乱を取り上げたアンナであったが、『歴史』のアレクシオス像に反論するのは難しかった。父が策略を用いたことは否定できない事実である。歴史家として事実を歪めることはできない。アンナに残された方法はその事実を解釈し直すことであった。

反乱の経過についてほぼ『歴史』を写しているアンナが、先にみたアレクシオス将軍と敗者ブリュエンニオスの会見場面では、夫の文章を大幅に書き換えている。ブリュエンニオス『歴史』はあれこれと祖父を称え、そのような祖父を描くにはもう一冊の『イリアス』が必要と述べていた。アンナは夫の著作を参照しつつも、「腕において高貴な」とか「帝位にふさわしい」と称賛するのは自慢ではないという弁明や、『イリアス』への言及は省き、「捕虜となった身でも、実に恐ろしい姿かたちであった」のひとことにまとめている。ここは珍しくブリュエンニオスが歴史家らしからぬ脱線をした箇所で、アンナは、歴史書には個人的な感情を持ち込むべきではないと言わんばかりに、遠慮なく削除してしまった。

『歴史』は戦闘場面に先立って両軍の構成を記している。双方の司令官・将兵を比べた記事でも、アンナは夫の文章にかなり手を加えている。アンナの言い分は次の通りである。ふたりの将軍は能力・経験において遜色ない。しかし配下の軍隊には大きな違いがあった。ブリュエンニオスが強力な軍団を有していたのに対して、アレクシオスはわずかな手勢しか率いていなかった。その結果、ふたりは異なる戦術をとることになった。

ブリュエンニオスは自分の軍隊を信頼して、みずからの経験と訓練された兵士を頼みとしていた。これに対してアレクシオスは軍隊には大きな期待はできず、自分の戦略的才能、策略に頼らざるを得なかった。(『アレクシアス』一巻五章1節)

将兵に頼れないアレクシオスは策略に訴えざるを得なかった、とアンナは父を弁護する。「戦わずして勝つ」、「騙して敵を倒す」といったアンナの戦術論は、ブリュエンニオス『歴史』のアレクシオス像に対する反論でもあった。

『アレクシアス』全編を通じても、アレクシオス一世はさまざまの策略を用いて敵を破っている。第二次ノルマン戦争もそのひとつである。第一回十字軍に便乗してアンティオキアを手に入れたボエモンドに対して、アレクシオスはトルコ人とも手を結び、しだいに追い詰めていった。窮地に立たされたボエモンドは、いったん故郷の南イタリアに戻って反撃に出ようとする。ビザンツ軍の警戒網をすり抜けるため、死んだふりをし、棺桶に入ってイタリアへと出航したのである。死んだと納得させるために、棺には鶏の死骸が入れられ、死臭を漂わせていた。この逸話を紹介したあとアンナは、自分には耐えられないが、野蛮人はひどい臭いを楽しんでいたらしいと皮肉っている。

イタリアに戻ったボエモンドは、二十五年前の父ロベール・ギスカールと同じく、アドリア海を渡ってビザンツ帝国に侵入してきた。第二次の戦争でもノルマン軍の最初の目標は、帝国の西の玄関デュラキオンであった。前回アレクシオスは、デュラキオンを包囲したノルマン軍に決戦を挑み、大敗を喫した。今回は正面からの戦いを徹底して避け、各都市の守りを固めつつ、ゲリラ戦で敵の補給を断つ作戦をとった。その一方で、さまざまの方法で敵を攪乱した。「騙して敵を倒す」とアンナが述べた戦略もそのひとつであった。

アレクシオスはボエモンドの弟や臣下に宛てた書簡を作成した。陛下に仕えたいという申し出があったかのように、感謝の言葉や恩賞の約束を記した架空の返書である。伝令が偽の返書をもって敵陣に到着する少し前に、脱走兵のふりをした別の伝令がボエモンドのもとへ駆け込み、謀反を密告した。真に受けたボエモンドは、偽返書をもってやってきた伝令を取り押さえたが、多くの将軍、さらには兄弟までもが敵と通じていると思い込み、「裏切り」への対応に苦慮した。アンナは言う。敵を分断すれば戦いに勝利できることを父はよく知っていた。

こうして、ビザンツ軍のゲリラ戦、補給路の遮断に加えて、内部攪乱によってボエモンドはしだいに追い詰められ、ディアボリス講和条約を結ばされることになる。その際にボエモンド配下の伯が「我々はまだ敵をひとりも槍で倒していない」と嘆いたのは、「戦わずして勝つ」というアレクシオスの戦術がいかに効果的だったのかを語るものであろう。

北方の遊牧民と戦う時もアレクシオスは巧みな戦術を採っている。一〇八七年のドロストロンの戦いでペチェネグ人に惨敗した経験を生かして、一〇九五年偽ディオゲネスがクマン人部隊を率いて侵入してきた時には、要塞都市に立て籠もって、遠くから弓矢で攻撃するという作戦をとった。物陰から飛び道具を使うという、ポリュビオスも非難していた卑怯な戦術である。

もちろんアレクシオスも正面から正々堂々と戦ったことはある。しかしデュラキオンやドロストロンで強力な敵に大敗を喫した。それを教訓として戦術を大きく変えてゆく。大胆に戦いを挑む青年皇帝から、老練な戦略家、理想の皇帝へと成長する姿をアンナは描いているようである。『アレクシアス』はアレクシオスの成長物語と読むことも可能である。

勝敗の如何《いかん》を問わず、味方に大きな損害を出すような戦い方は避ける、アンナがそのような戦略をよしとしていることは、戦争で倒れた将兵を悼み涙する父を描いていることからもわかる。犠牲が多くなるような戦い方はしない。アレクシオスが悟りの境地に達したのが、最後の戦いとなった対トルコ戦争であった。皇帝みずから出陣したものの、戦闘らしい戦闘が行なわれないまま、講和条約が結ばれ、平和が回復された。最初に引用した「戦わずして勝つ」というアンナの平和言説は、この戦いの説明として挿入された文章である。

以上みたように、アンナ夫婦は戦争に関する考え方がずいぶん異なっていた。あえて類型化すれば、アキレウスを理想とするブリュエンニオスに対して、アンナはオデュッセウスに注目した。トロイの木馬作戦で有名なオデュッセウスは、『イリアス』でも武勇だけではなく、策略に長じた思慮深い存在と描かれている。トロイア陥落ののち各地を放浪し、苦難に立ち向かったオデュッセウス、アンナは父をオデュッセウスのように描いた。事実、自分をオデュッセウスの息子テレマコスに引き比べたりもしている。

ブリュエンニオス反乱の事実関係について『歴史』と『アレクシアス』に大きな違いはない。アンナは夫の記事をほぼそのまま写している。しかし評価という点では正反対であった。ブリュエンニオスは、敗者となった祖父を称えるためローマ人の戦争観を『歴史』に取り入れた。祖父を英雄と描いたところ、はからずもアレクシオスは卑怯者となってしまった。アンナはそれに反発して、武勇だけではなく、才知に溢れ、さまざまな策略を展開するオデュッセウスに父の姿を重ねようとした。ローマ時代にはオデュッセウスの評判は芳しくなかった。真正面から正々堂々と戦うことを良しとするローマ人の戦争観と相容れなかったためである。オデュッセウスの復権は父の名誉挽回でもあった。

(4) 軍人皇帝の戦争賛歌

トルコ人との和平協定が反故にされたことを嘆く十四巻三章の文章は、「帝位を継いだ者たちの愚かさによって」という文言からもわかるように、ヨハネス二世、マヌエル一世に対する批判である。アンナの平和言説の背後には、夫ブリュエンニオスへの不満だけではなく、弟ヨハネスへの反感があった。粗野な軍人、戦うことしか考えない弟は、父の苦労を台無しにしてしまったというわけである。

確かにヨハネス二世は典型的な軍人皇帝で、東西に遠征を繰り返し、都コンスタンティノープルに凱旋した。ヨハネス二世時代の歴史を記しているのは、ふたりの歴史家、キンナモスとコニアテスであるが、どちらの『歴史』も記事の大半は戦争である。父アレクシオス同様、ヨハネス二世も戦争に明け暮れていた。キンナモスもコニアテスもヨハネス二世の章を、遠征先で死期を悟った皇帝の言葉で結んでいる。その際にコニアテスは、ヨハネスに次のような回想をさせている。

東西で戦う朕の姿を人々は見た。朕はふたつの大陸の野蛮人たちを攻撃した。宮殿にいることはほとんどなく、常に屋外で暮らすよう努めて、生涯の大半を陣営で過ごした。(『歴史』第一巻)

続けて、今我々が野営している土地はローマ軍の姿を久しく見なかったところである、と述べており、戦い続けた生涯を誇りにしていることは確かである。

ヨハネス二世が即位後まもなく、父の遺言との触れ込みで公表した『アレクシオスの歌』も、戦う皇帝を称えている。勇敢な軍人である自分こそがアレクシオス皇帝の後継者にふさわしい、との即位宣言であり、新皇帝の施政方針演説でもあった。施政方針の通り、ヨハネスは二十五年の治世を戦い続けた。

軍人皇帝らしくヨハネスは凱旋式を好んだ。一一三三年にはコムネノス家の本拠地であった小アジア北部のカスタモン――一〇五七年イサキオス一世コムネノスが挙兵した町――を征服した。一〇七五年、青年将軍アレクシオスが遠征の折に尋ねた時には、要塞都市カスタモンはトルコ人によって蹂躙され、廃墟と化していた。無人となっていた祖先の屋敷を見て、アレクシオスは嗚咽を漏らしたという。それだけにヨハネスはこのたびの凱旋式に力を注いだようである。宮廷の弁論家プロドロモスが凱旋皇帝を称える頌詞を読み上げた。歴史書も凱旋式の細かい式次第を伝えている。金銀宝石に飾られた豪華な戦車が四頭の白馬に曳かれて街路を進んだ。最後に聖ソフィア教会で神に感謝の祈りを捧げ、民衆の歓呼のなかヨハネスは宮殿に戻った。キンナモスによれば、六世紀のユスティニアヌス一世、七世紀前半のヘラクレイオス皇帝以来、このような見世物はなかったという。

凱旋するヨハネスを称える歓呼の声は、遠くケカリトメネ修道院にまで響いてきたはずである。誇らしげに凱旋する弟に、アンナは苦々しい思いを禁じ得なかった。アレクシオスを「平和の人」と称えるのも、戦争に明け暮れたヨハネス二世批判という文脈で読むことができるだろう。父アレクシオスは平和のために戦った、戦うことによって地上に平和をもたらした。しかし弟は戦うことを自己目的としている。こうしてアンナは十二巻五章で、「平和がすべての戦争の目的である。……善き目的である平和に配慮しないことは、愚かな将軍、悪しき指導者のしるしである」と述べたうえで、父を「平和の人」と呼ぶのである。

ヨハネスの息子マヌエル一世も戦う皇帝であった。ユスティニアヌスの栄光を今ひとたび求めてイタリア遠征を敢行し、ハンガリーの併合も試みた。ヘラクレイオス皇帝を最後として使われなくなった征服称号を久方ぶりに用いたことも知られている。征服称号は皇帝の戦果を称えるもので、ローマ皇帝が征服した民族の名前を挙げたことに起源がある。二世紀のトラヤヌス皇帝は遠征に勝利するごとに、「ゲルマン人の」「ダキア人の」「パルティア人の」と名乗った。ユスティニアヌス一世は「アラマン人の、ゴート人の、フランク人の、ゲルマン人の、アント人の、アラン人の、ヴァンダル人の、アフリカ人の勝利者にして凱旋者」と、誇らしげに列挙している。マヌエルの征服称号はユスティニアヌスの模倣のようである。

記録は残っていないが、先代のヨハネス二世も征服称号を名乗った可能性がある。みずからの墓所として設立したパントクラトール修道院の規約の序文で、治績を誇るかのように「内外の敵を蹴散らした」として、「トルコ人、ペチェネグ人、セルビア人、ハンガリー人、ブルガリア人」と自分が勝利した民族の名前を列挙している。

アンナが『アレクシアス』を書いていた時、帝位にはヨハネス二世、マヌエル一世という軍人皇帝がいた。宮廷から振りまかれる戦争賛歌にアンナは強い違和感をもった。せっかくアレクシオス皇帝が樹立したトルコ人との平和が、戦うことしか眼中にない野蛮な弟のために無に帰してしまった。戦い続けた父を「平和の人」と呼ぶアンナの平和言説の背景に、弟ヨハネスへの反感があったことは間違いないだろう。

(5) 戦術書の伝統

夫ブリュエンニオスに対して父の戦術を弁護する一方、弟ヨハネスに対しては、戦争そのものに対する考え方の違いをアンナは強調した。しかしながら、夫への不満、弟への憎悪だけが、アンナの平和言説を生み出したのではない。なるべく戦争を避け、交渉や金品で敵を懐柔する。卑怯と言われようと、不意打ちや待ち伏せといったゲリラ戦術を駆使する。夷狄同士を戦わせ、漁夫の利を得る。これらはビザンツ帝国の一貫した方針であった。アンナは伝統に忠実だったと言ってよい。

ビザンツ帝国の歴史は戦争の連続である。平和な時代は少なかった。東洋と西洋が出会う海峡の町コンスタンティノープルは、陸路・海路の要衝であり、周辺諸民族の憧れの都であるとともに、攻撃の的でもある。絶えず侵入してくる外敵にどう対処するのかは、帝国にとって文字通り死活問題であった。ビザンツ帝国にとって戦争が重要であったことは、年代記・同時代史を問わず、歴史書が戦争の記事で満ちていることに加えて、軍事書ないし戦術書と呼ばれる著作が皇帝の名前で伝わっていることにも現れている。

戦術書を読むと、ビザンツ人の採った戦略や戦術のみならず、戦争に対する基本的な考え方もわかる。六世紀と十世紀、珍しくビザンツ軍の勢いがよかった時代に多く書かれたにもかかわらず、戦争を称える文言はあまり目立たない。十世紀初に編纂されたレオン六世の『戦術書』は、「良き将軍はなによりも次の二点に留意しなければならない。兵士を養い、増加させる農業と、農民を守り、保護する軍事である」と言っている。戦争を農業と同じ水準で捉えているのである。戦うことを崇高な、英雄的な行為とみなしていなかった証拠である。

ビザンツの戦術書には、我々が戦うのは敵が攻めてくるからだ、と嫌々戦争をしている様子が窺える。できる限り戦争を避け、戦うにしても味方の被害を出さないような戦術がよいという教えがみられる。アンナの平和言説に近い考え方だと言ってよい。以下、平和主義、防衛戦争、不戦戦略の三点について、戦術書とアンナの見解の共通点を確認しておきたい。

ユスティニアヌス一世時代の逸名の戦術書は、本論の冒頭で「戦争が大きな悪、あらゆる悪を凌ぐ悪であることを私は知っている」と述べている。レオン六世の『戦術書』でも、著者レオンは「キリストにおける平和の皇帝《エイレーニコス》」と名乗っており、続いて序文でも「神の似姿である人間は皆、平和を守り、互いの愛を育まなければならない」と説いている。いずれも戦術書とは思えないような文言である。あえて言えば平和主義である。

アンナの平和言説においても、父アレクシオスは「平和の人《エイレーニコス》」であった。レオン六世の称号と同じ言葉である。他にも『アレクシアス』には平和主義が随所にみられる。たとえば、皇帝から同盟を持ちかけられたトルコ人がただちに作戦を開始したことについて、約束に忠実だと褒めるどころか、「このように野蛮人は常に虐殺や戦争を求めている」と非難している。こちらから声をかけ、それに応じたことを非難するのはお門違いであるが、アンナに言わせれば、父は同盟関係をちらつかせて敵に武器を置かせるつもりだったのに、いきなり戦闘に入るとは何ごとかといったところであろうか。常に戦争を求める野蛮人という言葉にも、弟ヨハネスへの批判が読み取れそうである。

十字軍に同行している聖職者が戦闘に加わったことを非難する際に、アンナは聖書の一節を曲解して

「聖職者は武器をとるな」と主張した。平和を強調したいあまりの勇み足であった。あるいは凱旋式についても、自分が誕生したのは父がノルマン戦争から凱旋した時であったとは言うものの、式次第について記すことはない。関心が薄かったようである。アレクシオス皇帝最後の戦いとなった対トルコ戦争は、全面的な対決とはならず、一一一六年の和平条約によって終結した。都に戻ったアレクシオスは凱旋式を断り、戦争孤児の救済に奔走した。戦争の歴史である『アレクシアス』の最後の記事は凱旋式ではなく、孤児院の建設とボゴミール派異端への対処である。どちらも年代を無視してあえて末尾においたもので、アンナの意図的な編集と思われる。戦う皇帝ではなく、慈悲深い、敬虔な「平和の皇帝」としてアレクシオスの治世をまとめようとしたのであろう。

戦争は最大の悪だと断言した六世紀の戦術書は、「しかし我々を攻撃する敵がいるから戦争や戦術書が必要となる」と続けて、防衛を強調している。レオン六世も「野蛮人とはいえ平和的に暮らしている民族を攻撃するのは正しくない」とか、「野蛮人が自分たちの国境内に留まり、我々に不当な攻撃を加えないなら、彼らに対して武器をとってはならない」と述べている。正しい戦争とは防衛戦争である、という観念はビザンツ人に共有されていた。

「平和の人」アレクシオス一世は戦い続けた。矛盾の化身と皮肉られそうだが、アンナが父の戦争を正当な行為とみていたことは言うまでもない。その根拠はやはり防衛戦争であった。『アレクシアス』で描かれる戦争は、すべてと言ってよいほど、外敵の侵入から始まる。平和を守るために父は戦っていると言いたいのである。

一〇九三年に、セルビア人のビザンツ領攻撃に対して皇帝がみずから出陣したことがあった。セルビア側はただちに使節を派遣し、ビザンツ軍の侵入に反撃しただけで、国境を越えて攻めるつもりはないと伝えてきた。アレクシオスはその弁明を諒として都へと戻った。「国境内に留まっている限り、野蛮人といえど攻撃してはならない」という戦術書の教えのとおりである。

具体的な戦略や戦術においても、たとえばマウリキウス皇帝の名で伝わる六世紀の戦術書は、「賢明な将軍は、本当に有利な条件がない限り、敵との正面戦争はしない」と、戦わずして勝つことを説いている。レオン六世も不戦戦略とも言うべき作戦を勧めている。


計略や兵法で敵に勝つほうが、武器で制圧したり、危険を冒して白兵戦を挑むより、ずっと安全で有効である。(レオン六世『戦術書』二十章11節)

十世紀には多くの戦術書が書かれたが、『ゲリラ戦』や『籠城戦』という表題からもわかるように、危険を冒すことなく勝つ戦術がよしとされていた。十一世紀後半のケカウメノス『軍事書』にも、真正面から正々堂々と戦うという精神はみられない。ケカウメノスもまた、さまざまの策略、とりわけ情報戦の重要性を強調している。祖父の英雄的な戦い方を称えるブリュエンニオスは、ビザンツ人らしくないと言われても仕方あるまい。

『アレクシアス』十五巻三章の「戦わずして勝つ」という平和言説は、レオン六世『戦術書』二十章11節を踏まえているという説もあるほど、ほとんど同じことを言っている。勉強家のアンナは、戦争の歴史を書くため戦術書を読んでいたのかもしれない。あるいは、レオンの『戦術書』が戦争論の権威としてよく知られており、孫子の兵法を思わせる不戦戦略はビザンツ人の常識となっていたと考えるべきであろうか。確かに、先に見たアレクシオスの偽返書などは、戦わずに策略で勝つべしという戦術書の教えを地でゆくものであった。

アンナの平和言説は、戦術書にみられるビザンツ人の伝統的な戦争観、戦略を受け継いでいる。何度も述べたように、ビザンツ帝国の歴史は戦争の歴史であった。それにもかかわらず、あるいは、それゆえにこそ、ビザンツ人は戦争を美化せず、なるべく避けようとした。戦い続けた平和的文明という逆説は、アンナの描くアレクシオス一世像そのものである。

平和への思いは『アレクシアス』の具体的な戦争記事にも現れている。その例として、小アジア西北部の町ニカイアをめぐるトルコ人との戦いをみておこう。

（6）戦争と平和の交錯

第一回公会議の開催地として有名なニカイアは、マンツィケルトの敗北に続く混乱のなか、トルコ人の支配下に入った。この町を抑えたのは、セルジューク朝の一族スライマンで、ここを拠点としてバグダッドのスルタンから自立した政権を樹立した。一般にルーム・セルジューク朝と呼ばれている。アレクシオス一世は即位直後からニカイア奪回をめざして多彩な戦略を展開した。

一〇八六年、ルーム・セルジューク朝の初代君主スライマンが死ぬと、代官であったアブル・カシム（アペルカセム）がニカイアを掌握し、隣接するビザンツ領への攻撃を始めた。これに対抗するためアレクシオスは陸海軍を出動させ、一定の戦果を上げた。軍事的成功を背景にアレクシオスはアブル・カシムに書簡を送り、和平協定の締結を呼びかける。ちょうどスルタンの軍隊が各地の独立政権を次々と屈服させていたこともあって、アブル・カシムは呼びかけに応じることにした。

協定が成立すると、アレクシオスはアブル・カシムを都へ招待した。壮麗な都コンスタンティノープル、「ローマ帝国」の栄光を見せつけようとしたのである。宮殿・教会・広場に案内されたアブル・カシムは、自分が戦おうとした相手がいかなる存在なのか思い知らされたに違いない。ビザンツ側がとくに力を入れたのが競馬観戦で、毎日のように競馬場に招待したという。充分もてなしたうえで、多くの贈物とセバストスという皇族級の高位称号を与えて、アブル・カシムをニカイアに帰らせた。アレクシオスは抜け目なく、アブル・カシムが競馬や浴場、狩りなどを楽しんでいるあいだに、ニカイア奪回の拠点となる要塞を建設していた。父の策略家ぶりをアンナは、スパルタを欺いたアテネの名将テミストクレスに譬えている。もっとも、トゥキュディデスの記事を確認しなかったようで、テミストクレスとすべきところアルキビアデスと間違えてしまった。

アブル・カシムがニカイアに戻って数年後、スルタンの征討軍が再度到来した。包囲は三か月続き、アブル・カシムは皇帝に救援を要請した。アレクシオスはただちに援軍を派遣した。父の行為についてアンナは次のように述べている。

これはアブル・カシムを救うためではなく、最終的に彼を破滅させるためである。ローマ帝国の敵同士が戦っている時には、弱いほうを支援するのが得策である。（六巻十一章2節）

しかし救援軍はニカイアまで行かず、早々と都へ撤退した。スルタンが増援部隊を送ったとの報せが入ったからである。勝てる見込みのない戦いはしない、危ない橋は渡らない、これまたビザンツ人らしい判断といえよう。しかもスルタンからアブル・カシムに対する同盟の提案があり、平和的にニカイアを回復する望みが無きにしも非ずであった。アレクシオスは洞ヶ峠を決め込むことにしたようである。切羽詰まったアブル・カシムは、多額の贈物をもってスルタンのもとへ向かい、ニカイア統治を認めてもらおうとしたが殺されてしまう。

このあとニカイアの支配権は、スライマンの息子クルチ・アルスラン一世の手に移った。ルーム・セルジューク朝第二代の君主である。ようやく一〇九七年になってアレクシオス一世は、クルチ・アルスランからニカイアを奪回する。最終的なニカイア奪回もビザンツらしい方法でなされた。

一〇九六年末から翌春にかけて、西欧から大軍団が続々とコンスタンティノープルに到来した。第一回十字軍である。厄介な集団を迎えてアレクシオス一世は困惑したが、粘り強く交渉して、次のような合意をかちとった。(1)十字軍は皇帝に対して臣下の礼をとる。(2)トルコ人から旧ビザンツ領を奪還したら皇帝に引き渡す。その代わりに(3)ビザンツは十字軍に食糧・宿舎を提供する。(4)ビザンツ軍も遠征に参加する。協定が結ばれると、十字軍は海峡を渡って小アジアへと進んだ。当時は小アジアのほぼ全域がトルコ領だったので、たちまち戦いが始まった。

十字軍とビザンツ軍が最初の攻撃目標としたのは、コンスタンティノープルからさほど遠くないニカイアであった。ニカイアへ向かったキリスト教連合軍は、町に近づくと、持ち場を決めて包囲体制を敷いた。十字軍は近郊の村を荒らしまわり、殺したトルコ人の首をニカイアの城壁に投げつけて防衛軍を威嚇したという。その暴虐ぶりにビザンツ人は眉をひそめた。この調子ではニカイアを占領しても、約束通りに引き渡さず、自分たちのものにするのではないかとアレクシオス一世は恐れた。できることなら単独でこの町を占領したいと考えたが、堅固な城壁を突破する軍事力はなかったので、ここでもまた策略に訴えることにした。

アレクシオス皇帝は、先陣を率いていた腹心の将軍に、ニカイア防衛軍と交渉に当たるよう指示した。将軍はニカイアのトルコ人に、無駄な抵抗はやめるよう勧告し、開城すれば身柄と財産を保証すると伝えた。抜かりなく、十字軍の恐ろしさも強調したのである。ニカイア側も、精強な十字軍相手に勝ち目はない、占領されたならどれほど悲惨な事態となるのか、よくわかったようで、ビザンツ軍に明け渡したほうがましだと判断した。こうして両者のあいだで開城の合意が成立した。残された問題は、聖戦意識に燃える十字軍を納得させることであった。

十字軍はビザンツとトルコの交渉を知らずに、攻城の準備を整えていた。ビザンツ側も協定に従って軍隊を出していたが、その実、今述べたように、皇帝の特許状と引き換えに町に無血入城する手筈を整えていた。トルコ側との打ち合わせが完了すると、将軍は、十字軍とともに城壁に攻撃をかけている司令官に、「獲物は手に入った。攻撃せよ」という指令を出した。町を攻め取ったと思わせる、かたちだけの攻撃であった。

こうして偽りのドラマの最終章が始まった。激しく戦っている十字軍を尻目に、ビザンツ兵はやすやすと城壁を登ってゆく。トルコ側は負けたふりをして撤退し、ビザンツ帝国の軍旗が塔に掲げられた。ビザンツ軍が一番乗りをしたということで、引き渡し協定を待つまでもなく、ニカイアの町は皇帝のものとなった。十字軍の軍事力を脅しに使って、平和的に奪回したのである。

(7) 異教徒との戦い

ニカイア奪回作戦の他にも、『アレクシアス』にはトルコ人との戦争が多数記されている。異教徒との戦いをみてゆくと、アレクシオス一世時代の戦争の実態、さらにはアンナをはじめとするビザンツ人の戦争観が浮き彫りになる。

まず注目されるのは、『アレクシアス』に記されている対トルコ戦争では、敵がイスラーム教徒であることをとくに意識した様子は窺えないことである。トルコ人のことを野蛮人と呼ぶものの、ノルマン人やセルビア人などキリスト教徒もしばしば野蛮人と呼ばれている。アンナは、十字軍を父の病の原因だと呪い、同行している聖職者が武器をとることを非難していた。十字軍に対するこのような嫌悪感をみても、イスラームとの戦いを聖戦と考えていなかったことは明らかである。

アレクシオス自身もイスラーム教徒と手を結ぶことに躊躇しなかった。当時エルサレムをめぐってトルコ人と争っていたエジプトのファーティマ朝とは以前から同盟関係にあった。十字軍がいよいよエルサレムに向かうという時には、ファーティマ朝の宰相に宛てて書簡を送って、自分には彼らの動きを止めることはできないが、貴国との同盟は継続したいと伝えている。この皇帝書簡はのちに十字軍の手に入り、裏切りのビザンツ人という非難を招くこととなった。

バグダッドのセルジューク朝ともしばしば同盟を結んでいる。ノルマン戦争に際しては七千人ものトルコ兵の提供を受けたという。父の外交戦略をアンナは肯定的に描いている。ただし、微妙な思いもあったようである。アブル・カシムに対する同盟締結にあたっては、セルジューク朝のスルタンから、長男とアレクシオスの娘の結婚が提案された。娘とは誰なのか、『アレクシアス』は伝えていないが、アンナの可能性もある。スルタンの提案を記したあと、アンナは次のように述べている。

皇帝は提案を受け入れるつもりはまったくなかった。……どれほど絶望的な立場に置かれようと、そんなことは考えていなかった。スルタンの手紙が読み上げられると、野蛮人の厚かましい要求に皇帝は笑い出した。（六巻十二章4節）

ひょっとしたら自分は遠い異国へ嫁いでいたかもしれない。そんな疑念を打ち消すかのように、スルタン暗殺の記事でアブル・カシムの話を結んでいる。

アブル・カシムとの戦いに限らず、『アレクシアス』にみられる対イスラーム戦争は、トルコ人の攻撃に対してビザンツ軍が反撃に出るというかたちで始まる。十字軍に便乗したニカイア攻撃も、ごく最近まで帝国領であった町の奪回作戦であった。ビザンツ皇帝は世界の支配者であるとアンナも考えていたが、皇帝は世界を征服する存在ではなく、攻め寄せてくる蛮族から帝国を守る者と描かれている。正しい戦争は防衛戦争であるという観念がここにも窺える。

トルコ人の侵入、攻撃に対してアレクシオス皇帝は反撃に出る。ただしビザンツ軍の反撃は手ぬるく、敵を殲滅するという意気込みは感じられない。正面戦争はなるべく回避し、ゲリラ戦で敵を苦しめて、適当なところで講和に持ち込む作戦がほとんどである。落とし所を探りつつ戦っているといったところであろう。「平和がすべての戦争の目的である」というアンナの言葉は、アリストテレスの引用らしいが、父の戦略を巧みに正当化している。

ビザンツ軍の中心として戦っているのは外国人部隊である。アブル・カシムに和平を決意させたのは、「ケルト人」ないし「ラテン人」と呼ばれている西欧人の部隊、皇帝に仕えたノルマン騎兵の活躍であった。最終的にニカイア奪回を実現したのも、ちょうどビザンツ領を通過していた十字軍を脅しに使いつつ、巧みな策略と説得によってであった。さらにはイスラーム勢力同士を戦わせることも繰り返し行なわれた。小アジアにはトルコ系の地方独立政権がいくつもあったので、この戦略はかなり有効であった。対アブル・カシムの場合のように、独立政権を抑えたいセルジューク朝のスルタンと手を結ぶこともあった。「夷を以て夷を制す」というビザンツの伝統的な戦略は、アレクシオス一世の時代にも健在だったのである。

異民族に武器を置かせるため、帝国との友好関係を維持させるために、戦争以外の手段も用いられた。「戦わずして勝つ」方法としてもっとも効果的だったのは、金品や爵位を与えることである。帝都コンスタンティノープルの壮麗な景観も、敵にビザンツ攻撃を諦めさせることに役立った。アブル・カシムの場合、これらふたつの方策が併用され、功を奏した。結婚同盟を提案するためセルジューク朝スルタンが派遣したシアウスという人物も、ビザンツ文明に感動したのか、洗礼を受け、皇帝に仕えることになった。アレクシオスはシアウスが持参したスルタンの書簡を活用して、いくつかの町を無血開城させている。「夷を以て夷を制す」と「戦わずして勝つ」を掛け合わせたような戦果であった。

『アレクシアス』に描かれる戦争は、レオン六世などの戦術書に記されていた伝統的な戦略に則っている。しかしアンナは単に伝統を繰り返しただけではなかった。平和言説の根底にはアンナの個人的な思いがあった。

(8) アンナの涙

アンナは父の手柄を誇らしげに書き記しつつ、戦争に関する独自の見解に加えて、嘆きの言葉も繰り返し挿入している。父の苦難を思うと涙が止まらないというのである。『アレクシアス』はアンナの涙に始まり、涙に終わる歴史書だと言ってもよい。序文において「嘆きこそが本書の主題である」と宣言したアンナは、大団円となるアレクシオスの死亡記事の冒頭でも、父は自分の功績、戦いや試練を歴史として将来の世代に伝えるより、不幸を嘆いてほしいと言っていたと回想している。

父の治績を記しつつ、苦難の生涯を思えば涙が溢れてくる。アンナは自分が歴史を書いていることをよく承知していた。歴史にとって大切なのは、著者の思いを吐露することではなく、真実を伝えることである。『アレクシアス』には、嘆きはこれまでにして歴史に戻ろうと自分に言い聞かせる場面が何度も出てくる。デュラキオンの敗戦のあと、戦場を離脱するアレクシオスの英雄的な姿を記したアンナは、続く「小方法論」と呼ぶべき短い節で、みずからの歴史論を述べる。そこでも、父の苦難をすべて書き記せば、私は魂の底から泣き明かしたであろうと言い、オデュッセウスの息子テレマコスの言葉を引用したうえで、「父の苦難に驚き、涙するのは私だけのことにして、歴史に戻らなければならない」とこの節を終えている。

地方反乱について記した時にも、皇帝を裏切った者たちへの恨み言を並べ、「拒まれ、侮辱され、鞭打たれ、最後には邪悪な人々によって十字架に架けられた」イエス・キリストのようだと父に涙している。恩知らずの者たちの名簿を作成したいのを我慢し、やはり『オデュッセイア』の一節を引用して嘆きの脱線を終える。しかし父の最期を記すアンナは、涙の海から戻ることはなかった。

アンナの涙には戦争が深く関わっていた。戦場から戦場をめぐり、宮殿にいることの少なかった父。父は内外の敵に立ち向かい、片時も休むことがなかった。晩年は病を押して出陣していた。最後の戦いとなったルーム・セルジューク朝との戦争から戻った父を待っていたのは死であった。戦い続けた生涯を嘆いてほしいと、病の床で父は言っていた……。辛かっただろうとアンナは涙する。

父の不幸は我が身の不幸でもあった。私には父との思い出がほとんどない。『アレクシアス』を書き進めてアンナは改めて気づいたであろう。末尾に近い十四巻八章では、トラキア地方のフィリッポポリスについて「ある用件で皇帝とこの町に滞在したことがある」と断って、町の様子を詳しく記している。数少ない思い出としてわざわざ書き加えたものと思われる。

アンナは父の遠征にしばしば同行したという見解もある。その根拠とされるのは、父母の傍らにいて見聞きしたことが情報源だと、「方法論」の章で述べていることである。戦争経験のない女性に『アレクシアス』のような歴史書が書けるはずはないという説への反論らしいが、私には勇み足のように思えるのである。フィリッポポリスへの遠征に皇帝が家族を同行させたことは、ゾナラス『歴史要略』も記しているので確かである。しかしアンナが父に従ってたびたび遠征に参加したとは考えにくい。父との絆をあれほど強調するアンナであるから、そのような経験があったなら、詳しく記したはずである。家族そろって行ったとゾナラスが記しているのは、異例のことだったからに違いない。

フィリッポポリス遠征や臨終の場面の他にも、アンナは父との個人的な思い出として、家族や側近に語る父の姿を『アレクシアス』に記している。アレクシオス皇帝は都にいても、政治・外交・儀式などで多忙であったから、父から話を聞くのは滅多にないことで、アンナはひとことも聞き漏らすまいと耳を傾けたであろう。アレクシオスの生涯そのままに戦争の話が多かった。反乱将軍ブリュエンニオスとの旅の逸話や、ドロストロンでペチェネグ兵に追われた時の苦難を懐かしそうに語る父をアンナはしっかり憶えている。ドロストロンでの敗走については、追手のペチェネグ人をいかに撃退したかを語り、軍旗を捨ててもよければ、もっと多くの敵兵を倒しただろうと、少し残念そうな父であった。この話を記したあと、父は公の場ではけっしてしない自慢を、身内の者にはたまにすることがあったとアンナは回顧している。

アンナは自分の誕生も父アレクシオスの戦いと結びつけている。歴史書に著者の誕生を記すのは異例のことである。

皇帝が宮殿に戻る二日前に母は産気づいた。陣痛に苦しみながら、母はお腹のうえで十字を切って言った。「赤ちゃん、少し待ってね、お父さまがお帰りになるまで。」……赤ちゃんは皇后の言いつけを聞き入れた。（六巻八章2節）

母の言いつけどおり、父の帰還を待って私は誕生した、とアンナは自慢している。事件の順序を無視して、ノルマン戦争の終結、皇帝の凱旋に続けて自分の誕生を記したのは、私という存在は帝国の誉れであると仄めかしているようである。それだけではない。戦争が終われば父は帰ってくる、私はその日を待っていたと言いたかったに違いない。父オデュッセウスがトロイア戦争から戻るのを待っていたテレマコス、テレマコスは父を探し求めて旅に出たが、私はひたすら待っていた。

誕生記事には次のような一節もある。

土曜日の夜明けに女の子が生まれた。その子は何から何までお父さんそっくりだと誰もが言っていた。私がその赤ちゃんである。（六巻八章1節）

私は父に似ている。父の苦難を理解できるのは、両親の言いつけを守る、良き娘の私だけである。父は言っている。自分は内外の敵と戦い続け、皇帝としての責務を立派に果たした。しかし辛い日々であった。穏やかに暮らすことができればそれに越したことはないのだ。そのような父の思いを伝えるのも私の仕事である、父の治績を記しながらアンナはそう考えた。

アンナの平和への願いは、母エイレーネーの思い出にも込められている。十二巻三章で皇后が遠征に同行したことを記した際には、母は控え目で人前に出ることを好まなかったが、病の夫アレクシオスを気遣って戦場へと向かったのであり、本来はその名の通り「もっとも平和な」女性であったと弁明している。エイレーネーとは平和という意味であり、その形容詞形「平和な（エイレーニコス）」の最上級で母を称えるのである。父母の面影は平和への思いに重なっていた。

(9) 平和言説のゆくえ

アンナの平和言説の背景には、夫ブリュエンニオスへの不満や弟ヨハネス二世に対する恨みだけではなく、ビザンツ人の伝統的な戦争観、そしてなによりも父アレクシオスへの哀しい思いがあった。その思いが、戦争の歴史『アレクシアス』に似つかわしくない言葉となったのである。

夫の遺志を継ぎ父の治績をまとめたところ、戦争の歴史となった。アレクシオス一世は内外の敵と戦い続けたから当然の結果である。しかしアンナは釈然としなかった。父は戦争を望んではいなかったはずである。病を押して出陣する晩年の父を思い出して、心からそう思うアンナであった。父は皇帝としての責務を果たすべく戦い続けた。辛い日々だっただろう。宮殿に残された私たちも辛かった、淋しかった。父の不幸は私の不幸でもある、アンナはそう考えた。戦争が終われば父は帰ってくる。私はその日を待ち望んでいた。アンナの平和言説の背景には、アンナなりの戦争体験があった。戦争体験が平和への願いのもとにあるのは、第二次大戦後の日本人も同じである。

弟ヨハネス二世はまったく異なる見方をしていた。戦い続けた父は英雄である。倅よ、皇帝として私のように生きよと父は言っている。ヨハネスは、戦争を賛美する『アレクシオスの歌』を公表し、みずからも戦い続けた。それが息子としての務めだと考えた。自分の不幸を嘆いてくれと言う父、みずからの戦果を誇らしげに語る父。アンナのアレクシオスか、ヨハネスのアレクシオスか、どちらが本当のアレクシオスだったのだろうか。後継者問題などからみて、どうもアンナのほうに分が悪そうである。アンナのアレクシオス像は、個人的な思いが創り上げた虚像かもしれない。

しかしながらアンナの平和言説は根も葉もないものではなかった。十世紀の「平和の皇帝」レオン六世、さらには六世紀の戦術書にまで遡る伝統にアンナは掉さしていた。時代は降って、アンナより三百年近くのち、帝国末期の皇帝マヌエル二世（在位一三九一～一四二五年）も次のような発言をしている。

神は血を喜びませんし、理性に従うことなく行動することは神の本性に反します。……理性を備えた人間を説得するためには、腕力も、いかなる武器も、死をもって人を脅すその他の手段も必要ではありません。（『あるペルシア人との対話』）

マヌエル二世の言葉は、戦い続けなければならなかったビザンツ帝国、その一千年の歴史が生み出したものといえよう。アンナの平和言説は帝国の最後まで受け継がれていたのである。けっして独り善がりの思い入れではなかった。

十字軍の諸侯や騎士たちは、神のための崇高な戦いを理解せず、イスラーム教徒とも手を結ぶビザンツ人を、「狡猾なギリシア人」と呼んだ。E・ギボンの『ローマ帝国衰亡史』をはじめとして、近代の西欧文明も、ビザンツを臆病、軟弱、狡猾、卑怯と、繰り返し非難してきた。「平和の人」「戦わずして勝つ」といったアンナの平和言説が、そのような否定的なビザンツ像の形成にひと役買ったことは間違いない。しかしそれはアンナにとってけっして不名誉なことではないと私は思う。新たな戦争が人類の破滅につながりかねない現代の世界に向けて、ローマ教皇ベネディクト十六世はマヌエル二世の言葉を引用して平和を説いた（『信仰・理性・大学――回顧と考察――』二〇〇六年九月十二日、於レーゲンスブルク大学）。マヌエルの言葉はビザンツ帝国が人類に残した世界遺産である。アンナの平和言説もまた再評価されるべきではないだろうか。

父は戦い続けた。弟はその志を継ぐと公言している。しかし父の本当の気持ちを理解できるのは私である。「平和の人、アレクシオス大帝」

3 「なぜ？」という問いかけ——原因・運命・摂理——

(1) 歴史の娘？

E・H・カーは『歴史とは何か』において、歴史の研究とは原因を明らかにすることだと述べた。今日では、学生の書く卒業論文でも、ただ事実を羅列するだけではなく、なぜそのようなことが生じたのか、原因や因果関係を明らかにすることが求められる。

「なぜ？」が大切なのは歴史学だけではない。病が流行《はや》り、幼い子供が次々と死んでゆく。可愛い我が子も死んでしまった……。なぜこんな酷い、悲しいことが起こるのか？　誰しもそう問わざるを得なかった。もちろん、「なぜ？」に答を見つけられないことも多い。人間の力ではどうすることもできない定めなのだと諦めたり、哀しみや憤りだけが残ることも多かったに違いない。あの子は神様に導かれて極楽へ行ったのだと、自分に言い聞かせることもあっただろう。

「なぜ？」という問いかけは、どうすれば二度とこのようなことが起こらずに済むのか、大事な子供を失わずに済むのか、という実践的な課題を提起するはずである。この場合でも、ひたすら神に祈るという道はあった。その道を選んだ者も多かった。しかし、自分たち人間の力でこのような悲劇をなくしたい、そう考えた人々が病原菌を発見し、抗生物質やワクチンを開発した。「なぜ？」という問いこそが、幸せな生活、より良い社会へと歴史を進めてきたのである。

もちろん原因を求めるのは悲劇や不幸の場合だけではない。大きな功績を残した人を見て、なぜ成功をおさめたのかを問うこともあった。さらには、なぜ私は九百年も昔の女性歴史家について本を書いているのか、どうして大地震や洪水が起こるのか、身近なことや自然現象も「なぜ？」の対象となる。いずれの場合でも答を得ることは難しい。自分自身についてさえ、原因や理由がはっきりしないことが多いのは、誰もが感じているところである。

「なぜ？」の追究を社会や歴史を対象として行なうことはさらに難しい。歴史においては、事象は多岐にわたり、かつ個人の願いや努力を超えた力が働いているからである。歴史の因果関係は複雑であり、さまざまな説明がありうる。人間という存在を、あるいは社会や歴史というものをどう考えるのか、ひとりひとりの世界観によって答は違ってくる。

出来事の原因を究明する、この姿勢をはっきり示した最初の歴史家はヘロドトスであった。ヘロドトスは『歴史』の序文で、ギリシアとペルシアが「いかなる原因（アイティア）から戦いを交えるに至ったのかの事情」をみずから調査研究し、書き記したと述べている。歴史学宣言である。ヘロドトスは自然現象についても原因を追究した。エジプトを訪ねて、ほとんど雨の降らない夏にナイル川が増水するのはなぜだろうと問いかける。従来の説明を列挙し、ひとつひとつ批判・検討したうえで自説を述べる姿には科学者の面影がある。

出来事を記すだけではなく、その原因を追究したことをもってヘロドトスを「歴史の父」と呼ぶならば、アンナは「歴史の娘」だったのだろうか。両親の言うことを聞く良い娘だったと本人は言っているが、歴史の良き娘だったのだろうか。本章では、歴史学の要ともいえる「なぜ?」にアンナがどう向き合ったのかを検討したい。そこから、歴史書『アレクシアス』の特徴のみならず、アンナという女性の佇《たたず》まいも浮かび上がってくるに違いない。

(2) 原因と運命の相克

『アレクシアス』における原因の追究について考えるに際しても、古代ギリシアに遡ってみてゆくことにしよう。「なぜ?」という難問に対して古代のギリシア人はわかりやすい答を用意していた。「運命(モイラ、テュケー)」である。人間界の出来事は神々の意志によって決められており、人間はそれを知ることも、変えることもできない。すべては運命である。「なぜ?」に対する古代人の素朴な答と言ってよい。

神託で有名なデルフォイに『シフノス人の宝庫』と呼ばれる建物がある。その軒まわりにトロイア戦争を主題とした浮き彫りがあり、戦闘場面と神々の集会が描かれている。右半分が英雄アキレウスとエチオピア王メムノンの一騎打ち、左側は、いずれを勝たせるべきか、ゼウスを中心に神々が協議している場面である。神々の決定はアキレウスに下り、メムノンは戦場に倒れる。この世の出来事は神々によって決められている、メムノンがいかに勇敢であろうと敗れる運命にあることを示した図像である。メムノンに勝利するとされたアキレウスもまた、トロイア戦争に出陣すれば名声を得るが戦死する運命であると、母である女神テティスから教えられていた。

このようにギリシア人は運命の存在を信じており、英雄叙事詩や悲劇の主題となった。しかし歴史家としては、すべては神々によって定められており、人間の力の及ぶところではない、というわけにはゆかなかった。運命で済ませるなら、歴史を学ぶ必要はない。定めのままに生きてゆけばよいだけである。しかるに、人間の行為が特定の結果をもたらすこと、ものごとの原因であることは、我々の経験からも明らかである。

こうしてヘロドトスに続いて、トゥキュディデスも歴史学の課題として、事件の原因を追究した。トゥキュディデスの『歴史（戦史）』は、本論の冒頭、第一巻二十三章でペロポネソス戦争の原因について考察している。その考察方法は、出来事の直接的な原因と根本的な要因を区別するもので、原因の追究という点でもヘロドトスよりさらに踏み込んだものと言えよう。ちなみにトゥキュディデスによれば、アテネの勢力拡大にスパルタが恐怖感を抱いたことが戦争の真の原因だという。現代の歴史学者もこの説明を受け入れているようである。

「なぜ？」をめぐって、人間に由来する原因と神々が定める運命の関係について、迷いつつも深く考察したのは前二世紀のポリュビオスである。「実用的歴史」を唱えたポリュビオスは、その著作『歴史』において、ローマが世界を支配するに至った要因を考察した。まさに「なぜ？」を追究した歴史家である。ポリュビオスは言う。歴史的な事象を運命だというのはお粗末な説明である。出来の悪い歴史家は説明がつかなくなって、悲劇作家のように神を登場させるが、原因なくして生じることは何もないのだから、原因を探るべきである。成功であれ、失敗であれ、その原因を明らかにすることが歴史家の務めであると繰り返し述べている。

では、なぜ原因を探ることが大切なのか。歴史家は公平な立場から真実を記さなければならない。しかしそれだけでは充分ではない。事実を記すだけでは、感動を与えることはできても、歴史から教訓を学ぶことはできない。なぜそのようなことが生じたのか、その原因を明らかにすることで歴史は有益なものとなる。後世への教訓を強調する「実用的歴史」にとって、原因の追究が不可欠だとポリュビオスは考える。ローマが覇権を握った原因を探ろうとせず、やみくもに称賛したり、運命だったと済ませるのは愚か者のやることである。ローマを称賛するなら、真の原因を知ったうえですべきである。ここまでの議論は一貫している。

その一方でポリュビオスは、納得できる原因が認められない出来事が存在する、運命あるいは偶然としか言いようのない事件があることも認めている。よく考えられた作戦が、思いがけないことで頓挫し、大敗を喫することもあった。個々人の思惑を越えた想定外の事件、理解しがたい事態も多かった。カルタゴの将軍ハンニバルの敗北は「すぐれた将軍の思惑を偶然が打ち砕いた」一例である。テーベの名将エパメイノンダスについても、「すぐれた将軍がとるべき行動をなにひとつ欠けることなく実行した、そして敵には勝ったが、運に負けた」と結論している。

ハンニバルなどの悲劇を念頭においてであろう、ポリュビオスは次のように言う。「運命というものはいつでも、重大なことがらを人間の思惑を超えて決めてしまう。」ここにおいて歴史は限りなく悲劇へと接近する。死ぬ運命と知りつつトロイアへ向かうアキレウスの世界、人知の及ばない運命に翻弄されるオイディプス王の世界である。しかし運命が決めてしまうと言った時、「出来の悪い歴史家は神を登場させる」という言葉は、ポリュビオス自身に撥ね返ってくる。

この矛盾をさしあたり解消する方法はあった。運命に支配される領域を特定することである。人間にはその原因を理解することのできない事象が存在する。その場合、供犠によって神々の怒りを宥《なだ》め、神託を求めて事態の好転をはかるべきである。逆に、原因を見つけることが可能な事象については、結果を神の意志に帰するべきではない、未来を占い師に頼るべきではない。しかしこの二分法が根本的な解決でないことは明らかである。

ポリュビオスが到達したのは実践的解決とでも呼ぶべきものであった。人間の理解を超えた、偶然としか言いようのない事態に対しても、それを安易に運命だと納得するのではなく、人間としてできる限りの努力をすべきである。たとえ実を結ばなくとも、努力した者はその運命に耐えることができる。ポリュビオスはそう考えた。私たちになじみ深い表現をするなら、「人事を尽くして天命を待つ」ということになろうか。運命をそのまま受け入れることと紙一重の差と言ってよい。しかしこの紙一枚の違いは大きい。人間にはどうすることもできない運命の力を認めつつ、けっして諦めない、努力を放棄せず、定めに耐えてゆくというポリュビオスの姿勢は、古代ギリシアのヒューマニズム（人間中心主義）を限界まで突き詰めたものと評価したい。

運命という高い壁、乗り越えることができない壁を前にして、その前に立ち続ける。越えられないのを承知のうえで、人間としてできる限りの努力をする。その積み重ねがいつか壁を乗り越えることを可能にする、そして壁の向こうに新たな世界が広がる。そう信じて運命という壁に人間は挑み続けてきた。幸い、運命に立ち向かうのは素手ではない。歴史という武器がある。繰り返される「なぜ？」という問いかけが、いつか壁を越える方法を私たちに与えてくれるだろう。未来をみつめる「実用的歴史」とは、そのようなもののはずである。

ポリュビオスは著作の最後に、妬み深い運命から守ってくれるよう神々に祈っている。

運命というものは、とかく人間に妬みを抱きやすいものであるから、……残された私の人生が最

後までこのままここに留まってくれるように、すべての神々に祈りを捧げよう。（『歴史』三十八巻八章2節、城江良和訳）

これがポリュビオスの最終的な答だったのかもしれない。挫折とも読める一節であるが、人間の限界を知ったうえで、人間に希望を託したもの——ヒューマニズム——と解したい。

（3）ビザンツ歴史家の苦悩

ポリュビオスをはじめとするギリシア歴史家の「なぜ？」との格闘を、ビザンツの歴史家はどう受け止めたのだろうか。

ビザンツ人も、人間の思惑や努力を超えた、歴史を動かす力を実感していた。ただし、国家や社会の変化に応じて、古代のギリシア人とは異なる解釈をした。キリスト教徒であるビザンツ人は、ポリュビオスを悩ませた「なぜ？」に確かな答を用意していた。摂理（プロノイア）という概念である。この世において生じることはすべて、万物の創造主である神の意志によって決められている。摂理は古代ギリシアの運命と似ているが、唯一全能の神が被造物である人間を愛をもって導き治めるというところに特徴がある。自分たちは「選ばれた民」として、神の英知と愛に導かれている。不幸や災いも神の配慮——プロノイアのもともとの意味——であり、最終的に天国へたどりつくことができる、というわけである。

当然ながら歴史の解釈にも摂理が用いられた。ビザンツ帝国における二種類の歴史書——年代記と同時代史――のうち、キリスト教色の濃い年代記は、天地創造から現代に至るまでの歴史を神の摂理の展開として描き出している。ギリシア歴史学とは異なり、ビザンツの年代記は原因の追究を課題としていない。時を追って事件を列挙してゆくという形式が、因果関係の考察には向いていないことに加えて、摂理を持ちだせば、それ以上事件の原因を追究する必要がないからである。

九世紀初めに編纂された『テオファネス年代記』も摂理の展開という歴史観に貫かれている。神の摂理は大前提であるので、いちいち言及しないことが多いが、聖像破壊皇帝コンスタンティノス五世（在位七四一～七五年）は神の摂理によって死んだとあり、アラブ艦隊の難破やブルガリア軍の退却、果ては皇帝の落馬までが神の摂理だとされる。摂理という言葉は使わずとも、コンスタンティノープル包囲に先立つ七一五年のペルガモン陥落や、敬虔なエイレーネー女帝が帝位を追われたことも、我々の罪ゆえに神がそれを許されたのだと説明している。出来事の善悪、幸不幸を問わず、すべては神の思し召しというわけである。

もうひとつのジャンルである同時代史も、著者はキリスト教徒であり、その限りにおいて歴史観は年代記と共通している。しかし同時代史はギリシア歴史学の伝統を受け継いでおり、古典に造詣の深い著者は、原因を追究することが歴史家の仕事であると理解していた。しかも摂理とは相容れないにもかかわらず、教養をひけらかすかのように、人間を操り、歴史を動かすものとして、しばしば運命（テュケー）に言及している。そこで、原因・運命・摂理をキーワードとして、ビザンツの同時代史が、「なぜ?」にどう向き合ってきたのかを検討したい。

六世紀の歴史家プロコピオスは、ユスティニアヌス一世の治世を記した『戦史』と『秘史』を著した。古代ギリシア歴史学の掉尾を飾る歴史家であり、同時にビザンツ歴史学の祖でもある。『戦史』の一巻一章は、ヘロドトス以降のギリシア歴史学の伝統をまとめたもので、ビザンツ帝国における歴史学のあり方を定めた「ビザンツ歴史学宣言」となった。プロコピオスは、「ユスティニアヌスの偉大な業績が忘れられることのないように、みずからの体験をもとにその真実を書き記し、後世への教訓とした」と宣言している。ところが第1章「越境する歴史学」でも指摘したように、歴史家の重要な仕事であったはずの原因の追究は掲げられていない。

原因の追究を歴史学宣言に含めなかったことが気になっていたとみえ、プロコピオスは第二の著作『秘史』の冒頭で次のように言う。

私はこれまでの著書では多くの事件に言及はしたが、それらの原因については沈黙を守らざるを得なかった。したがって私は、……これまでに述べてきた諸事件の原因を本書ではぜひ明らかにしておく必要があると強く思っている。(『秘史』一章3節、和田廣訳)

客観的な描写に努めていた『戦史』とは異なり、『秘史』は「私」を強調している。思いの丈を表明したものと言えよう。本文中でも「今ここに書いているのは、以前の私では筆にすることができなかったことばかりである」と述べている。公式の歴史書である『戦史』には書けなかった「なぜ?」を、非公開の書『秘史』で語ろうというわけである。

『戦史』において原因の追究を断念せざるを得なかったのは、事件の「張本人」が存命中だからだとプロコピオスは言う。彼の発言の背景にはビザンツ帝国独特の支配体制があった。民主政のアテネ、共和政のローマとは異なり、ビザンツ帝国は皇帝専制の国家である。歴史の因果関係を解明しようとすれば、支配体制の頂点に君臨する皇帝について論じざるを得ない。敗戦や混乱など不幸な出来事なら、皇帝の責任を問うことになるだろう。しかしながら、歴史家の多くは皇帝に仕える身であり、かつ皇帝は「神の代理人」として絶対的な存在で、公然たる批判は不可能であった。ユスティニアヌスを批判した『秘史』のなかで、プロコピオスは自分が著者だと露見すれば命が危ういとすら言っている。

真正面から皇帝の責任を問うことができなかった『戦史』において、事件の原因がどう論じられているのか、ビザンツ軍の勝利と敗北という対照的な事例をそれぞれ見ておこう。五四〇年のアンティオキア陥落は、ユスティニアヌスの外交の失敗が原因のひとつであったが、プロコピオスは次のように説明する。「アンティオキアはペルシア軍によって破壊される運命にあったので」、防衛側は城壁に隣接する岩を活用するという有効な戦略を思いつかなかった。陥落が必然だったという叙述は、その原因・責任を問わないことを意味する。

逆に、同じ五四〇年にベリサリウス将軍がラヴェンナを攻略したことについて、その場に居合わせたプロコピオスは、「かかる功名は、叡智などといった人間の力によるものではない」と感じ、「常に人間の思惑を歪めている神懸った力」に思いを馳せたと回顧している。ベリサリウスの手柄を運命に帰したのは、いけ好かない将軍――『秘史』ではユスティニアヌスとともに槍玉に挙がっている――に対する嫌味かもしれない。

このように勝敗いずれも運命だったと説明されている。しかも「妬み深い運命の女神」などといった古典風の表現もみられ、プロコピオス『戦史』にはギリシア歴史学の伝統が息づいている。その一方で、「人間には理解できなくとも、神は常に正当な理由があってそのように振る舞う」とも言っており、年代記の編者と同じく、歴史の展開は神の定めた計画の実現であると考えていたことも確かである。キリスト教の摂理と異教ギリシアの運命を適当に混用しているといったところであろうか。運命や摂理をめぐるプロコピオスの議論は、「どちらなのか、私にはわからない」とか、「各人好きなように考えてもらいたい」と突き放したように結ばれることすらある。

プロコピオスは『戦史』において、人間とりわけ皇帝の行為に出来事の原因を求めることを断念した。ギリシア歴史学からビザンツ歴史学への転換である。あるいは、人知の及ばない「なぜ?」への答を求めて、古代ギリシアの運命とキリスト教の摂理のあいだを彷徨《さまよ》っている姿は、古代から中世へ移る時代の象徴といえるかもしれない。しかしキリスト教ビザンツ文明が確立したあとも、原因の追究をめぐって歴史家の苦悩は続いた。

次に、アンナに大きな影響を与えた十一世紀の歴史家プセルロスをみてみよう。古典を深く修めたプセルロスは、ギリシア歴史学の伝統を強く意識しており、ビザンツの歴史家としては珍しく、原因の追究がみずからの仕事であると明言している。

歴史を書くに際して私が心がけてきたのは、良いことであれ、悪いと思えることであれ、それのみを考察するのではなく、出来事の原因や結果も探ることであった。(『年代記』六巻二十章)

さらに、運命という古代ギリシア人の観念についても学のあるところを披露している。バシレイオス二世(在位九七六~一〇二五年)に対して反乱を起こし敗れた、スクレロス将軍が皇帝と会見する場面もそのひとつである。スクレロスは、なぜ反乱を起こしたのか、理由を説明した。青年皇帝バシレイオスは将軍の弁明を静かに聞くと、このようなことになったのは不幸な運命のためだと言い、それ以上将軍を責めなかった。むしろ、経験豊富な将軍に、内乱を防止するにはどうすればよいのか助言を乞うた。スクレロス将軍は事件の人間的な原因（アイティア）を説明し、バシレイオス皇帝は人間の思惑を超えたテュケー（運命の女神）の存在を語る。ふたりのやりとりは、古典に通じたプセルロスの創作であろう。このようにプセルロスは、原因や運命といったギリシア歴史学の概念を用いている。その反面、キリスト教的な説明原理である摂理に言及することはさほど多くない。ただし、ギリシア古典に傾倒するあまり異端の疑いをかけられた経験もあり、用心のためだろうか、次のような信仰告白を『年代記』に盛り込んでいる。

偉大な出来事を私は神の摂理に帰することにしている。いやむしろ、あらゆる出来事は、我々人間の性質が道を外れていない限り、神の摂理に由来するのである。（『年代記』四巻三十章）

プセルロスが珍しく具体的な事件に関して摂理に言及しているのが、トルニキオス将軍の反乱である。一〇四七年、反乱軍がコンスタンティノープルを包囲した。防衛側が抵抗を断念したにもかかわらず、トルニキオスは入城をためらい、千載一遇の機会を逃してしまった。この事件についてプセルロスは、反乱軍の不可解な行動は神の摂理としか考えようがないと述べる。しかしそのすぐあとで、入城を延期したトルニキオスの判断の誤りについても指摘している。プセルロスの真意をめぐって研究者の見解が分かれているが、摂理を認めつつも、それで事足れりとするのではなく、人間の行動に具体的な原因を求めようとしているものと理解すべきである。ヒューマニズムの復興と言えるかもしれない。

十一世紀後半の歴史家にとって原因の追究といえば、まっさきに問うべきは一〇七一年のマンツィケルトの敗北であろう。皇帝ロマノス四世がトルコ軍の捕虜となり、帝国の混乱が一気に加速された事件である。プセルロス『年代記』は宮廷中心の歴史書で、戦いそのものに関しては簡単な記述しかない。それでも敗因について考察を加え、運命や摂理で済ませるのではなく、ロマノス四世が勇敢に戦ったことは認めつつも、その戦略が誤っていたと、皇帝の行為に原因を求めている。

プセルロスは、ロマノス皇帝の戦略を論じるだけではなく、トゥキュディデスばりに真の原因も追究している。このような事態に陥った要因を時代を遡って探究し、コンスタンティノス九世の放漫財政を指摘するのである。「コンスタンティノスは、当時健康であった帝国の身体に多くの病原菌を撒き散らした」というのが彼の結論である。直接的な敗因にせよ、それを招いた根本的な原因にせよ、皇帝の責任を追究したことは注目すべきであろう。

プロコピオス『戦史』ができなかった原因の追究、皇帝批判がプセルロスには可能だった理由は、歴史家としての矜持云々より、十一世紀における政治の混乱、反乱や陰謀による帝位の目まぐるしい交替に求めるべきであろう。プセルロス『年代記』は、内憂外患のなか帝位を追われた皇帝たちの治世を扱っている。そのような皇帝を非難しても何ら差し障りはなかった。

その反面、『年代記』の最後、在位中のミカエル七世（在位一〇七一～七八年）の時代を扱った章では、皇帝の容姿や学識、家柄や徳などを称えることに終始している。時の皇帝を批判することは、プセルロスにもできなかったのである。ミカエルが失脚したのちになって、無能な皇帝だったという批判が、続く歴史家アタレイアテスによってなされた。そのアタレイアテスも、自分が仕えたニケフォロス三世（在位一〇七八～八一年）をひたすら称賛している。

しばしば皇帝批判に至る原因の追究は、ビザンツの歴史家にとって難しい課題であった。アンナはこの問題にどう取り組んだのだろうか。

（4）『アレクシアス』における原因の追究

プセルロス『年代記』は、ビザンツ歴史書には珍しく、原因の追究を強く意識した作品であった。歴史書に頌詞や自伝の要素を取り入れるという点でプセルロスを真似たアンナではあったが、原因の追究に関してはそうではなかったようである。アレクシオス一世時代に多くの陰謀が生じたのはなぜか。トルコ人やペチェネグ人の侵入が相次いだのはなぜか。さらにそのような困難を乗り越えて、帝国が繁栄したのはなぜか。『アレクシアス』には突っ込んだ考察はみられない。

アレクシオス一世のもとで帝国が繁栄を取り戻したのはなぜか、アンナには今さら問う必要もない明白なことであった。父アレクシオスが神に嘉《よみ》された偉大な皇帝だったからである。私たち現代の歴史研究者なら、そんな説明で済むなら苦労はないと言いたいところであるが、アンナにはそれで充分であった。彼女の関心は、原因の追究よりも、父の偉大な業績を伝えることであった。ここに記す父の輝かしい治績は嘘偽りではないと、読者に認めてもらうことが何よりも大切であった。

しかしながら「なぜ？」と問いかけることは、歴史学の核心であるだけではなく、人が生きてゆくうえでも切実な問題であった。アンナもまた「なぜ？」と問わないはずはなかった。皇帝の娘として生まれた私が、なぜ今では修道院で淋しく暮らしているのかと、繰り返し自問自答したであろう。弟に対するクーデターのことを、ああしておれば、こうしていたならと悔やむなど、人生を振り返って、さまざまな迷いや煩悶があったに違いない。アンナの問いかけや迷いは、歴史書『アレクシアス』に反映されているはずである。反対に、『アレクシアス』における「なぜ?」への取り組みは、アンナの人生観・世界観を語ってくれるであろう。

歴史における原因、因果関係をアンナがどう考えていたのか、考察の手がかりを「アイティア（原因・責任）」という言葉に求めることにする。ヘロドトスが歴史学の課題として提唱し、トゥキュディデス、そしてとくにポリュビオスが強調した概念である。

『アレクシアス』でもアイティアという単語が繰り返し使われている。しかしテュケー（運命）、プロノイア（摂理）などとは異なり、ギリシア語テキストの索引には挙っていない。『アレクシアス』を読み解くキーワードとはみなされていないようである。確かに、大半は日常的なことがらに関して、その原因や責任という文脈で用いられている。とくに目立つのは、父の病の原因という表現である。アレクシオス一世の病気についてアンナがどのように説明しているのか、歴史的事件の場合と比べるため、簡単に見ておこう。

アンナが父の病に言及するのは、もちろん『アレクシアス』も末尾に近づいてからである。とくに十四巻四章では、晩年のアレクシオスを苦しめた病気の原因について詳しく記している。父の病は、遺伝的なものでも不摂生によるものでもないと述べたあと、三つの原因を挙げている。発端は、腹心のトルコ人将軍とポロ競技に興じていた際の事故であった。これが病の第一の原因であったとアンナは言う。続けて、第二の、より明白な原因として、十字軍への対応、深夜まで続く皇帝の激務を挙げ、さらに、第三の、根本的な原因に触れている。第三の原因についてアンナは、「それ（男性単数形）は病の原因であるのみならず、病そのものである」と断言しつつも、これ以上は言えない、いずれきちんと話したいと十四巻四章を終える。アンナが口ごもった第三の原因とは弟ヨハネス二世のことだろうと、多くの研究者は推測している。

父の病を論じるにあたってアンナは、その原因を三段階に分けて説明している。ペロポネソス戦争の開戦理由を考察したトゥキュディデスより、もう一段突っ込んだ分析といえよう。それだけ父の病がアンナにとって強い関心事だったのである。

『アレクシアス』の末尾、アレクシオス一世の死を記した十五巻十一章でも、父の病の原因が語られる。ここでも皇帝としての激務が指摘されるが、病がひどくなったあとは、もはや原因を論じるのではなく、ひたすら回復を祈る家族の姿が描かれる。それまでは医者に病因を尋ね、対処するよう求めていた妃エイレーネーも、「人間の助けは諦めて、熱心に神に祈り続けた。」自分の力ではどうすることもできないという虚しさを感じた時、ひとは原因の追究を諦め、神に向かう。アンナも祈った。

次に、自然現象についてアンナがどう説明しているのか、こちらも簡単にみておこう。ドロストロンの戦いに先立ってペチェネグ人の使節を迎えた折、アレクシオスはまもなく日蝕が起こると側近から教えられ、それを利用して使節を説得した。アンナは、月が太陽の光を遮ったと、日蝕を科学的に説明している。自然の法則を知って巧みに利用するビザンツ人と、驚き、恐れる野蛮人の違いを強調しているようである。

一一〇六年、ボエモンド率いるノルマン軍を迎え撃つべく、アレクシオス一世がテサロニケに滞在していた時、大きな彗星が現れ、四十日にわたって明るく輝いた。人々はなにごとかと戸惑ったが、アレクシオスは、何らかの自然的原因――ここでもアイティアという言葉が用いられる――によるものと考え、あまり気にしなかった。それでも念のため天文学に通じている者に問い合わせたところ、彗星はボエモンドの動きを告げるもので、その消滅はノルマン軍の壊滅を示す、との答を得た。

彗星の出現に続けて、帝都の広場にあったコンスタンティヌス大帝像が突風によって落下するという事件が生じた。アレクシオス一世の死の予兆だと言う者もいたが、皇帝自身は、像の落下が死をもたらすなどとは考えず、自分の生死は神の摂理に委ねていた、とアンナは記している。ただ、年代を無視して、この出来事をアネマスによる皇帝殺害未遂事件の直前においているのをみると、アンナもまた異常な自然現象を重大事件の予兆と考えていたのかもしれない。

父の病について原因を深く考察し、天文・自然現象にはそれ自体の原因があると考えたアンナであったが、戦争といった歴史的な事件については、原因を追究する姿勢が希薄である。歴史学の目的や方法を論じた序文や「方法論」を通じて、アイティア（原因・責任）という語が使われるのは一度だけで、それも夫の死によって『アレクシアス』を執筆することになったという、純粋に個人的なことである。

しかしながら、なぜそんな事件が生じたのかとアンナが論じる場合がないわけではない。そのひとつが三巻八章5節以下の聖テクラ教会の縁起にみられる。凍ったドナウ川を越えて侵入してきたペチェネグ人に対して、アンナの大伯父である皇帝イサキオス一世が出陣した。帰路、嵐に見舞われたが奇蹟的に一命をとりとめたイサキオスは、その日が女性聖人テクラの祝日だったので、宮殿の一角にテクラに捧げる教会を建てた、という話である。

テクラ縁起のなかでアンナは、ペチェネグ人は隣接する民族の圧迫に耐えかねてビザンツ領に移住してきたと、歴史学らしく原因を考察している。ただし、この考察はアンナ自身のものではない。同時代史の対象外である、自分が生まれる前の出来事を記すにあたって、アンナはいくつかの歴史書を参照した。ドナウが凍ったという情報はプセルロス『年代記』に依っている。奇蹟的に助かったのが聖テクラの日であったというのは、『続スキュリツェス年代記』の伝えるところである。複数の史料を比較し、情報を整理して、ひとつの物語にまとめたアンナはなかなかの勉強家であった。

ペチェネグ人が、隣接する民族の圧迫に耐えかねて、ビザンツ領に入り込んだというアンナの説明は、プセルロスの『年代記』に基づいている。両者を並べてみれば一目瞭然である。

①しかるにペチェネグ人は、一団となって故郷を立ち去ると我々の土地にやって来た。彼らの移動の原因（アイティア）は、彼らと境を接し、略奪するゲタ族（クマン人）の恐るべき敵意にあった。そのため……（『アレクシアス』三巻八章6節）

②ペチェネグ人は一団となって故郷を立ち去り、我々の土地にやってきた。彼らにとって移動の原因（アイティア）は、彼らと境を接し、略奪し荒らしまわって、移住を余儀なくさせたゲタ族（クマン人）であった。そのため……（プセルロス『年代記』七巻六十七章）

ギリシア古典を深く修めたプセルロスは、歴史を書くにあたって原因の追究を強く意識していた。ペチェネグ人の侵入に関しても、この事件を伝える歴史家のなかで唯ひとり、原因について考察している。アンナは、プセルロスを写した結果、はからずも原因を記すことになったのである。

歴史的事件の原因を考察した箇所がもうひとつある。『アレクシアス』のなかでももっともよく知られた第一回十字軍についての記事である。十巻五章4節から始まる十字軍記事の冒頭で、アドリア海からジブラルタル海峡に至る全西方から野蛮人が群れをなしてやってきたと述べたあと、「この集団移動の原因（アイティア）は以下の通りである」とアンナは詳しく説明している。

エルサレムの聖墳墓に参ろうと旅立った隠者ピエールは、途中でイスラーム教徒にひどい目に遭わされ、ほうほうの体で逃げ戻った。もう一度行こうと思ったが、単独行ではまた同じようなことになりかねないので、西欧の各地をめぐり、エルサレムの解放を説いてまわった。その結果、兵士に加えて「浜の真砂や天の星よりも多い」民衆が聖地へと旅立った。

隠者ピエールの逸話は、十九世紀まで十字軍の起源とみなされていた。しかしながら、第一回十字軍より数十年のちの西欧の年代記に初めて出てくる話なので信憑性に乏しく、今日では、十字軍の原因は隠者ピエールの説教ではなく、教皇ウルバヌス二世の勧説に求められている。周知のように、ウルバヌスに十字軍という発想を与えたのは、アレクシオス一世からの対トルコ救援依頼であった。

ビザンツ帝国にとって厄介な存在である、アンナによれば父の病の第二の原因となった十字軍を招き入れたのは、当のアレクシオス一世であった。ところが『アレクシアス』には、父の依頼はおろか、教皇ウルバヌスの名前すらない。アンナが父の依頼を知らなかったのか、知って伏せているのか、研究者のあいだでも見解に相違があるが、事件の原因にあまり関心を示さないアンナが十字軍に限って詳しく述べているのは、それなりの理由があったと考えるべきである。不都合なことを伏せる「故意の沈黙」だけでは父を庇いきれないと、隠者ピエールの話に飛びついたのであろう。

以上、歴史的な事件の原因を考察した数少ない例として、ペチェネグ人の侵入と十字軍の到来についてみてきた。アンナの考察は、プセルロス『年代記』を写したための意図せざる結果や、父を弁護するためあえて行なったものであった。『アレクシアス』の執筆に際して「なぜ？」という問いかけは希薄だったと言わねばならない。

（5）皇帝批判の限界

帝国の繁栄を、神の恵みを受けたアレクシオス皇帝の功績と称えたいアンナにとって、内外の混乱、とりわけ父が指揮するビザンツ軍の敗北は、説明の難しい厄介な問題であった。以下、アレクシオス一世が蒙った敗戦について考察することで、アンナにおける「なぜ？」の限界を、ビザンツ歴史家を悩ませた皇帝批判と絡めつつ、さらに考えてみたい。

アレクシオス一世が喫したもっとも手痛い敗北は、即位した年の十月に行なわれたデュラキオン郊外での会戦であろう。南イタリアから侵入してきたロベール・ギスカール率いるノルマン軍に惨敗し、アレクシオスは命からがら戦場を離脱した。アンナは、両軍の戦略や陣立てから、戦いの経過、ビザンツ軍の敗走と、事実関係を詳しく記しているものの、敗北の理由はとくに論じていない。会戦の顚末を述べた長い記事において、原因ないし責任という意味でアイティアが使われるのは、ギスカールが遠征を行なうに際して、戦争勃発の責任をビザンツ側に押し付けようとしたという一文のみである。

このようにアンナは、デュラキオンの敗因を特定の人物や作戦に帰することはない。しかし、人間の行為に原因を求めないからといって、運命が勝敗を決めたというわけでもない。会戦記事にテュケーという言葉が数回出てくるが、いずれも身分・境遇という、古典ではあまり見られない意味で用いており、アレクシオスの敗戦を説明するものではない。摂理への言及も一度だけで、戦いの帰趨とは関係がない。敗北ののち、戦場を脱出するアレクシオスが追手のノルマン人と戦う様子を英雄叙事詩のように描いたあと、馬が神の摂理で高く飛び上がり、アレクシオスは危機一髪で助かったという文脈で用いられるだけである。アンナの関心は敗因の追究ではなく、苦境にあっても勇敢に戦い、神の摂理によってみごとに戦場を離脱するアレクシオスの姿を描くことにあった。

客観的に見ればデュラキオン会戦の敗因は、アレクシオス皇帝が、真正面からの決戦を避けるべしという歴戦の将軍たちの意見を退け、血気に逸《はや》る若手将校の決戦論に与したことにあったと思われる。しかしアンナは双方の意見を並べただけで、アレクシオスの決断には触れないまま、開戦へと話を進めてゆく。敗因を論じたくなかったのであろう。

ビザンツ軍の敗北、アレクシオスの戦場脱出に続けて、「小方法論」とでも言うべき一節がおかれている。我々の論文なら敗因の考察をするところであるが、アンナは違った。

家族について語りたいあまり、荒唐無稽な話をしていると思われたくはない。……父を愛することにおいてあの若者（テレマコス）に劣らない私ではあるが、父の苦難に驚き、涙するのは自分だけのことにして、歴史に戻らなければならない。（四巻八章1節）

アンナが強調するのは、溢れくる父への思いであり、その思いを抑えて、努めて客観的に、冷静に父の苦難と偉業を述べるという執筆姿勢である。「小方法論」でもキーワードは原因ではなく、不幸と真実であった。

次に、デュラキオンの敗北に並ぶ惨敗となった、一〇八七年夏にドナウ南岸のドロストロンで行なわれたペチェネグ人との戦いについて検討する。今回は盲目の老将軍ブリュエンニオス――かつての敵将――が参謀格でアレクシオスの傍らにおり、やはり正面きっての会戦は避けるよう助言し、パライオロゴス将軍らもゲリラ戦、兵糧攻めを勧めたが、ディオゲネス兄弟はじめ若手将校が勇ましい発言をし、皇帝は決戦を挑むことにした。開戦後まもなく、ペチェネグ人の増援部隊が到着し、ビザンツ軍は総崩れとなった。

ここでもアンナの叙述は、死を覚悟して戦い続けるアレクシオスの姿に力点がおかれている。さらに、わざわざ一章を設けてパライオロゴス将軍の逸話も記されている。ドロストロンの記事で唯一摂理に言及した文章である。ビザンツ軍が敗走するなか、パライオロゴスは馬を失って窮地に陥った。そこへ府主教レオンの幻が現れ、パライオロゴスに馬を与えた。アンナはそれを神の摂理が働いたものではないかと考えている。デュラキオンの場合と同じく、神の摂理は敗因ではなく、敬虔な者に救いの手を差し伸べている。

結局、アンナは皇帝軍の敗北という事態においても、原因の追究よりも、父の勇敢さ、敬虔さを称えようとしている。好意的に解釈するなら、わざわざ敗因を考察しなくとも、経過を詳しく語ればおのずと明らかになると考えていたのかもしれない。確かにアンナは、敗戦について記す際に、ビザンツ軍の作戦・判断の誤り、兵力の不足、士気の低さなどに言及している。ドロストロンの記事も、彼我の兵力の差が敗因であったと読めないこともない。さらに言えば、自分は父の真実を記せばよい、「なぜ?」は後世の歴史家に委ねると思っていた節もある。だとすれば、私にもアンナの思いは届いていたことになる。私の最初の論文は『アレクシアス』を史料として、アレクシオス一世による帝国再建が可能となった理由を論じたものであった。

とはいえアンナには、改まって敗因を考察する気がないのも確かである。総司令官であった皇帝アレクシオスへの批判を避けようとしたためであろう。それでは、プセルロスに見られた皇帝批判は『アレクシアス』ではどうなっていたのだろうか。

原因について積極的に論じることのないアンナが皇帝の責任に触れた記事として、三巻九章1節が注目される。アレクシオス即位時の帝国が瀕死の状態にあったことを強調したのち、このような状況はアレクシオス以前の皇帝の責任だとしている。アンナもまた、皇帝とは帝国の舵取りを神から委ねられた存在だと考えており、過去の皇帝が責務を果たさなかったことが、現在の不幸の原因だというのである。原因を追究し、過去の皇帝への批判に至る点では、マンツィケルトの敗因を論じたプセルロスに通じるところがある。

アンナの皇帝批判は、アレクシオスが打倒したニケフォロス三世はもちろん、その前の皇帝で、母方の親族であるミカエル七世ドゥーカスにも向けられている。ミカエルが世継ぎの息子コンスタンティノス――のちアンナの婚約者となる――をギスカールの娘と婚約させたことが、ノルマン人の侵入の口実となったというのである。ミカエル七世を批判するに際しては、親族であっても真実を述べるのが歴史学だと宣言している。しかしながら父アレクシオス一世に対して、その姿勢を貫くことはなかった。この点もまた、時の皇帝には称賛に終始したプセルロスやアタレイアテスと共通である。

先の皇帝たちの責任を問う議論は、アレクシオス皇帝を見舞う多くの不運・不幸を嘆く記事でもみられる。ただしアレクシオス自身にも及びかねない問題であるためか、ここでは皇帝たちの責任に加えて、神がそれを許しているためではないかとも述べている。

ローマ人の状況は、神の思し召しでこのような悲惨なことになったのか、……あるいは以前の皇帝たちの愚かな行為によって、ローマの力がこれほどまで衰えていたのか、どちらかであろう。

アンナはふたつの説明を並べただけで、いずれとも判断していない。しかるに、摂理を持ちだせば、もはや皇帝に帰すべき、人間的な原因を追究する必要はなくなる。過去の皇帝たちに向けた批判的な眼が、神の嘉するアレクシオス皇帝に向けられることはない。父に関して、病の原因は論じても、敗北の原因を追究することはなかった。アレクシオス一世の娘と歴史の娘のはざまで、アンナは父への思いを優先させたようである。

（6）悪しき運命と善き摂理？

以上みてきたように、歴史における人間的な原因についてアンナが論じることは稀である。それでは、摂理や運命といった、人間の思惑や努力を超えた存在をどのようにみていたのであろうか。

歴史の説明原理を摂理に一本化した年代記とは異なり、同時代史は、ギリシア歴史学の伝統を受け継いで、しばしば運命に言及する。アンナもまた古典を深く学んでおり、運命という観念をよく知っていた。テュケーという言葉を身分・境遇というビザンツ特有の意味だけではなく、古代ギリシア人のように「運命の女神」という意味でも用いている。本人には何の落ち度もないのに、アレクシオス皇帝に次々と禍《わざわい》が降りかかるのは不思議だ、運命としか考えられないとアンナは嘆くのである。たとえば、偽ディオゲネスの反乱について次のように説明している。

運命が、悪霊に取り憑かれたこの男を使って、悲劇をアレクシオス皇帝のために創っているかのようであった。（十巻二章2節）

もちろんアンナもキリスト教徒として摂理を信じていた。プロノイアという言葉が、配慮という一般的な意味に加えて、神の摂理というキリスト教的な意味でしばしば使われている。宿敵ペチェネグ人を、ドロストロンでの惨敗から四年後の一〇九一年四月にレヴニオンで殲滅した記事は、次のように結ばれる。

皇帝のかかる業績はすべて神の摂理によるものであった。皇帝はすべてを完全に成し遂げたのち、五月も押し詰まった頃、ビュザンティオンに凱旋した。（八巻六章5節）

このように『アレクシアス』では運命と摂理が併用されている。ただし、ふたつの概念を整理しないまま混用したプロコピオスとは異なり、アンナは、ギリシア古典とキリスト教信仰の矛盾という、ビザンツ知識人が抱えていた問題に対して独特の解答を試みたように思われる。不幸な事件、災禍の原因として運命を持ちだし、良きことをもたらすものとして神の摂理を説くという論法である。ひとまず「悪しき運命と善き摂理」の理論と呼んでおく。アレクシオス一世時代には外敵の侵入、国内の陰謀があったが、アレクシオスはそれを乗り越えて帝国を繁栄させた。アンナは前者を運命、後者を摂理で説明しようとした。

アレクシオス皇帝に禍をもたらすのは気まぐれな運命である。アンティオキア公ボエモンドがビザンツ攻撃を企んでいた折に、国内でもアネマス陰謀事件が生じたと述べたあと、内外における敵の出現についてアンナは次のように説明する。

なぜこれほどまで多くの禍がアレクシオス皇帝に降りかかるのか不思議でならない。彼に刃向かう理由はまったくないからである。……あたかも運命の女神自身が、外の野蛮人と内の謀反人を駆り立てているかのようであった。（十二巻五章1節）

逆に、神の摂理は、運命に翻弄されるアレクシオスの守護神のような役割を与えられている。一〇八一年四月、帝位に就いたアレクシオスは、各地の軍司令官に書簡を送り、自分は神の摂理によって危ういところを逃れ、帝位に就くことができたと宣言している。先にみたように、デュラキオンの修羅場からの撤退も摂理に守られてのことであり、レヴニオンでペチェネグ人を全滅させたことも、「すべて神の摂理によるものであった。」

「悪しき運命と善き摂理」の理論は、アネマス陰謀事件の叙述に認められる。アレクシオス一世の敗戦記事では運命や摂理という言葉をほとんど用いなかったアンナが、この事件では、繰り返し運命と摂理に言及している。陰謀が生じたのは皇帝の責任ではなく、運命の女神のなせる業だとしたあと、首謀者アネマスは、運命の女神が自分に微笑むなら帝位に就くつもりであったと、アンナは述べる。他方、悪しき運命に見舞われるアレクシオスを善き摂理が守っていた。アネマスの皇帝殺害計画が失敗に終わったのは、摂理がそれを許さなかったからである。こうしてアネマス陰謀事件の経過は、「悪しき運命と善き摂理」の理論で説明されるのである。

次々と帝国を襲う不幸、惨事は運命の女神のなせる業であり、その不幸を乗り越えて帝国が繁栄するのは神の摂理のおかげである。「悪しき運命と善き摂理」。これが人間的な原因、とくに皇帝の責任を棚上げしたアンナの「なぜ?」に対するひとまずの答であった。ギリシア古典とキリスト教信仰の両立といえるかもしれない。しかし、すでに初期キリスト教の教父たちが、神の法と秩序が支配するこの世界に運命の介在する余地はないと述べており、運命に言及するだけでも教会の疑惑を招きかねないものであった。ましてや「悪しき運命と善き摂理」の理論は、アンナが詳しく伝えているボゴミール派異端のような善悪二元論に陥ったと断罪される危険を抱えていた。アンナが敬愛していた祖母アンナ・ダラセナは、ボゴミール派に傾倒したため宮廷を追われたと伝えられている。

知らず知らず祖母の発想を受け継いだのか、アネマス陰謀事件を「悪しき運命と善き摂理」の二元論で説明してきたアンナが、記事の最後に思い出を記している。盲目刑に処されるアネマスを憐れに思ったアンナたち姉妹は、母エイレーネーを通じて父に嘆願した。それが辛うじて間に合って、アネマスの処刑は中止されたという話である。処刑の中止についてアンナは、いったん「刑を宣告された者たちの運命」だったと言ったあと、中止は神の判決であったと言い直している。誤解を避けるかのように、さらにひとこと付け加えている。

しかし私はすべてを神の摂理に帰する。神の摂理がアネマスを盲目刑から救ったのである。なぜなら、あの日私たちの心に彼に対する憐憫の情を呼び起こしたのは神だったからである。(十二巻六章9節)

祖母の悲劇を思い出して、究極の原理としての摂理を強調したのであろうか。そのつもりで読み直してみると、運命については「外の野蛮人と内の謀反人を駆り立てているかのようであった」と、「かのように」と表現していることがわかる。人間を弄ぶ運命に言及するが、運命が人間界の出来事を決めると信じているわけではない、との弁解のようである。摂理については「かのように」はなく、アレクシオスの勝利は神の摂理であったと断言している。

帝国の苦難が神の摂理で説明されている場合もある。第一巻十章では、運命がギスカールのような敵を生み出したと、悪しき運命に言及したあと、「より敬虔な言い方をするなら、摂理がそれを大目に見た」と言い替えている。ドロストロンの敗北を振り返って、「うぬぼれているローマ人に神が罰を与えた」と結論している。摂理はアレクシオスを守り、勝利をもたらすだけではなく、罪深い民を一時的に懲らしめるものでもあった。こうしてアンナは、運命に言及しつつも、すべてを摂理に帰すという正統信仰の枠内にとどまったのである。

(7) アンナの「なぜ?」

それではアンナにとって「なぜ?」はどういう意味をもったのだろうか。歴史学が原因を追究する学問であることをアンナはよく承知していた。直接的にはプセルロスから学んだであろうし、『アレクシアス』の序文はヘロドトスをふまえており、「いかなる原因から」というヘロドトスの歴史学宣言も知っていたと思われる。しかしアンナは原因の追究をみずからの課題とすることはなかった。「方法論」の章に真実は掲げられても、原因という言葉はまったく出てこない。

原因の追究を避けた最大の理由は、皇帝批判になりかねないと恐れたためである。その意味ではアンナもまた、プロコピオス『戦史』に始まるビザンツ歴史学の流れに掉さしていたといえる。また逆に、歴史学の伝統からの逸脱、「越境する歴史学」も理由のひとつであろう。個人の称賛を旨とする頌詞などの要素を持ち込んだために、「なぜ?」という歴史学本来の課題がさらに希薄になったものと思われる。加えて、これは私の推測だが、アンナの心境の変化もあった。

皇帝の娘として緋の産室に生まれた私が、修道院の片隅でひっそりと暮らしているのはなぜか? アンナは問い続けていた。答は出なかった。怒り、悲しみ、恨み……、さまざまの感情が渦巻くばかりであった。クーデターに失敗したあと、夫ブリュエンニオスに憤懣をぶちまけたという逸話は、気持ちを整理できずにいるアンナの姿を伝えている。幸福な人間が「どうして私は幸せなのか?」と問うことはまずない。不幸な者が「なぜ?」と問う。アンナも問い続けたはずである。

なぜ私は不幸なのか? そう問い続けていたアンナが五十代半ばになって、父の歴史を記すという仕事に取り組むことになった。父の治績に加えて、自分の不幸も書き綴ることによって、怒りや悲しみは薄れてゆき、晩年には自分の境遇を受け入れるようになった。これでよかったのだ、神の摂理なのだと、穏やかな気持ちが芽生えてきたと思われる。満足したのか、諦めたのか、本人にもわからなかったであろう。

何が悪かった、誰の責任だと問うても無駄である、悲しみが増すだけである。原因の追究はするまい。この境地に達するまでには長い歳月があった。その間の迷いは、「悪しき運命と善き摂理」の理論などにも反映されている。我が身の不幸を呪ったアンナは、いったんそれを悪しき運命のせいにした。しかし「悪しき運命が弟ヨハネスを駆り立てた」と言ってみても、なぜ私がこんな境遇におかれているのか、納得がゆかなかった。「なぜ？」と問い、運命を呪い……、神の摂理にたどりつくまでの長い道をアンナは歩いた。道案内をしてくれたのは歴史学であった。

歴史に取り組むことを通じて得られた心境の変化は、『アレクシアス』の叙述にも反映されることになった。すべては神の思し召しである、ちっぽけな人間の行為に一喜一憂することはない。出来事の原因を追究しても空しい。そんなことより、父の素晴らしい治績を確実に後世に伝えることが私の使命である。そう考えつつアンナは筆を進め、推敲を重ねた。運命を論じた箇所に「かのように」と書き加え、「より敬虔な言い方をするなら」と断って摂理という言葉を添えた。仕事を進めるにつれて、懐疑は確信に変わっていった。

人間的な原因の追究と、運命の女神がもたらす偶然とのあいだで彷徨っていたポリュビオスとは違い、アンナは自分を包み込んでくれる摂理に身を寄せることができた。ポリュビオスの運命もアンナの摂理も、ともに人間の力ではどうにもならない超越的な存在であったが、運命が当てにならない偶然だったのに対して、摂理は確かな必然であった。

偶然と必然は、人間の行為について同じことを意味する。「この世で生じることはすべて偶然である」と言っても、「すべて必然である」と言っても、人間の行為や努力は無意味だという結論に変わりはない。「なぜ？」を人間に求めても無駄ということである。しかし、「偶然こうなった、仕方がない」ではなく、「神の思し召しだ、必然である」と考えれば、安らかに事態を受け入れることができる。運命と向き合ったポリュビオスが、人間の可能性を捨て切れなかったのに対して、アンナは神の愛である摂理に身を寄せた。ポリュビオスがこだわり続けた原因の追究がアンナに希薄なゆえんである。

原因の追究を課題としない『アレクシアス』が現代の歴史学とは異なるように、アンナの歩んだ道も私たち現代人とは異なる。私たちは、摂理に安らぎを見出すよりも、自己実現に向けて可能性に挑戦することを好む。近代ヒューマニズムの精神である。その限りでは、古代のポリュビオスのほうが私たちに近く、アンナはずいぶん異なる世界の住人であった。

自分たちと異なる社会、違う人間と出会うことも、より良い未来を創り出すことと並んで、歴史学の目的である。こちらは楽しみと言うべきかもしれない。異質の存在に出会い、他者を理解することが、歴史学のもうひとつの目的だとすれば、アンナ・コムネナと『アレクシアス』は、歴史の醍醐味が味わえるまたとない素材であろう。

4　歴史家の仕事——史実の追究——

(1) 歴史学の条件

　歴史学、より広く言って、歴史にとって大切なことは何だろうか。前章で考察した原因の追究もそのひとつに違いない。「なぜ?」と問いかけることによって、歴史は未来へとつながる。いや、歴史に未来は求めない、歴史はロマンである、私たちを感動させる、別世界に誘《いざな》ってくれる、そこに魅力があると言う人もいるだろう。他にもさまざまな意見があるに違いない。何が大切だと思うかは、ひとりひとりの歴史観次第である。しかし、どのような歴史観に立つにせよ、共通して重要なことがひとつある。古代ギリシアにおいて誕生して以来、歴史学が一貫して追求してきた、アンナも繰り返し強調している真実である。

　「なぜ?」に答えるためには、事実がどうであったのか、それを知らなければならない。ロマンを求めるにしても、事実に基づかなければそもそも歴史ではない。ロマンだけなら、詩や悲劇といった文学に任せておけばよさそうである。「事実は小説よりも奇なり」だからこそ歴史のロマンがある。古代以来、他の文芸ジャンルと歴史との違いは真実に求められてきたし、歴史学が近代科学の一分野として確立するために、もっとも力を入れたのも史実の解明であった。

科学の世紀といわれた十九世紀に、歴史学も学問としての条件を整えた。実証主義歴史学、客観的歴史学の誕生である。ドイツの歴史家L・フォン・ランケ（一七九五〜一八八六年）は、歴史学の課題として、過去が「本来そうあったように」叙述することを説いた。物語や想像ではなく、抽象的な理論でもなく、事実こそが歴史学の要だというのである。ヘロドトスを「歴史の父」と言うなら、ランケは「近代歴史学の父」である。

ランケのような客観的歴史学に対しては厳しい批判がある。神ならぬ身にあって真実が認識できるのかと問われれば、歴史家ならずとも口ごもらざるを得ないだろう。確かに人間の認識には限界がある。しかしそれでも過去に歴史があったこと、動かせない事実があったことは確かである。歴史的な事実、史実にどこまで迫るか、そこに歴史家の重要な仕事がある。本章では歴史家アンナがこの課題にどう応えているのかを検討したい。

過去の事実はどうやって確認できるのだろうか。どうすれば史実に迫ることができるのだろうか。ギリシアの歴史家たちはみずからの体験、さらには体験者の証言に勝るものはないと考えた。確かにこの目で見たことほど確かに思えることはないだろう。歴史がまずは著者の時代の歴史、現代史となった理由である。アンナも十四巻七章の「方法論」で、自分は――「私たち」と微妙な表現をしているが――この間ずっと両親の傍らにおり、事件の現場に居合わせたと述べている。真実を伝えるという歴史学の要件を『アレクシアス』は満たしているとの宣言である。

アンナはまた、父をはじめとする家族・親族から聞いた話を『アレクシアス』に盛り込んでいる。父にせがんで、若き日の武勇を話してもらったことがあった。宮廷や修道院の広間に一族が集まり、歴史家ブリュエンニオスの朗読に耳を傾けつつ、こもごも思い出を語り合った夕べもあった。懐かしい人々と確かめ合い、育ててきた思い出が『アレクシアス』には息づいている。すでに紹介した、青年将軍アレクシオスと老ブリュエンニオスの旅、デュラキオンやドロストロンの戦い、修羅場となった戦場からの奇蹟の脱出……。アンナを取り巻く人々の集合的記憶が描かれているところにも『アレクシアス』の魅力がある。

ビザンツの同時代史は、著者の時代より少し遡って叙述を始めることが多い。アンナも自分が生まれる前の出来事について記している。その場合、体験はもちろん、聞き取りにも限界があり、過去の人々が残した記録によって歴史を書くことになる。このような記録を歴史学では史料――厳密には文献ないし文字史料――と呼んでいる。アンナも史料に拠りつつ父の歴史を記した。「方法論」の章では、みずからの体験や、父や叔父、老兵たちから聞いた話に加えて、文書や先人の著作も挙げて、「これらのすべてから真実の全体像が織り上げられている」と表明している。

どれほど史実に忠実か、歴史家としてのアンナの仕事ぶりをみようとしても、本人の体験や家族・親族の証言については検証がきわめて難しい。私たちの身近な世界でも「確かにそう聞いた」「そんなことは言っていない」と水掛け論になりがちである。これに対して文献史料については、どこまで厳密に用いているか、確かめることができる。現代の歴史学では、叙述の根拠となった史料を明示するのが原則となっている。著者が述べていることが事実かどうか、検証を可能とするためであり、註が付いていないと学術論文とは認められない。

ビザンツの歴史書は学術論文ではなく文学作品である。典拠を示す註は付けないし、史料を引用することも滅多にない。しかも、たとえ出典が示されていても、その史料が残っていないことが多いので、どれほど正確に読み取っているのか検証は難しい。『アレクシアス』でも、出典への言及はほとんどないし、母ダラセナに全権を委ねたアレクシオス一世の金印文書も現存しておらず、引用に際してのアンナ自身の説明や、文体・用語などから、原文書を忠実に写したのだろうと推定するだけである。

幸いなことに、アンナが用いた史料を確認できる場合がある。『アレクシアス』第一巻四〜六章のブリュエンニオス反乱記事は、詳しいことは夫の著作を参照してほしいと断っているように、ブリュエンニオスの『歴史』に基づいてまとめられたものである。『歴史』は現存しており、アンナが史料をどう扱っているのか、史実にどれほど忠実なのか、確かめることが可能である。

史実の重要な要素として、いつその事件が生じたのか、すなわち年代の問題がある。ところが『アレクシアス』のブリュエンニオス反乱記事には日付がまったく入っていない。元のブリュエンニオス『歴史』も同様である。ビザンツの歴史書のうち、年代記が逐一《ちくいち》日付を挙げつつ時代順に事件を列挙するのに対して、同時代史は年代・日付をほとんど入れない。叙述を劇的にするために時代順を無視することもある。いずれも文学作品としての体裁や魅力を重視した結果である。

『アレクシアス』に対する批判として、父アレクシオス一世への過度の称賛に加えて、年代がはっきりしないこと、事件の順序が間違っていることがしばしば指摘される。たとえば、英訳の解説は次のように述べている。

『アレクシアス』における事件の順序はほぼ信頼できると長らく考えられてきたが、順序の誤り、繰り返しなどが次々と指摘され、今日ではこの考えは否定されている。このような間違いが、意図して行なわれたものなのか、それとも慣れない史料を大量に扱ったせいなのかが『アレクシア

ス』評価の鍵である。（ペンギン・クラシックス版『アレクシアス』序論）

なかでも、あらゆる訳注が揃って「アンナの間違い！」と指摘している箇所がある。宿敵のボエモンドを迎え撃つため、アレクシオス一世が皇后を伴ってテサロニケへ行ったという、十二巻三章の記事である。年代をほとんど入れない『アレクシアス』にあって珍しく、「インディクティオ十四年九月（＝一一〇五年九月）、アレクシオス一世即位二十年」と、テサロニケ到着の日付を二通りの紀年法で記している。すでにお気づきのように、この日付はどちらかが間違っている。アレクシオスが即位したのは一〇八一年四月、即位二十年目は一一〇〇年である。史実の要とも言うべき年代・日付の杜撰な扱いは、歴史家を名乗る資格を疑わせるものである。

本章「歴史家の仕事」では、アンナが歴史に求めたものが何であれ、歴史学の要とも言うべき史実をきちんと踏まえているのかを具体的に検討しよう。まず（2）「史料から歴史へ」として、ブリュエンニオスの『歴史』と、それを史料としている『アレクシアス』の記事を比較する。書物のみに向かい合う書斎派の私らしく、アンナによる史料の扱い方は適切か、そもそも読解力、分析力がどれほどあるのかなど、自分自身の仕事と比べてみたい。結果としてアンナを称賛することになるのか、非難することになるのか、はたまた同情することになるのか、楽しみである。

続いて（3）「信頼できる年代」では、十二巻三章の年代の矛盾について考察する。何を根拠に日付を入れたのか、どうしてこのようなひと目でわかる間違いが生じたのか、それを解明することで『アレクシアス』の編纂過程、歴史家アンナの仕事ぶりを確かめてみよう。ひょっとすると、禍いを転じて福と為すことができ、日付の間違いを検討した結果、アンナの歴史編纂が真っ当なものであることがわかるかもしれない。これまた楽しみである。
いずれもかなり専門的な議論になりそうだが、お読みいただいて、歴史学は難しくない、私もできると思っていただけたら本望である。

(2) 史料から歴史へ

ブリュエンニオス反乱の史料

『アレクシアス』一巻四～六章のブリュエンニオス反乱記事は夫の『歴史』に基づいている。アンナの叙述を分析するに先立って、私たちもまた、ブリュエンニオス『歴史』に拠りつつ、反乱の経過を確認しておこう。なお年代・日付は現代の研究者の推定である。

一〇七七年秋、デュラキオン総督であったニケフォロス・ブリュエンニオス――アンナの夫ブリュエンニオスの祖父――がミカエル七世に反旗を翻した。皇帝を名乗ったブリュエンニオスは、故郷のアドリアノープルに戻り、先発部隊を帝都へ派遣した。同じ頃小アジアでも軍事貴族ニケフォロス・ボタネイアテスが反乱を起こし、都へと軍を進めていた。ボタネイアテスは七八年四月にコンスタンティノープル入城を果たし、先帝の妃マリアと結婚してニケフォロス三世となった。帝位の交代とは関係なく、ブリュエンニオス家は反乱を継続した。ここから反乱の後半となる。

新皇帝ニケフォロス三世は、和平提案が拒否されたので、アレクシオス・コムネノスを司令官とする鎮圧軍を派遣した。アレクシオスは不死部隊以下、寄せ集めの軍団を与えられて出陣したが、強力な騎兵部隊を擁する反乱軍に敗れた。しかしその直後にトルコ兵からなる援軍が到着し、形勢は逆転する。

ブリュエンニオスは奮戦したものの、捕えられて盲目刑に処された。なおもアドリアノープルで抵抗するブリュエンニオス家にニケフォロス三世は恩赦を与え、一〇七八年の夏にようやく反乱は終わった。

二代の皇帝に対して、半年以上続いた大反乱であったが、アンナはその前半を省略し、後半だけを『アレクシアス』一巻四〜六章にまとめた。自分が生まれる前の出来事を記すにあたって参照したのは、夫ブリュエンニオスの『歴史』だけである。貴重な同時代の記録であるアタレイアテス『歴史』など、他の史料を用いた形跡はない。これだけをみると、アンナの執筆態度はきわめて安直だったように思える。ヨハネス二世殺害未遂事件を論じた際に、コニアテス『歴史』を写しただけの『スクタリオテス年代記』を、手抜きの課題レポートのようだと評したが、アンナのブリュエンニオス反乱記事も五十歩百歩かもしれない。

スクタリオテスに限らず、ビザンツの年代記には丸写しが少なくない。天地創造から書き始めて、古い時代は既存の年代記を転写ないし要約することで済ませるのが普通である。著者が調べて書くのは、最後の部分、現代史のところのみである。今日の研究者は、最後の現代史部分以外は原則として利用しない。必要があれば元の年代記から引用する。確かに私たちの感覚では、自分で調べもせずに丸写しとはけしからん、怠慢どころか、剽窃《ひょうせつ》あるいは著作権の侵害だとなるだろう。レポートなら不可、書き直しである。

ビザンツ歴史家の名誉のために補足すると、定評のある年代記を写すのは盗作ではなかった。よくわからないくせに、知ったかぶりで自説を説くよりも、丸写しのほうが、先人の仕事に敬意を表する謙虚な態度だとされていたのである。年代記は神の摂理の展開を示す宗教的な書物でもあり、権威ある年代記を写すのは、ちょうど聖書を筆写するような敬虔な行為だったのかもしれない。

アンナも夫の『歴史』に拠りつつ書いているが、スクタリオテスのような年代記とは、史料に向き合う姿勢に大きな違いがあった。第一に、同じ事実を書いていても丸写しではない。表現を改め自分の言葉にしている。文章にかなり自信があったのだろう。さらに、『歴史』以外に情報がなかったはずなのに、内容的にもかなり書き改めている。アンナには伝えたいことがあった。自我を抑えてひたすら神に仕える修道士の手になる年代記とは違って、『アレクシアス』には著者の主張や願望が込められている。父アレクシオスを称えたい、弁護しなければならない……。

ブリュエンニオス『歴史』をアンナがどう書き換えているのか、史料に誠実に向き合っているのか、『アレクシアス』一巻四〜六章を読んでみよう。

またも翻訳者泣かせの一節

『アレクシアス』のブリュエンニオス反乱記事でまず気になるのは、ギリシア語を磨き、修辞学を学んだアンナには珍しく、ややわかりにくい文がみられることである。先に弟ヨハネス誕生の記事を「翻訳者泣かせ」と表現したが、六章2節冒頭の文も微妙な表現である。とりあえず直訳してみよう。

> 彼ら（ブリュエンニオス反乱軍）がこのように混乱しているのを、私の父のまわりの者たちは、今しがた到着したトルコ兵も見て、自軍を三つの部隊に分け、その二つに待ち伏せするよう命じると……（一巻六章2節）

問題は「トルコ兵も」である。右の直訳からもわかるように、「見て」の主語とも目的語ともとれる曖昧な文になっている。ドイツ語訳は「私の父の将校たちは、敵の混乱に加えて、新たに到着したトルコ兵も見て」と、「見る」の目的語としており、英訳も「私の父の将校たちはこのように敵が混乱しているのを見て、また新たに到着したトルコ兵も考慮に入れて」部隊を三つに分けたとする。これに対してフランス語訳は、トルコ兵を「見る」の主語と理解して「私の父の将校と、新たに到着したトルコ軍の司令官は」敵の混乱を見て、部隊を三つに分けたとしている。もうひとつの英訳もほぼ同じように「新たに到着したトルコ兵」を主語としている。

なぜこのような曖昧な文になったのかは、アンナが参照したブリュエンニオス『歴史』を読むとすぐにわかる。『歴史』は、救援に駆けつけたトルコ兵がアレクシオスとともに尾根に登り、ブリュエンニオス軍が隊列を崩して散開しているのを見たと記したあと、戦闘の開始へと次のように話を進める。こちらはきわめてわかりやすい文章である。

さてトルコ人の司令官たちはブリュエンニオス軍の混乱を見ると、尾根から降りてみずからの軍を三つに分け、二つの部隊を待ち伏せに配し……（ブリュエンニオス『歴史』四巻十章）

ブリュエンニオス『歴史』ではトルコ人の行なった作戦とあるところに、アンナは父アレクシオスを割り込ませた。史料を改竄して手柄を横取りしたと言われかねない修正である。もっともアンナにも言い分はある。アレクシオスがトルコ兵を尾根に案内し、ブリュエンニオス軍の状況を見せたのであり、そのあとともに戦っている。父が総司令官であったのだから、父の作戦であり、父の手柄である。アンナはそう言いたかった。困ったことに『歴史』は、トルコ人司令官が部隊を三つに分け、敵をおびき出す作戦をとったと明記している。それを覆すような論拠は示せない。父の役割を強調したいが、史料に忠実でなければならない。板挟みの状態で書いたため、わかりにくい文章になってしまったのである。

なんとか父の手柄にというアンナの思いに配慮したのか、ロシア語訳は主語を端的に「私の父」としている。私の父はトルコ軍の到来を見て、巧みな作戦を思いついた、とすっきりした訳である。独訳などにあった「将校たち」――アンナの原文は曖昧に「まわりの者たち」としていた――はロシア語訳にはない。アンナの主張を正確に伝える意訳と言ってよいかもしれない。ただ、アンナがなんとか史料に忠実にと、トルコ兵も含むかのように「父のまわりの者」とした苦心の表現が消えてしまった。

アンナも我ながら妙な文章だと思ったのであろう、六章2節の最後にひとこと追加して念を押している。いかにも唐突な文である。「このような作戦はすべて、私の父アレクシオスの指示によるものであった。」この一文は、やはりわかりにくい文章となった弟ヨハネス誕生記事が、「いずれにせよめでたい」という文言で取り繕われたのと同じく、アンナの苦心のほどを語っている。

『歴史』によれば、トルコ軍のおとり作戦にアレクシオスも加わった。その場面でアンナは、アレクシオスに「この作戦のすべてを考えた私の父」という修飾語を加えている。念には念を入れたのであろうが、ここまでくると、微笑ましいとか、涙ぐましいではなく、恐るべき執念と言わざるを得ない。まさに「文は人なり」、アンナの性格がよく現れているようである。

夫の願い

「このような作戦はすべて、私の父アレクシオスの指示によるものであった」という文や、「作戦のすべてを考えた私の父」という修飾語は、もちろんブリュエンニオスの原文にはない。いずれもアンナの追加である。他にもアンナは『歴史』にはない話や文言を書き加えている。もっとも長い挿入は、すでに何度か紹介した、反乱将軍ブリュエンニオスをコンスタンティノープルへ護送する旅の逸話である。この記事についてアンナは「父が語るのを何度も聞いたことがある」と情報源を明らかにしている。歴史家ブリュエンニオスは省いたけれども、アンナにとっては父につながる大切な思い出であった。

父の話が情報源となっていると思われる追加は他にもある。アレクシオスは不死部隊を率いて反乱軍に向かったが反撃に遭い、配下の兵士は逃亡した。戦場に残されたアレクシオスは六人の忠実な従者を呼び集め、せめて敵の総大将ブリュエンニオスに一太刀浴びせようと決死の突撃を提案する。しかしテオドトスという兵士が、それは無謀だと止めた。この話もブリュエンニオス『歴史』から採ったものであるが、アンナはテオドトスについて「子供の頃から父に仕えていた」と補足している。「ところが、忠義者のテオドトスがね……」と語る父を思い出したのであろう。

父を称賛したり、弁護するために文章を補った箇所も少なくない。たとえば、ブリュエンニオスがトルコ兵によって捕えられたことを記したあと、「その時アレクシオスは捕縛の場所のすぐ近くで自軍を整列させ、叱咤激励していた」と述べている。元の『歴史』にはない、アンナの挿入文である。ブリュエンニオスを捕縛したのはトルコ兵だったが、史実に反しない限りで、なんとか父に手柄のおすそ分けをといったところであろう。不死部隊の敗走を記したあと、「父はまだその場から逃げ出してはいなかった」と付け足したのも、同様の趣旨である。テオドトスの逸話などから、アレクシオスはなお戦場にいたとわかるはずなのに、煩瑣になるのを承知であえて念を押している。

このように、『歴史』に付け加えられた文言から、史料と矛盾しない限りで、できるだけ父を称えようとする苦心のほどが窺える。執筆意図という点で注目すべきは、ブリュエンニオス軍の陣立てを記した五章2節の挿入文であろう。ブリュエンニオスは右翼を弟ヨハネス、左翼をタルカネイオテスという貴族に指揮させ、自分は中央軍を率いた。軍の構成や兵力数をアンナは夫の伝える通り記している。他に史料がなかったから当然と言えば当然である。ところがブリュエンニオスの率いる中央軍については、次のようなかなり長い説明を追加している。

すべての兵はテサリア馬にまたがっており、鋼《はがね》の胸当てと兜が稲妻のように輝いていた。馬は耳を真っすぐに立て、楯がぶつかり合って大きな音を響かせて、楯と兜から恐ろしい光を発していた。ブリュエンニオスは軍の中央にあって、アレス（戦さの神）かギガス（巨人族）のようにまわりの者より一ペーキュス（四十五センチ）も高く抜きん出て、見る者に驚きと恐怖を与えていた。（一巻五章2節）

反乱軍の編成を淡々と記した夫の文章にアンナは英雄叙事詩風の一節を挿入した。テサリア馬はホメロス時代から有名で、アレクサンドロス大王の愛馬ブケファラスもテサリア産だったという。「馬は耳を真っすぐに立て」はソフォクレスの悲劇『エレクトラ』を踏まえた表現である。アレスやギガスへの言及も含めて、アンナの教養が現れている。

しかしアンナは古典の教養をひけらかすためにこの一節を挿入したわけではない。夫のブリュエンニオスは勇敢な祖父を称えたかったのだが、歴史書ということで断念した。それでも諦めきれずに、祖父の武勇をこと細かに物語るなら、もうひとつの『イリアス』が誕生しただろうと書いた。歴史学の作法に忠実だった夫には珍しい脱線にアンナは微笑んだであろう。「あなたは真面目な歴史家でしたからできなかったでしょうが、お祖父さまのこと本当はこんな風に書きたかったのでは？」すでにブリュエンニオス『歴史』があるのに、あえて繰り返したのは、父アレクシオスを弁護するためだけではなく、夫の願いを叶えようとしたのかもしれない。

このようにアンナは夫の『歴史』に基づきつつ、史実に反しない限りで独自の記事を追加をしている。ところが『アレクシアス』のブリュエンニオス反乱記事は『歴史』に比べて少し短い。つまりアンナは追加・挿入の一方で、それ以上に、削除や圧縮をしているのである。次に、削除された記事について検討しよう。付加がアンナの執筆意図や編集方針を直接示しているとすれば、削除は間接的に教えてくれるはずである。

削除の後始末

独自の情報を付け加えるのに比べて、元の史料にある記事を省くのは簡単である。レポートでも、参照した文献から重要でないと思われるところを省いてまとめれば、すぐに書けそうに思われる。しかし実際には、省略もなかなか大変な作業である。そもそも何を省くのか、判断が難しい。あの本を読んでまとめたのに、肝心なことが書かれていない、本当に読んだのかと疑われることもある。また、下手に省略すると話の辻褄が合わなくなって、無惨な結果となりかねない。確かな方針をもって不要な記事を省く、省いた後始末をきちんとする。こういったところにも歴史家の力量が現れる。アンナはどうだっただろうか。

ブリュエンニオス『歴史』は、反乱鎮圧のためアレクシオス将軍に委ねられた軍隊を列挙したあと、「不死部隊とは何であるのか、話しておく必要がある」と断って、かなり長い説明を加えている。アンナは夫の説明文をそっくり削除し、「昨日今日、剣や槍を手にしたばかりの」のひとことで済ませている。不死部隊に関する修正はさしあたり、軍人であったブリュエンニオスと、戦場に出たことのないアンナの関心の違いによるものと考えられる。

不死部隊の説明を削除しても、前後の叙述に影響がないことをアンナは確認していたようである。そもそもがブリュエンニオスの補足説明であり、削除は適切な編集作業と言ってよいだろう。しかもそこには積極的な意味も込められていた。ブリュエンニオスによれば、不死部隊は正規軍の壊滅を受けて急遽徴募されたものに違いないが、それなりに戦闘訓練を受けていたという。ところがアンナは「昨日今日、剣や槍を手にしたばかりの」と、即席の部隊という情報だけ残してすべて削除した。ろくな軍隊ももたずに強敵に立ち向かう父の苦難を強調したものと思われる。

アレクシオス将軍を反乱鎮圧に派遣したニケフォロス三世に関する情報も、『アレクシアス』では大幅に削除されている。軍の派遣に先立って、皇帝がブリュエンニオスに使節を送り、和平交渉を行なったことは記されていない。確かに和平交渉を省略しても、続く戦闘場面の叙述に影響はないし、アレクシオスが表舞台に登場してから書き始めるという方針なのかもしれないが、ニケフォロス三世に関する他の削除も合わせてみると、それだけではなさそうである。

ニケフォロス三世はアレクシオスを総司令官に任命したあとも、反乱鎮圧に尽力していた。『歴史』によれば、皇帝はトルコに援軍を求め、アレクシオスにはその到着を待って反乱軍と戦うよう書簡で命令した。ところがアレクシオスは皇帝の命令を無視して開戦に踏み切った。ブリュエンニオス軍の反撃を受けて敗北したものの、ちょうどそこへトルコ軍団が到着して形勢は逆転し、ブリュエンニオス捕縛に至る。アンナは、和平交渉だけではなく、皇帝の命令や、その命令にアレクシオスが背いたことも省いている。

省略の理由は、先に見た翻訳者泣かせの文章を思い出せば明らかとなる。ブリュエンニオス『歴史』の記事を大胆に要約すると、ニケフォロス三世の派遣したトルコ軍が、おとり作戦を展開して反乱軍を破ったとなりかねない。そこでアンナは、作戦の立案にアレクシオスを割り込ませただけではなく、ニケフォロス三世の措置を伏せることにしたのである。皇帝の措置に沈黙すると、アレクシオスのもとへ到着したトルコ軍について、『歴史』が「皇帝によって派遣された」と書いているのが問題となるが、アンナはそれも見逃さず削除している。編集能力の高さがよくわかる。

さらにもうひとつ大きな削除がある。首謀者のブリュエンニオスが捕えられたあと、その息子――歴史家の父と推定されている――はアドリアノープルに戻って抵抗を続け、ニケフォロス三世から名誉と財産を保証する恩赦の金印文書を受け取った。ブリュエンニオス『歴史』は、一族の誇りという観点から記したようであるが、なによりも父の功績に関心があるアンナは、これまたそっくり省いている。金印文書をアドリアノープルに届けたのがアレクシオスだったにもかかわらず伏せたのは、皇帝の使い走りとなっている父の姿を描きたくなかったためかもしれない。

先に検討したふたつの記事――不死部隊の由来、ニケフォロス三世の措置――は、削除しても話の流れに影響は与えない、いわば枝葉の情報だったのに対して、ブリュエンニオス家への恩赦は単純な削除では済まなかった。このあとアンナは、第七巻のペチェネグ人戦争、第十巻の偽ディオゲネスの乱との関わりで、ブリュエンニオス家に再度言及することになる。ところが恩赦を削除した結果、反乱に失敗し当主が盲目刑になった一族が、なおアドリアノープルで大きな力を持っており、危機に際してアレクシオス一世がその協力を求めたという、かなり不自然な話になってしまった。ブリュエンニオス家の存続についてひとこと断っておくべきであったが、さすがのアンナもそこまで考えが及ばなかった。書き上げたあと全体を見直す時間がなかったのであろう。

疑問符を打つ

歴史家の重要な仕事は史料を読み、事実はどうだったのか確認することである。多くの場合、複数の史料を比較検討して、事実に迫る作業となる。ところが、ブリュエンニオス反乱についてアンナは、夫の著作以外に――父の思い出話などを除けば――史料をもたなかった。その場合でも、他に記録がないからと無批判に依拠するのではなく、史料の成立や伝来の事情などを踏まえたうえで、その語るところに矛盾はないか検討を加えなければならない。考えながら史料を読み、疑問点を検討するという作業である。アンナもまた、夫の著作だからと丸写しはせず、『歴史』に対して史料批判をした。

『歴史』の反乱記事を読んでゆくと、思わず首をかしげる箇所に出会う。そのひとつが不死部隊の運命である。『歴史』四巻八章には、ブリュエンニオス軍の反撃によって不死部隊は壊滅したとある。ところが十一章では、新来のトルコ軍が反乱軍に攻撃をかけた際に、トルコ兵に先駆けて、アレクシオスが再集結させた不死兵がブリュエンニオスに襲いかかっている。歴史家ならずとも疑問符を打つところである。

アンナも、確か不死部隊は全滅したはずだと不審に思ったらしい。ブリュエンニオス軍の反撃を記した五章４節は次のように結ばれる。「こうして不死部隊は、次々と背後に迫る敵兵に殺され、算を乱して一目散に逃げ出した。」壊滅という表現を「逃げ出した」に改めて、部隊の残存を示唆しているようである。アンナは史料をきちんと読み、的確に批判ができる、優れた歴史家であったことが窺える。

もうひとつ、こちらはアンナが疑問符を打ったと断定はできないが、やはり疑わしい記事がある。祖父ブリュエンニオスの武勇譚である。ブリュエンニオスは剣を抜くや、襲ってきた不死兵の肩を打ち、鎧もろとも腕を切り落としたと、『歴史』はみごとな太刀捌《さば》きを称えている。ところが、トルコ軍の待ち伏せ作戦に遭って敗走する時にも、ブリュエンニオスが振り向きざま一太刀浴びせると、トルコ兵の腕は剣を持ったまま地面に転がったという。同じような話が相手を変えて繰り返されており、歴史家なら「水増し?」と書き入れるところである。

他の史料を参照できなかったアンナには、夫の記している二つの武勇譚について、確かに二度あったのか、一度だけだったことを繰り返しているのか、そもそもが創り話なのか、事実を確かめる術がなかった。それにしてもあまりにもよく似た話なので、祖父を称えるための再録ではないかと疑ったであろう。しかしアンナは自分も繰り返し記すことにした。二度あったことを否定する史料はないし、祖父の武勇を称えたい夫の気持ちを汲んで、『歴史』の記述をそのまま採用したのである。私も、史料批判が不充分だとアンナを非難するつもりはない。

祖父ブリュエンニオスがトルコ兵の腕を切り落とした記事に続けて、『歴史』はブリュエンニオスの捕縛について述べている。ここは?と疑問符を打つどころか、×を付けたいところである。白兵戦となるなか、腕を切り落とされた件《くだん》のトルコ兵が馬から飛び降りて、背後からブリュエンニオスに襲いかかり、ついにブリュエンニオスは降参した。『歴史』はこのように述べるのだが、どう考えてもあり得ない話である。アンナもここは訂正している。重複かもしれないと疑いつつも、トルコ兵が腕を切り落とされたことを記したあと、「もうひとりのトルコ兵」がブリュエンニオスの馬に飛び移り、その背中にしがみついたとする。これなら話がわかる。

不死部隊の全滅、腕を切られたトルコ兵の活躍、どちらもアンナは夫の記事に修正を加えた。父アレクシオスの扱いに不満があったので、ブリュエンニオス反乱についてはもう一度書くことにしたアンナであったが、夫の文を読むうちに、他にも修正すべき点を見つけた。夫の誤解やミスを訂正しつつ、歴史家として誇らしい気持ちが湧いてきただろう。同時に、見直す時間を与えられなかった夫、志半ばにして旅立った夫の悲しみがよみがえってきたに違いない。

ばらばらになって

このようにみてくると、アンナは史料をきちんと読み、批判・検討を加えてまとめ直していることがよくわかる。優れた歴史家であったことは間違いない。父の弁護が史料操作に入りこむことがあったが、それも史実を改竄したり、否定するものとは言えず、辛うじて解釈のうちにとどまっている。ところが、不鮮明な文章とか、事実の拡大解釈といったものではなく、史料の誤読、間違いとしか思えない箇所がひとつある。到着したトルコ人の援軍が、待ち伏せ部隊を配置したのち、敵を誘い出すために攻撃に出た場面を、アンナは次のように記している。

トルコ人は隊列を組み一団となって攻撃するのではなく、一定の間隔を空けて、小集団ごとにばらばらになって襲いかかる。（一巻六章3節）

この記事はブリュエンニオス『歴史』四巻十章の文章に依拠している。『歴史』の文を少し遡って引用する。

トルコ人の司令官たちはブリュエンニオス軍の混乱を見ると、尾根から降りてみずからの軍を三つに分け、二つの部隊を待ち伏せに配し、もうひとつの部隊に、隊列を整えずばらばらになった敵に向かって進むよう命じた。（『歴史』四巻十章）

違いは明らかである。『歴史』には「トルコ人はばらばらになった敵を襲った」とあるところ、アンナは「トルコ人はばらばらになって敵を襲った」としている。ギリシア語原文では語尾のわずかな違い、日本語訳でもたった一字の違いである。アンナの読み間違いと即断してもよさそうだが、話はそう簡単ではない。

まず確認しておきたいのは、アンナが参照したブリュエンニオス『歴史』の原本は現存しないことである。我々が『歴史』を読むのは後世の写本によってであり、しかもその写本は、十七世紀に活字化されたのち行方不明になってしまった。原本の文章が確認できないことを考慮に入れると、歴史家夫婦の記述の違いは、一概に妻アンナのミスとは言えず、二通りの可能性を比較検討する必要がある。

①ブリュエンニオスの原本に「ばらばらになった」とあったのを、アンナが誤って「ばらばらになって」と書いた。写本家は正確に写した。

②ブリュエンニオスの原本に「ばらばらになって」とあったのを、写本家が誤って「ばらばらになった」と書いた。アンナは正確に読み取った。

どちらが間違えたのか、確率は五分五分である。アンナにやや分が悪いかもしれない。なぜなら、写本家は『歴史』を写すだけなのに対して、アンナは考えながら修正を加えている。間違える、あるいは書き変える可能性が高い。しかも『歴史』には、トルコ軍が到着する前の戦いで不死部隊を撃破したブリュエンニオス軍は、勝利を確信して隊列を崩しており、その様子をトルコ軍の司令官はアレクシオス将軍とともに尾根から見たとある。やはりアンナが間違えたのだろうか。

結論を出すのはまだ早い。歴史学の史料批判はもっと複雑である。歴史家は疑い深い、ひねくれていると言われるかもしれないが、議論をさらに続ける。普通ならアンナに不利な要素と考えられるブリュエンニオス軍の散在を伝える記事を、歴史家は逆に解釈する。なぜか。このような場合に持ちだされるのが、lectio difficilior probabilior という新約聖書のテキスト批判で用いられる規則である。lectio とは「読むこと」というラテン語、difficilior と probabilior は英語からも推測できるが、どちらも比較級で「より難しい」「より可能性がある」という意味である。difficilior は lectio を修飾し、probabilior はこの文の述語なので、「より難しい読み方がより可能性が高い」という規則となる。

新約聖書の例で説明するなら、有名なイエスの言葉は、「マタイ福音書」では「心の貧しい者は幸いである」とあり、「ルカ福音書」では「貧しい者は幸いである」となっている。どちらが本来のイエスの言葉なのか、lectio difficilior の規則が決め手となる。「心の貧しい者」とは妙な表現であるが、驕り高ぶらず、神を信頼して生きる謙虚な人をいう。キリスト教徒ならよく理解できる言葉である。元のイエスの言葉が「心の貧しい」であれば、「心の」を取り去って「貧しい者は幸い」という理解しがたい言葉にわざわざ変える理由はない。逆に、「貧しい者は幸い」に「心の」を付け加えて、イエス・キリストらしい言葉に書き変えることは充分考えられる。こうして lectio difficilior の規則から、イエスの言葉は「貧しい者は幸い」であったと結論されるのである。

lectio difficilior の規則は、片手をなくしたトルコ兵がブリュエンニオスを襲った話にも当てはまる。『歴史』の文章が理解しがたいものだったので、アンナは辻褄を合わせるため「もうひとり別のトルコ兵」と修正した。やはり「より難しい読み」が元の文章なのである。さて問題の「ばらばらになって」と「ばらばらになった」に lectio difficilior の規則を適用すると、ブリュエンニオスの原本には、より難しい読み方の「ばらばらになって」とあったということになる。間違えたのは写本家――杜撰な序文を付け加えた人物――であって、アンナは原史料を正確に読み取っていたのである。

アンナの読みが正しいと私が確信した出来事がある。ひと頃、私の大学院演習には他大学から何人も受講生が来ていた。そのひとり東洋史専攻のT君はきわめて優秀で、テキストである英語版の『アレクシアス』に加えて、フランス語やロシア語の訳も参照しつつ翻訳・解説していた。そのT君が珍しく誤訳をしたのが「ばらばら」の文である。それほど難しくない英文なのに、「トルコ人はばらばらになって敵に襲いかかった」とアンナが書いているところを、「ばらばらになった敵」と訳してしまった。優秀なT君が間違えたので、私は嬉しくなった。確かにそういう風に読んでしまうところだ、写本家もそう間違えた！　アンナは正しかった!!

アンナは史料である『歴史』を正確に読み取っていた。しかも「ばらばら」の一節から、戦争についてもかなりの知識を有していたこともわかる。古代のギリシア人、ローマ人、あるいは同時代の西欧の騎兵部隊とは異なり、トルコ人は密集隊形ではなく、矢を射ながら小集団で攻撃するという戦法が得意であった。前後関係に惑わされることなく、より難しい読み方を採用できたのは、トルコ軍に関する知識があったからであろう。戦争の歴史である『アレクシアス』を書くために、戦術書などに学んでいたものと思われる。

アンナの編集作業

ずいぶん細かい話になってしまったが、アンナと『アレクシアス』を正しく理解するために必要な手続きだったと御理解いただきたく思う。M・ウェーバーも次のように言っている。

　ある写本のある個所の正しい解釈を得ることに夢中になるといったようなことのできない人は、まず学問には縁遠い人々である。(『職業としての学問』、尾高邦雄訳)

弁解はウェーバーに任せて、ここで第4章「歴史家の仕事」の中間まとめをしておこう。

夫の作品『歴史』の続編を書くはずであったアンナが、ブリュエンニオス反乱などいくつかの事件については、重複を承知のうえで、もう一度記すことにした。ぜひとも伝えたいことがあったのである。『アレクシアス』のブリュエンニオス反乱記事は、『歴史』を史料として用いつつ、随所で独自の見解を表明している。

『歴史』は、トルコ人将校が立てた作戦で、反乱軍の総大将ブリュエンニオスが捕えられたと記していたが、アンナは父アレクシオスの手柄とすべく修正を加えた。おとり作戦を立案したのは父だという主張は、史料に反すると言われればそうに違いない。しかし私には、辛うじて許される修正と思える。立案にアレクシオスが関与していた可能性がかなり高いからである。戦いに先立って、アレクシオスとトルコ人将校は尾根に登り、ブリュエンニオス軍の様子を見ている。敵の配置を確認して作戦を相談したはずである。さらには、ブリュエンニオス『歴史』が非難がましく述べていたように、おとり作戦はアレクシオスの十八番《おはこ》であった。

先にヨハネス二世殺害未遂事件について史料批判の真似ごとをした際、『スクタリオテス年代記』がコニアテス『歴史』を修正して、陰謀の首謀者をアンナの夫ブリュエンニオスとしているのは間違いだと結論した。ブリュエンニオスやその子供たちがヨハネス二世のもとで活躍しているからである。これに対して、おとり作戦に関するアンナの修正を間違いと断定できる根拠はない。皮肉なことに、「恐るべき執念」と評せざるを得ないような「父の立てた作戦」の執拗な繰り返しが、本当は違うのではないかと思わせるだけである。

ブリュエンニオス反乱については、法務官僚でもあったアタレイアテスの『歴史』が同時代の記録として重要であるが、アンナは入手できなかったようである。そのアタレイアテスはおとり作戦をアレクシオス将軍のものと明記している。

コムネノス（アレクシオス将軍）は必要な時まで隠していたトルコ人部隊に合図を送り、自軍を助けに来るよう命じた。（アタレイアテス『歴史』三十四章6）

文人として戦闘の実際にさほど関心がなかったアタレイアテスは、誰が立案したのかといった細かいことよりも、事件の大きな流れに注目した。皇帝軍の総大将アレクシオスを中心にまとめているのである。それゆえ、ブリュエンニオスがトルコ兵によって捕らわれの身となった場面は記しておらず、捕虜としてアレクシオスの前に引き出されたことだけ述べている。アンナもまた父を軸に事件を再解釈したと言えよう。もしもアタレイアテスを読んでいたなら、もっと大胆な修正をしたに違いない。おとり作戦、ブリュエンニオスの捕縛の他にも、アンナは『歴史』にさまざまの修正を加えている。史料を分析して歴史を書くという作業をしたのである。その際に必要な能力、心構えはどうだったただろうか。

読解力も含めて正確に史料を読むという点はどうか。一見したところアンナの間違いと思われた「ばらばらになって」は写本家のミスであった。史料を批判的に読むという点でも、『歴史』に疑問符をいくつも付しており、疑問点についての考察も的確である。ブリュエンニオスの武勇譚については、疑問を突き詰めることなく『歴史』に従ったが、それもやむを得ないものであった。

編集能力も高い。不要な枝葉を刈るだけではなく、言いたいことを鮮明にするために「故意の沈黙」を巧みに用いている。追加・削除・修正をしたあと、辻褄が合うよう全体を整える作業もしっかりできている。そのための文章表現能力も確かである。ところどころ見られた曖昧な文章、くどい繰り返しは、アンナに言いたいことがあり、尊重しなければならない史料との矛盾をなんとか調整しようとした結果である。歴史家としての良心の現れと理解したい。

くどいと言われるのを承知のうえで、私も、例の「『アレクシアス』草稿存在説」に三度《みたび》批判を加えることにする。『歴史』と『アレクシアス』を読み比べるならば、自分なりの歴史を書こうとしたアンナの努力がよくわかる。完成された作品である『歴史』に対しても、これだけ手を入れ、書き直したのである。たとえブリュエンニオスの草稿があったとしても――私はなかったと思うが――、アンナは全面的に書き改めたであろう。『アレクシアス』はアンナの作品である。

『アレクシアス』は、ランケ風の客観的歴史学のような、過去が「本来そうあったように」叙述したものではない。著者の思いを大胆に盛り込んだ歴史書である。しかしながら、できる限り史料に忠実に歴史を語ろうと努めている。著者の思いが史実を通じて伝わり、読者が共感できるなら、その歴史書は名著といえる。『アレクシアス』は名著である。……結論を急ぎ過ぎた。歴史学にとって重要な年代の問題が残っている。

(3) 信頼できる年代

『アレクシアス』の年代

『アレクシアス』の年代についてはさまざまな批判がある。先に紹介した英訳の解説は、事件の順序が間違っている、同じ話が繰り返される、日付に明らかな間違いがあると指摘していた。標準的な参考図書である『オックスフォード・ビザンツ辞典』も、『アレクシアス』の欠点として、父アレクシオス一世への過度の称賛に加えて、年代に矛盾があることを挙げている。

しかしながら、日付をあまり入れない同時代史なので、年代がはっきりしないのはある程度やむを得ないし、事件の順序についても、アンナが年代順をあえて無視した場合もある。自分の誕生を一年半もずらして、ノルマン戦争の勝利、父の凱旋に重ねたのはその一例である。ノルマン戦争を記すにあたってアンナは、皇帝書簡をはじめとするビザンツ側の史料だけではなく、『ロベール・ギスカール事蹟録』などノルマン側の記録も参照している。戦争の経過を熟知していたはずなので、誕生記事の矛盾は意図的な編集の結果とみなすべきである。

同じことが、『アレクシアス』末尾の十五巻八〜十章で述べられるボゴミール派異端裁判にも当てはまる。異端審問に携わった人物として、皇帝の兄イサキオスが何度か出てくるが、イサキオスはずっと早く一一〇二〜四年頃に死んでいる。アレクシオス一世の末年には伯父がすでに故人であったことをアンナが知らなかったはずはない。年代が合わないのを承知のうえて、父の治世を締めくくる業績として、ボゴミール派異端裁判を最後においたのであろう。そのつもりで記事を読み返すと、冒頭に「皇帝の治世……年」と日付の空白があることに気づく。話の順序と年代が合わないので、アンナもしくは写本家が削除したようである。

『アレクシアス』にみられる順序の誤りは、正確な年代がわからないまま適当に事件を並べたためではなく、叙述を効果的にするため、また自分の言いたいことを強調するための編集作業の結果と思われる。英訳の解説は、年代や順序の間違いは「意図して行なわれたもの」かもしれないと推定していたが、その可能性が高い。

ところが、編集上の技法では説明がつかない、明白な間違いもある。その一例が十二巻三章1節末の年代である。アレクシオス一世のテサロニケへの到着を「インディクティオ十四年九月、アレクシオス一世即位二十年」と、念を入れて二通りの紀年法で記しているが、少なくともどちらかは間違いである。このような間違いがどこで、どのようにして生じたのか、アンナの編集作業を見てゆこう。

十二巻三章は、アンティオキア公ボエモンドのビザンツ遠征に対して、アレクシオス一世がテサロニケへと出陣したことを記している。大筋を示すと次のようになる。

①皇帝は、帝国西部に駐屯する軍団司令官にスタラニッツァ（マケドニア西部の要塞）へ向かうよう命じる書簡を送った。

②続いて、みずからも都を出て前線基地のテサロニケに向かった。
③テサロニケ到着とその日付。このあとの考察のため、原文に忠実な訳を示しておく。「皇帝はビュザンティオンを出て、西方の諸地域を通り、テッタロスの町に着いた。インディクティオ十四年九月、彼が帝国の手綱を握ってから二十年である時に。」
④出陣に際して、皇后エイレーネーに同行を求めた。
⑤（テサロニケに到着すると）皇帝は来るべき戦争の準備を始めた。

十二巻三章は十節からなる比較的長い章であるが、具体的な事実はわずかしか書かれていない。右の五項目に尽きると言ってよい。記事の大半は両親に関する称賛や弁明である。とくに、遠征に同行することになった母について詳しく述べている。控え目な母は人前に出ると恥じらいで頬を染めていたが、夫への愛ゆえに戦場へ向かった……。各章に表題を付けているフランス語訳は、十二巻三章を「皇后エイレーネー」としている。

ふたつの日付

矛盾するふたつの日付の検討に先立って、ビザンツ人が用いた紀年法について簡単に説明しておこう。ビザンツ帝国では多くの紀年法が併用されていた。広く用いられたのが、①天地創造からの通算年数を示す世界年、②後期ローマ帝国の財政年度に由来するインディクティオ年、③皇帝の治世年で、『アレクシアス』にもこの三種類が出てくる。

『アレクシアス』でもっとも多く用いられるのはインディクティオである。日本の十干十二支によく似た紀年法で、十五年ごとにインディクティオ一年が始まる。簡単な文書、手紙などはインディクティオしか記さないのが普通である。その結果、三十七年も在位したアレクシオス一世が発給した文書の場合、正確な日付がわからないこともある。たとえば『ビザンツ皇帝文書目録』一一一三号は、一〇八四年または一〇九九年または一一一四年の一月と、十五年おきの年代を三通り挙げている。文書にはインディクティオ七年としか記されていないためである。

問題の「インディクティオ十四年」と「アレクシオス一世の即位二十年」という矛盾した年代は、ボエモンドの行動を調べることで、インディクティオが正しいとわかる。第一回十字軍に乗じて一〇九八年アンティオキアを占領したボエモンドに対して、アレクシオス一世はトルコ人と手を結んで反撃に出た。同盟作戦は功を奏し、ボエモンドは一一〇〇年から約三年間、トルコ人の捕虜となっていた。ようやく釈放されたボエモンドは、反撃に出るため一一〇四年末にいったん故郷の南イタリアに戻ることにした。ビザンツ軍の警戒をすり抜けるべく、死んだふりをし、鶏の死骸と一緒に棺に入って、死臭を漂わせながらイタリアへ向かったという逸話を、アンナは十一巻の最後に記している。続いて十二巻から、イタリアに戻ったボエモンドによるビザンツ遠征の記事が始まる。ボエモンドの動静からみて、一一〇〇年にアレクシオス一世が戦争準備のためテサロニケへ向かうことはありえない。一一〇五年ならぴったりである。

三章1節の年代に矛盾があることは古くから知られていた。十四世紀の写本はインディクティオも含めて日付をそっくり削除している。ふたつの日付が一致しないことはすぐにわかったが、どちらが正しいのか判断できなかったのであろう。また十六世紀の註釈は「治世二十五年」と訂正している。ボエモンドの動きなどから、インディクティオ年が正しく、治世年数は間違いと確認したのである。しかし、なぜ治世年が間違っているのかは、現在に至るまで誰も説明していない。アンナのミスと済まされてきた。

アンナ直筆の『アレクシアス』原本は残っていない。私たちが読むのは後世の写本である。それゆえ、写本家が「二十五」の「五」を書き落とした可能性がある。アンナの名誉のためにもぜひそうであってほしい。しかしいずれの写本も「治世二十年」としている。しかも、もっとも重要なふたつの写本、十二世紀のF写本と十四世紀のC写本で表記法が異なっているので――F写本は文字で eikostou 二十、Cは数記号の k′ = 20――、すでにアンナの原本に二十年とあったことは確かである。

それでもなお希望、いや疑問は残る。アンナは固有名詞や数字には神経質で、はっきりしない場合、のちほど調べて埋めるつもりで空白にしている。厳密な叙述を心掛けていたアンナが、こんな簡単な間違いをするとは考えにくい。年代の矛盾には何か特別な理由があったに違いない。

「インディクティオ十四年」とエンテロマイ

『アレクシアス』には日付がきわめて少ない。注目すべきはその多くが、皇帝の文書や書簡などの引用・言及の箇所に見られることである。自分の誕生日などは別として、記憶や推定に基づく不確かな日付は入れていないとみてよいだろう。年代表示の一例を挙げると、アレクシオスが母ダラセナに全権を委ねると定めた金印文書の引用の直前に、アンナは日付を入れている。こんな具合である。

ギスカールが海を渡ったので、インディクティオ同年（四年）八月に都を出ることになった皇帝は……統治権を母に委ね、その旨を金印文書で告げた。（三巻六章3節）

金印文書は世界年に加えてインディクティオ年も記すので、この日付はダラセナに関する金印文書から採られたものと思われる。同じような例をもうひとつ挙げておこう。四巻一章1節で述べられるギスカールによるデュラキオン包囲の開始には、「インディクティオ四年六月十七日」と日付まで含めて年代が記されている。この場合も、同節で言及されている、ギスカールの到来を皇帝に伝えたデュラキオン総督パライオロゴスの書簡をアンナは参照し、その日付を記入したのである。問題の十二巻三章1節の「インディクティオ十四年九月」も、節の冒頭で述べられている軍団司令官宛の皇帝書簡から採られたものに違いない。

「インディクティオ十四年」が皇帝書簡の日付だと考える理由がもうひとつある。三章1節で、皇帝が軍団の出動を命じる書簡を送ったと記す際に、アンナはエンテロマイ（命じる）という単語を用いている。ギリシア語のエンテロマイは、新約聖書では神が命じる際に用いられるが、ビザンツ時代にはさほど使われない。『アレクシアス』では皇帝が書簡で命じるという文脈で現れることが多い。典型的な用例を挙げておく。

①プロートプロエドロスの爵位をもち、カテパノの職にあるコンスタンティノスは、朕によって以下のように命じられて（エンテロマイ）、……。（三巻十章5節）

②アレクシオスはこれら二通の手紙をカラツァスに託し、まず一通をヨハネス（謀反の疑惑が浮上したデュラキオン総督）に手渡すよう命じた（エンテロマイ）。（八巻七章5節）

③皇帝はブーツミテスに対して、十字軍の諸侯がアンティオキアへ向けて出発しないよう説得せよ

と書簡で命じた（エンテロマイ）。（十一巻三章1節）

①は神聖ローマ皇帝ハインリヒ四世宛の皇帝書簡の引用である。書簡において皇帝はエンテロマイという言葉を使っている。②はデュラキオンの総督と市民宛の手紙を引用した直後の文で、皇帝はエンテロマイしたとアンナは書いている。③も同じくアンナの地の文であるが、書簡で命じたという場合にエンテロマイを用いている。

以上の用例から、アレクシオス一世は書簡で命令を下す時、自分を神に擬えようとしたわけではなかろうが、エンテロマイを好んで用いたことがわかる。いずれの場合も、アンナは父の手紙を参照しつつ執筆したので、エンテロマイという普段あまり使わない言葉を使うことになった。もちろん、実際に手紙を見たのではなく、父はエンテロマイという表現を好んだと知っていて、そう書いた可能性もあるが、十二巻三章1節の場合は、『アレクシアス』では滅多に記さない年代も記しているので、日付の入った父の書簡を参照しつつ書いた、と考えて間違いないだろう。

かくして「インディクティオ十四年九月」という日付は、十二巻三章を記す時にアンナが参照した皇帝書簡に拠っている、との結論が得られた。

「治世二十年」とアウグスタ

もうひとつの年代、「即位二十年」はアレクシオス一世の書簡の日付ではない。皇帝書簡はインディクティオ年のみ記すのが原則だからである。また、年代をよりわかりやすくするために、アンナがインディクティオから換算して付け加えたものでもない。『アレクシアス』全体を通じて、そのような作業はまったく行なわれていないし、算術を修めたと言っているアンナがそんな簡単な計算間違いをするとも思えない。

少し話が専門的になるが、アンナによる換算の間違いではない理由をもうひとつ挙げておく。「アレクシオス一世の即位二十年」は、直前の「インディクティオ十四年」と同格で並べられているのではない。日本語にするとわかりにくいが——二八八ページの直訳参照——、「二十年」の句はギリシア語の独立属格（分詞構文）である。もしもアンナがインディクティオ年から換算して治世年を付け加えたなら、同格で並べたであろう。では、この治世年数、誤った年代表記はどこから来たのだろうか。

謎を解く手がかりは続く第2節にある。何度も述べたように、三章1節は「インディクティオ十四年九月、アレクシオス一世の即位二十年」と、ふたつの年代を記して終わる。続く第2節は次のように始まる。「皇帝は遠征に同行するよう皇后（アウグスタ）に強く求めた。」ここでアンナは母エイレーネーをアウグスタと呼んでいる。アウグスタはアウグストゥスの女性形で、ビザンツ皇后の正式称号である。専門用語・行政用語を避ける『アレクシアス』では滅多に現れず、通常はバシリスやデスポイナなど、より一般的な語が用いられている。

アンナも含めてビザンツの歴史家は、アッティカ風の古典ギリシア語を重んじ、行政用語や公式称号などは用いないよう努めていた。たとえば、爵位年金を指すロガという行政用語が『アレクシアス』で用いられるのは、ダラセナへの金印文書、ハインリヒ四世宛の皇帝書簡、ヴェネツィアへの特許状などの引用箇所のみで、アンナの地の文では一度も使われていない。

このように見てくると、エイレーネー皇后をアウグスタと呼んでいる三章2節冒頭の文章は、何らかの公文書から借りてきたものと考えるべきであろう。文書を写した、ないしその表現に引きずられて、普通なら使わないアウグスタという公式称号を記した、ということである。1節で皇帝書簡を参照しながら書いて、エンテロマイ（命じる）と表記したのと同じ現象である。

公文書を写した、ないし参照したとして、どのような文書だったのだろうか。以下は推定の積み重ねとなる。推定の前提として、アウグスタという言葉がどのように使われているのかを見ておこう。アンナは公式の称号であるアウグスタを注意深く用いている。エイレーネー以外の皇后をアウグスタと呼ぶことはなく、エイレーネーについても、十二巻三章以前では、皇后の実家ドゥーカス家という文脈で二度用いているだけである。こんなところにも母方ドゥーカス家への思いが窺える。

十二巻以降、アウグスタの用例が増える。皇帝が病がちになったため、皇后の役割が増したことを思えば不思議ではない。より細かく検討すると、十二巻以降に見えるアウグスタの用例は、大半がエイレーネー皇后が皇帝に同行するという記事である。具体例を三つだけ挙げてみよう。

①アレクシオス一世がメストス川に到着した時、皇后（アウグスタ）は宮殿に戻りたいと言ったが、皇帝は同行を続けるよう強く求めた。（十三巻一章4節）

②三日間の進軍ののち、皇帝はアイギアロイと呼ばれるところに到着し、そこから船でキボトスへ渡ろうとした。皇帝が渡海を急いでいるのを知って、皇后（アウグスタ）は皇帝と別れ、都へと向かった。（十四巻五章2節）

③その地に長期間滞在するつもりで、アレクシオス一世は皇后（アウグスタ）を呼び寄せた。（十五巻三章1節）

問題の十二巻三章2節冒頭の文も皇后の同行を記したものであった。以上の用例からみて、アンナが参照した公文書とは、皇帝の活動を記した日誌のようなものと考えるのが妥当であろう。残念ながら皇帝日誌の原物は伝わっていないが、そのような記録が宮廷にあったことは多くの研究者が認めている。公文書なので、皇后は正式の称号アウグスタと表記されていたはずである。また皇帝日誌なら、治世何年と表示するのも当然のように思われる。十二巻三章をまとめるにあたって、アンナは父の書簡に加えて、皇帝日誌も参照したのである。

以上から「アレクシオス一世の即位二十年」は、アンナがインディクティオから換算して、あるいは記憶で適当に付け加えたものではなく、信頼できる公文書、具体的には皇帝日誌からとられた日付であったという第二の結論が出る。

十二巻三章の執筆

続いて、公文書から採られたふたつの確かな日付に矛盾が生じるに至った、アンナの編集作業を復元してみよう。間違いはどこで生じたのだろうか。

ボエモンドの侵攻に始まる第二次ノルマン戦争について書き始めたアンナは、十二巻三章で父のテサロニケ出陣について述べることにした。その際にまず、父が軍団司令官に出陣を命じた書簡を取り上げた。インディクティオ十四年九月という日付が入っているので、叙述の大枠を定めるのに都合がよかったからである。

アンナはこの遠征に母が同行していたことを知っていた。母から「テサロニケではね、皇后陛下がお出ましになられたと大歓迎されたのよ」と聞いていたのかもしれない。母のこともぜひ書いておきたかった。そういえば、とアンナは気づいた。母はそれ以前にも父の遠征に同行したことがあったはずである。史料を繰ってみると、皇帝日誌の治世二十年（一一〇〇年）に、皇帝のたっての要望で皇后が同行したとの記事があった。

この章では父の遠征だけではなく、母の同行についても書こうとアンナは決めた。女性が戦場に向かったことを弁明するために、皇帝日誌も引用したい。章の構成は、両親の行動を伝える二通の日付入り公文書を軸に組み立てよう。信頼できる史料に基づいて叙述の骨格を定めるのは、歴史書執筆のオーソドックスな手法である。章の骨格を定めたアンナの執筆メモ――レポート作成で言えば各章の主題文《トピックセンテンス》――を復元すると次のようになるだろう。

A　アレクシオス一世は帝国西方の司令官たちに書簡を送り、ただちにスタラニッツァに集結するよう命じた。インディクティオ十四年九月。

B　帝国の手綱を握ってから二十年目に、皇帝は遠征に同行するよう皇后に強く求めた。

ふたつの史料を章構成の軸とした結果、執筆メモでは、皇帝書簡の最後にあった日付（インディクティオ年）と、皇帝日誌の見出しの日付（治世年）が隣り合うことになった。矛盾する日付の謎が見えてきたような気もするが、結論は急がず、アンナの作業をさらにたどってゆくことにする。

続いて、史料から作成した骨格に肉付けをした。これもまた歴史家なら必ずする執筆作業であるが、アンナの場合はみずからの主張を盛り込むことに力点がおかれた。まずは父アレクシオスのことである。各地の軍団司令官に集結するよう命じたという執筆メモAに、父を弁護する必要を感じた。軍団に出陣を命じるだけで、自分は宮殿でぬくぬくと暮らしているような者ではない。これまでの皇帝はそうだったが父は違う。父も都を出て、テサロニケに到ったと書き加えた。父の弁護はもちろん、テサロニケ到着も何らかの公文書に基づくものではなく、独白と言ってよい文章であることは、都をビュザンティオン、テサロニケを「テッタロスの町」と古典風に表現していることからもわかる。

テサロニケ到着の文は、執筆メモAの本文と日付のあいだに入ってしまった。アンナの不注意である。父を弁護したいという思いが強すぎたのだろうか、慌てていたのかもしれない。その結果、本人も気づかないうちに、インディクティオ十四年九月にテサロニケに到着したと読める文章になってしまった。ちなみに『ビザンツ皇帝文書目録』一二二四号は次の通りである。

〔資料番号〕一二二四。〔発給者〕アレクシオス一世。〔日付〕一一〇五年九月以前。〔様式〕皇帝書簡。〔受給者〕帝国西方の軍司令官たち。〔内容〕（ボエモンドとの戦いのため）司令官はただちにスタラニッツァに向かうべし。……〔出典・関連史料〕『アレクシアス』十二巻三章。

目録の編者は、治世二十年が誤りでインディクティオ十四年が正しいとわかっていたが、書簡を送ったのち都を出て、九月にテサロニケに到着したという『アレクシアス』の叙述に従い、書簡の作成年代を「一一〇五年九月以前」とした。その限りでは妥当な判断である。しかし、インディクティオ十四年という日付は皇帝書簡から採られたものであり、日付の前に誤って到着の文が挿入されたのだから、書簡の日付は「一一〇五年九月以前」ではなく「九月」とすべきであろう。

元に戻って、アンナは執筆メモBのあとに、今度は母エイレーネーに関する記事を挿入した。ギリシア古典や聖書の句を散りばめつつ、章の終わりまで続く長い補足説明である。控え目で信仰心の篤い母、遠征に同行したがその名の通り平和（エイレーネー）を好んだ母、夫アレクシオスに献身的に尽くした母、慈悲深く、弱者に優しかった母。アンナはここでも母を理想の女性と描いている。

長い補足記事に区切りを入れるかのように、「皇帝は遠征に同行するよう皇后に強く求めた」という執筆メモBの文章を、途中の3節末、8節の冒頭でも繰り返した。本論に戻ろうとしたのかもしれない。それぞれの訳文を挙げておこう。

①彼女は皇帝のたび重なる遠征に同行を余儀なくされている。（十二巻三章3節）

②いずれにせよ、その時に行なわれた遠征――皇帝はボエモンドに対する遠征に出たのである――において、彼女はある程度はその意思に反して、しかしまた自発的に皇帝に同行した。（十二巻三章8節）

母の同行を述べた繰り返し文を挟みつつ、2節から10節、つまり三章の終わりまで、理想の皇后エイレーネーの姿が描かれる。そして、母のことをもっと語りたかったと第三章は結ばれる。

禍を転じて

こうして十二巻三章は出来上がった。1節末の矛盾する日付を説明する鍵は、三度繰り返される同行記事にある。まず3節末の文を、2節冒頭の記事（執筆メモB）と比べてみよう。3節の文にはアウグスタという表現はみられない。さらに受動態かつ現在形である。もっとも大きな違いは「たび重なる遠征」と複数形を用いていることであろう。単に執筆メモBを繰り返したのなら、文脈に応じて受動態にすることはあっても、「たび重なる遠征」と複数形にすることはありえない。アンナが複数形を用いたのは、一一〇五年のテサロニケへの同行を記すに際して皇帝日誌も調べ、すでに治世二十年、一一〇〇年に先例があったことを確認していたからである。

また3節では現在形が用いられていることも見逃してはならない。徹底した逐語訳である十九世紀のラテン語訳を除いて、あらゆる訳はここを過去形にしている。いわゆる歴史的現在、過去のことを現在形で書いているものと判断したようである。私のみるところ、この現在形は習慣的現在――繰り返される動作を表現する現在形――に他ならない。そのことは続く8節の同行記事からも確かめられる。

4節から7節まで、なぜ皇后が同行したのか詳しく説明したあと、アンナは8節の冒頭で本論に戻り、皇后は同行を求められたと三度《みたび》述べている。三章8節の文はまことにまわりくどい、妙な文章であるが、ボエモンドに対する遠征であることを強調した結果である。他ならぬボエモンドとの戦いだとわざわざ断っているのは、3節末の現在形で書かれた同行記事が、一一〇五年の皇后同行だけではなく、一一〇〇年のものも念頭において書かれていることを示している。

繰り返される同行記事の分析から、アンナは二度にわたる皇后の同行――インディクティオ十四年（一一〇五年）と治世二十年（一一〇〇年）――をはっきり区別していたことがわかる。つまりアンナはここでも「遡及」という編集技法を用いたのである。一一〇五年のテサロニケへの出陣に皇后が同行したことを記した際に、皇后同行の理由を明記した五年前の皇帝日誌を引用した。その結果、十二巻三章はインディクティオと治世年というふたつの年代をもつことになった。最終的な結論に入る前に個人的な弁解をひとこと述べさせてもらう。

ずいぶん昔にエイレーネー皇后の評伝を書いたことがある（『ビザンツ皇妃列伝』第六章）。そのなかで、十二巻三章に拠りつつ「一一〇五年のテサロニケ行き以降、ドゥーカイナは夫の遠征に同行することが多くなった」と述べた。『オックスフォード・ビザンツ辞典』の「エイレーネー・ドゥーカイナ」にもそのようにあるので、当然のように一一〇五年以降と書いたのだが、「即位二十年」が誤りではなく、皇帝日誌から採られた日付だとすれば、皇后はすでに一一〇〇年から遠征に同行していたことになる。遅まきながら訂正しておきたい。

結論に入る。アンナは十二巻三章を書くに際して、まず皇帝書簡、皇帝日誌のような信頼できる史料を軸に骨格を作成した。続いて、骨格とした執筆メモに言いたいことや補足説明を書き加えていった。きわめて正統かつ適切な執筆方法である。歴史という名目のもと、両親への称賛を書き連ねたことには批判もあろうが、年代も含めて事実関係の骨格は確かである。従来、アンナの間違いとされてきた治世年も、一一〇〇年に皇后が遠征に同行したことを記している皇帝日誌から採られたもので、その限りでは正しい日付であった。

ふたつの日付の矛盾は、『アレクシアス』が完成したのちに生じた手違いの結果である。テキストを章節に分ける際に、執筆メモBの文「帝国の手綱を握ってから二十年目に、皇帝は遠征に同行するよう皇后に強く求めた」が1節と2節に分断されたのである。つまり「即位二十年」が1節末のテサロニケ到着の日付とされ、皇后の同行を記した「皇帝は」以下が2節となった。父を擁護する文を執筆メモAの途中に挟んだのとは異なり、こちらはアンナの不注意ではない。章節の区分はアンナの死後、テキストを書き写す段階でなされたものであり、1節と2節の区分は写本家の不手際である。

さすがと言うべきか、三章の1節と2節の区切りが不自然だと気づいた研究者がいる。J・リュバルスキーのロシア語訳は、「皇帝は遠征に同行するよう皇后に強く求めた」という2節冒頭の文を1節の最後に移している。ただし文の区切りはそのままで、「インディクティオ十四年九月、帝国の手綱を握ってから二十年目に皇帝はテサロニケに到着した」としており、やはり治世年をインディクティオの補足説明——ただし間違った説明——とみなしている。私のみるところ、節の区切り方だけではなく、文の区切りも改めて、インディクティオ十四年九月のテサロニケ到着で文を終え、続けて「帝国の手綱を握ってから二十年目に、皇帝は遠征に同行するよう……」と始めるべきであった。

アンナの間違いと言われてきた十二巻三章1節の日付を検討することで、『アレクシアス』の年代が信頼できること、アンナの執筆作業が歴史学の手続きに則ったものであることを論証した。禍を転じて福と為すことができたように思うが、どうだろうか。

(4) アンナ・コムネナの歴史学

『アレクシアス』の欠点と言われてきたのは、父アレクシオス一世への称賛と年代の混乱である。本章では、このような批判を念頭におきつつ、全百六十九章のうち、わずか四つの章のみ——第一巻の四〜六章、十二巻三章——ではあるが、アンナの編集・執筆作業を検討してきた。第4章「歴史家の仕事」での考察をまとめておく。

アンナは歴史学の王道を歩んでいる。史料に基づき正確な事実を追究するという、近代歴史学によって確立された実証主義、その精神をアンナにも認めることができる。しかも、史料をそのまま事実とみなす素朴な実証主義ではなく、分析・批判して史実に迫るという歴史家の仕事を行なっている。参照できた史料がブリュエンニオス『歴史』だけだった場合でも、夫の記述に考察を加え、自分なりに史実を摑み取ろうとしていた。

アンナを史料批判へと向かわせたのは、父アレクシオスに対する思いであった。なんとか父を擁護したい、称えたいとの一心で史料を読み直したのである。歴史家の問題意識や主張、思い入れは、必ずしも史実の追究と矛盾しないことがよくわかる。確かにアンナは、父母を称賛し、夫を偲び、我が身の不幸を嘆いている。頌詞や悲劇、伝記を取り入れた、越境する歴史学である。しかし父への思いも、史料解釈・批判という歴史家の仕事を促しこそすれ、史実の捏造とはならなかった。真実を追求するのが歴史家の仕事である、「私は歴史家である」というアンナの言葉は偽りではない。『アレクシアス』には、孤独な修道院生活のなかで増幅された思いが溢れているが、歴史学の基本である事実に忠実であれば、著者の声が聞こえてくる歴史書も悪いものではない。むしろそこに魅力がある。

『アレクシアス』のもうひとつの欠点とされる年代の混乱——事件の順序が間違っていたり、同じ出来事が繰り返される——についても、記されている日付は信頼できる史料から採られたものであること、事件の順序の混乱、日付の矛盾もアンナの意図的な編集の結果であることが確認できた。重複が多いという批判については充分に検討できなかったので、ひとこと補足しておきたい。

十二巻三章はエイレーネー皇后の同行について三度繰り返していた。母への称賛・弁護から本論に戻ろうとして、その都度書き入れたのである。同じ現象がアレクシオス一世のテサロニケ到着にもみられる。十二巻三章1節で、軍司令官に書簡を送ると、父も出陣しテサロニケに到着したと書いたあと、アンナは第三章をそっくり母への称賛に充てた。ようやく四章の冒頭で「皇帝はテサロニケに到着した」と話を父に戻したが、それも束の間、今度は彗星の出現について詳しく述べている。彗星の話を終えて本論に戻る際にも「皇帝がテサロニケに到着すると」という文を入れている。何度テサロニケに到着するのかと冷やかしたくなるところで、アンナもさすがに二度目は「すでに述べたように」と断っている。しかしこのような重複は、話の展開のうえで必要なことであった。さらなる事例の検討が必要ではあるが、こちらの欠点も致命的なものではなさそうである。

本章の中間まとめで私は「『アレクシアス』は名著である」と書いた。最終的な結論も同じである。ただし私の評価には、時代遅れの歴史家の偏見が含まれているかもしれない。国際化・情報化の進展に伴って歴史学は大きく変化している。史料についても、膨大なデータベースを駆使した研究が進み、その一方で、羊皮紙から削られた文字を赤外線で読み取るなど、細かい作業も行なわれている。現地調査を行ない、歴史的環境を踏まえて論じることも含めて、研究は国際化している。

しかるに私の歴史学は、時代の流れに背を向けて、ただ書物と向かい合うばかりである。西洋史を学んで五十年、いまだロンドンもパリも、ローマにも行ったことがない。アンナも生涯のほとんどを宮殿と修道院で暮らし、『アレクシアス』を書くためひたすら机に向かっていた。時代遅れの書斎派歴史家から共感を込めてアンナに伝えたい。あなたは優れた歴史家であり、『アレクシアス』は名著である。

跋

私は不幸だったとアンナ・コムネナは言っている。皇帝の娘として生まれたがゆえに、辛いこと悲しいことが多かった。さまざまの不幸を経験したアンナであったが、思いがけず歴史学と出会い、慰めと生きがいを見出した。『アレクシアス』を書き上げてまもなく、あれほど嘆いた不幸の数々も遠くかすんで、穏やかな気持ちでアンナは死を迎えた。

死後のアンナについてひとこと述べて、長い歴史の旅を終えることにする。といっても、アンナの評判が没後どのように変化したのか、あるいはその作品がどのように読み継がれていったのかを述べるものではない。文字通り、死んだあとアンナはどうなったのかを考えてみたいのである。ただし、天国へ行ったのか、地獄に堕ちたのかとか、来世で父アレクシオスと再会したのか、というようなことでもない。私自身、天国や地獄、来世があるとは思っていないので、そのあたりは想像することもできない。

死後の世界はないと考える私に言わせれば、死はすべての終わりである。しかし、その終わりは私たちが知っている終わりではない。なぜなら、私たちの世界においてひとつのことが終わるというのは、次の何かが始まることを意味しているが、死のあとには何も始まらないからである。そこでは死が永遠に続くだけである。永遠に続く死のなかでアンナはどうしているのだろうか？

私の想像するアンナは『アレクシアス』を手にしている。「書き上げることができて本当によかった。お父さまも喜んでおられるでしょう」と微笑んでいる。「あらあら、将軍の名前が抜けている。明日、宮殿の図書室に行って確かめましょう。」もちろん明日は永遠に来ない。私たちが手にする『アレクシアス』でも将軍の名前は空白のままである。「そうそう、来週は修道院の読書会、皆さんがお見えになりますよ。お話の準備をしなければ」と、また『アレクシアス』を手にとる。こうして永遠に頁を繰り続けるのであろう。アンナは自分の生涯は不幸の連続であったと述べている。しかし、思いを込めて記した『アレクシアス』を抱きしめているアンナはけっして不幸ではない。

新しいことが何も始まらない死の世界において幸せであるためには、今この世界で精一杯生きるしかないとアンナ・コムネナは語っている。

アンナ・コムネナをめぐる人々

一、本書でおもに用いた呼称を見出しとして挙げた。
一、見出しのあとの（　）は姓名。◎はコムネノス家系図、●はドゥーカス家系図の人物番号（三一九ページ）。
一、本文中の（　）はとくに注記のない限り生没年。

アクスーク（ヨハネス・アクスーコス）
ヨハネス二世、マヌエル一世に仕えたトルコ人（一〇八七？～一一四九／五〇年以降）。アンナの財産を没収したヨハネスに対して、財産の返還と姉弟の和解を進言した。

アタレイアテス（ミカエル・アタレイアテス）
法務官僚・歴史家（一〇二〇／二五～一〇八五年以降？）。一〇三四～一〇七九／八〇年の帝国史を記した『歴史』は同時代資料として価値が高い。『歴史』はブリュエンニオス家の反乱についても記しているが、アンナは参照できなかった。

アドリアノス（アドリアノス・コムネノス）◎（9）
アンナの叔父（一〇六〇頃～一一〇五年？）。兄アレクシオス一世を支えて、ニケフォロス・ディオゲネス陰謀事件の調査などを担当した。

アネマス（ミカエル・アネマス）
一一〇一年頃と推定されるアレクシオス一世殺害未遂事件の首謀者（生没年不詳）。盲目刑を申し渡されたが、アンナ姉妹やエイレーネー皇后の嘆願で刑の執行を免れた。

アブル・カシム
小アジアのトルコ人支配者（?～一〇九二年?）。ルーム・セルジューク朝の君主スライマンのもとでニカイアの代官となり、スライマンの死後独立する。バグダッドのスルタンに対抗するためアレクシオス一世に援軍を求めた。

アレクシオス一世（アレクシオス・コムネノス）◎（7）●（17）
アンナの父、皇帝（一〇五七頃～一一一八年、在位一〇八一～一一一八年）。ブリュエンニオスの反乱を鎮圧するなど将軍として名声を挙げ、一〇八一年にはドゥーカス家などの支援を得て反乱を起こし皇帝となる。貴族連合体制を樹立し、混乱していたビザンツ帝国を建て直した。

アレクシオス（アレクシオス・コムネノス）◎（20）
アンナの長男（一一〇〇／〇五頃～一一六一／六七年）。一一二二年頃、弟のヨハネスと合同の結婚式を行なった。叔父ヨハネス二世、従弟マヌエル一世に将軍として仕えた。

アレクシオス（アレクシオス・コムネノス）◎（24）
ヨハネス二世の長男（一一〇六／〇七～一一四二年）。父の遠征先で双子の兄として誕生した。共同皇帝とされたが、父より一年早く没した。

アンドロニコス（アンドロニコス・ドゥーカス）●（10）
アンナの母方の祖父（一〇四五以前～一〇七七年）。戦場での負傷がもとで一〇七七年重体となる。妻マリアはアンドロニコスが死ぬ直前に、娘エイレーネーをアレクシオス（一世）・コムネノスと婚約させた。

アンドロニコス（アンドロニコス・コムネノス）◎（16）
アンナの弟（一〇九一～一一三〇年頃）。一一一八年の帝位争いでは母エイレーネーや姉アンナを支持した。その後兄ヨハネス二世と和解し、将軍として活動する。『アレクシアス』においてアンナは弟アンドロニコスの死を嘆いている。

アンドロニコス一世（アンドロニコス・コムネノス）◎（26）

アンナの末弟イサキオスの子、皇帝（一一一八／二〇頃～一一八五年、在位一一八三～一一八五年）。マヌエル一世没後、その息子アレクシオス二世から帝位を簒奪したが、わずか二年で失脚し、コムネノス王朝最後の皇帝となった。

アンナ（アンナ・コムネナ）◎（12）●（12）
アレクシオス一世の長女、西洋古代・中世を通じて唯一の女性歴史家（一〇八三～一一五三／〇四年?）。夫ブリュエンニオスを帝位につけようとして、弟ヨハネス二世に対する謀反を企んだが失敗した。ケカリトメネ修道院で学問に励み、『アレクシアス』全十五巻を著した。

イアシテス（ミカエル・イアシテス）◎（19）
アンナの妹エウドキアの夫（生没年不詳）。妻エウドキアに対する傲慢な態度を皇后エイレーネーに非難され、一一一〇／一一六年頃離婚に至った。

イサキオス一世（イサキオス・コムネノス）◎（1）
アンナの父方の大伯父、皇帝（一〇〇七頃～一〇六〇／六一年、在位一〇五七～一〇五九年）。一〇五七年に反乱を起こしてコムネノス家最初の皇帝となるも、独裁をめざしたため貴族の反発を招き、二年で退位を余儀なくされた。

イサキオス（イサキオス・コムネノス）◎（5）
アンナの伯父、アレクシオス一世の兄（一〇五〇頃～一一〇二／〇四年）。一〇八一年のコムネノス家の反乱に際しては弟アレクシオスに帝位を譲った。アレクシオス一世のもとで最高の爵位セバストクラトールを帯び、ボゴミール派裁判などで活躍した。

イサキオス（イサキオス・コムネノス）◎（17）
アンナの末弟（一〇九三～一一五二年以降）。一一一八年の帝位争いでは兄ヨハネスを支持した。ヨハネス二世によってセバストクラトールという最高の爵位に任じられたが、一一三〇年には謀反が発覚し亡命を余儀なくされた。コーラ修道院の修復に尽力し、肖像が壁画に残されている。

イタリコス（ミカエル・イタリコス）

アンナと親交のあった文人（一一〇〇以前?～一一五七年以前）。ケカリトメネ修道院の文化サロンの一員として皇后エイレーネー称賛文を著している。『アンナ・コムネナの遺言状序文』が著作集に収録されている。神学にも造詣が深く、のちにフィリッポポリス府主教となった。

イタロス（ヨハネス・イタロス）

南イタリア生まれの哲学者（一〇二五頃～一〇八二年以降）。プセルロスの弟子となり、アリストテレス研究を行なうも、一〇八二年異端として断罪された。イタロス異端問題についてアンナは詳しく伝えている。

エイレーネー（エイレーネー・ドゥーカイナ）◎（8）●（16）

アンナの母、アレクシオス一世の妃（一〇六六～一一三三年?）。夫の晩年には政治の実権を握り、息子ヨハネス二世の即位に反対した。夫の死後、都のケカリトメネ修道院に入り、知識人を集めて文化サロンを開いた。

エイレーネー（エイレーネー・ドゥーカイナ）◎（22）

アンナの長女（一一〇〇/〇五頃～一一五四/五五年以降）。若くして夫を失い、母アンナと相前後してケカリトメネ修道院に入った。皇后エイレーネーのお気に入りの孫娘で、『ケカリトメネ修道院規約』に名前がみえる。

エウストラティオス

ニカイア府主教（生没年不詳）。哲学者イタロスの弟子でアリストテレスを学ぶ。一〇八二年に師が異端とされた時には連座を免れたが、一一一七年に至って異端の告発を受け、府主教職を罷免された。聖俗双方に関するその学識をアンナは高く評価している。

エウドキア（エウドキア・コムネナ）◎（18）

アンナの妹（一〇八九～一一三〇年以前）。一一一〇/一六年頃に夫イアシテスと離婚してケカリトメネ修道院に入った。

エフェソスのミカエル

アリストテレス『ニコマコス倫理学』への註釈を著した哲学者（生没年不詳）。アンナにアリストテレス註釈を献呈した「エフェソス出身の賢者」ではないかと言われている。

ギスカール（ロベール・ギスカール）

南イタリアのノルマン君主（一〇一五頃～一〇八五年、在位一〇五九～一〇八五年）。一〇八一年六月ビザンツ領に侵入し、十月にはデュラキオンの会戦でアレクシオス一世を破る。その後もビザンツ帝国征服をめざして戦ったが、一〇八五年七月に急死した。

キンナモス（ヨハネス・キンナモス）

歴史家（一一四三以降～一一八〇年以降）。著作『歴史』は、アレクシオス一世時代については優れた歴史書があるので省くと言って、ヨハネス二世、マヌエル一世の治世を記している。

クルチ・アルスラン一世

ルーム・セルジューク朝第二代君主（?～一一〇七年、在位一〇九二～一一〇七年）。十字軍を利用したアレクシオス一世の戦略によりニカイアを失い、小アジア中央部のイコニオン（コンヤ）に都を移した。

コニアテス（ニケタス・コニアテス）

歴史家（一一五五／五七～一二一七年）。著作『歴史』は、アレクシオス一世末年の帝位争いから始めて、ヨハネス二世、マヌエル一世の治績を記し、一二〇四年の帝都陥落直後の時代まで扱っている。弟ヨハネス二世殺害をもくろんだアンナの陰謀を伝える唯一の史料である。

コンスタンティオス（コンスタンティオス・ドゥーカス）●（9）

コンスタンティノス十世の子、「緋色の生まれ」（一〇六〇～一〇八一年）。アレクシオス一世の即位とともに政権に参加したが、一〇八一年十月のデュラキオンの戦いで戦死した。

コンスタンティノス十世（コンスタンティノス・ドゥーカス）●（2）

皇帝（一〇〇六頃～一〇六七年、在位一〇五九～一〇六七年）。一〇五七年のイサキオス・コムネノスの反乱に参加した。一〇五九年、イサキオス一世の独裁に不満を持つ貴族に推されて即位した。

コンスタンティノス（コンスタンティノス・ドゥーカス）●（13）
アンナの婚約者、ミカエル七世の子（一〇七四～一〇九五年頃）。「緋色の生まれ」ゆえアレクシオス一世によって共同皇帝とされたが、ヨハネス二世の誕生に伴い帝位継承権を剝奪される。ニケフォロス・ディオゲネスの陰謀事件のあとまもなく死んだ。

スクタリオテス（テオドロス・スクタリオテス）
歴史家（一二三〇頃～一二八二年以降）。天地創造から一二六一年までの歴史を記した年代記の編者とされる。同年代記のヨハネス二世時代はほぼコニアテスの『歴史』を写しており、アンナの陰謀も伝えているが、独自の史料的価値はない。

スライマン
ルーム・セルジューク朝初代君主（?～一〇八六年、在位一〇七七～一〇八六年）。マンツィケルトの戦いのあと、バグダッドのセルジューク朝から独立したルーム・セルジューク朝を小アジアに建国し、一〇八〇／八一年にはニカイアを都とした。

ゾナラス（ヨハネス・ゾナラス）
歴史家（?～一一五九年以降?）。天地創造から一一一八年までの歴史を記した『歴史要略』を著した。『歴史要略』はアレクシオス一世時代の主要な史料であるが、アンナの『アレクシアス』とは対照的に、アレクシオス一世に対して批判的である。

ダラセナ（アンナ・ダラセナ）◎（3）
アンナの父方の祖母（一〇二五頃～一一〇〇／〇二年）。コムネノス家の女当主として一〇八一年には息子たちの反乱に協力した。アレクシオス一世によって政治の実権を委ねられたが、のち母子の関係が悪化し、一〇九五年頃パンテポプテス修道院に入った。

タロニテス（ミカエル・タロニテス）◎（4）
アンナの伯父、アレクシオス一世の義兄（一〇五〇頃～一〇九四年以降）。コムネノス家を中心とする貴族連合政権を支える一員であったが、一〇九四年頃、ニケフォロス・ディオゲネス陰謀事件への関与のため、財産没収のうえ追放された。

ツェツェス（ヨハネス・ツェツェス）

詩人（一一一〇頃〜一一八〇／八五年）。トゥキュディデスの文体を論じるなど古典の註釈に業績があったが、有力なパトロンをもたず生活は貧しかった。教会問題で援助を求める書簡をアンナに送っている。

テオドトス

アレクシオス一世の従者（生没年不詳）。ブリュエンニオス反乱の鎮圧を委ねられた青年将軍アレクシオス・コムネノスに同行し、無謀な突撃を試みようとしたアレクシオスを諫めた。

テオフュラクトス

文人（一〇五〇頃〜一一二五／二六年以降）。一〇八五／八六年にアンナの婚約者コンスタンティノスに皇帝と呼びかける演説を行ない、一〇八八年一月にはアレクシオス一世に宛てた皇帝賛美演説で、ヨハネス二世の共同皇帝戴冠を促した。その後まもなくオフリド大主教となった。

トルニケス（ゲオルギオス・トルニケス）

神学者（一一一〇／二〇?〜一一五六／六七年）。ケカリトメネ修道院のサロンに集う文人のひとりで、アンナと親交があり『アンナ・コムネナ追悼文』を著した。

ニケフォロス三世（ニケフォロス・ボタネイアテス）●（6）

皇帝（一〇〇一／〇二〜一〇八一年頃、在位一〇七八〜一〇八一年）。ミカエル七世に対し反乱を起こして帝位に就き、ミカエルの妃マリアと再婚した。一〇八一年にアレクシオス・コムネノスの反乱により帝位を追われた。

ニケフォロス（ニケフォロス・ディオゲネス）●（4）

ロマノス四世の息子、「緋色の生まれ」（一〇六八頃〜没年不詳）。アレクシオス一世に優遇され、デュラキオンやドロストロンの戦いにも同行したが、一〇九四年頃皇帝殺害未遂の容疑で盲目刑となる。視力を失ったのちは幾何学などの学問に打ち込んだ。

偽ディオゲネス
ロマノス四世の息子と称して帝位を窺った人物（？～一〇九五年以降）。黒海の北岸へ追放されたのち、現地のクマン人を伴ってビザンツ領に進軍するも敗れて、盲目刑となった。アンナは偽ディオゲネスと呼んでいるが、「緋色の生まれ」のレオン・ディオゲネスであった可能性もある。

ハインリヒ四世
ドイツ王・神聖ローマ皇帝（一〇五〇～一一〇六年、在位一〇五四～一一〇六年）。南イタリアのノルマン君主ギスカールに対する同盟をアレクシオス一世と結ぶ。アレクシオスは甥のヨハネスとの縁談をハインリヒに持ちかけた際に、甥ヨハネスが跡継ぎになると示唆した。

バシレイオス二世
皇帝（九五八～一〇二五年、在位九七六～一〇二五年）。宿敵のブルガリア王国を併合し、「ブルガリア人殺し」と綽名される。ビザンツ帝国の最盛期を現出した独裁的な軍人皇帝。

パライオロゴス（ゲオルギオス・パライオロゴス）●（18）
アンナの叔父、皇后エイレーネーの義弟（一〇六〇以前？～一一三六年以前）。一〇八一年の反乱に参加し、アレクシオス一世のもとでデュラキオン総督など要職を歴任した。ドロストロンの戦場からの奇蹟的な脱出など、アンナは叔父から得た情報を『アレクシアス』に盛り込んでいる。

ピロシュカ（ギリシア名エイレーネー）◎（15）
アンナの義妹、ヨハネス二世の妃（一〇九〇？～一一三四年）。ハンガリー王室からビザンツ宮廷に嫁ぎ、一一〇六／〇七年遠征先で双子を生んだ。夫ヨハネス二世とともにパントクラトール修道院を設立したが、完成を待たずに没した。

プセルロス（ミカエル・プセルロス）
政治家・歴史家・哲学者（一〇一八～一〇八一年以降？）。コンスタンティノス九世からミカエル七世に至る歴代皇帝に仕えた。その著作『年代記』や『母への追悼文』は『アレクシアス』に大きな影響を与えた。

ブリュエンニオス（ニケフォロス・ブリュエンニオス、老）●（14）
アンナの夫ブリュエンニオスの祖父（？～一〇九五年以降）。一〇七七～七八年に反乱を起こしたが、将軍アレクシオス・コムネノスに敗れ、盲目刑に処された。アレクシオス一世政権の危機に際して皇帝に協力し、孫のブリュエンニオスと皇女アンナの結婚を実現させた。

ブリュエンニオス（ニケフォロス・ブリュエンニオス）◎（11）●（19）
アンナの夫。将軍・歴史家（一〇八〇頃～一一三六／三七年）。一〇九六年頃アンナと結婚し、アレクシオス一世、ヨハネス二世に仕えた。エイレーネー皇后の依頼でアレクシオス一世の歴史を記した『歴史（歴史の素材）』は未完に終わった。

プロドロモス（テオドロス・プロドロモス）
ヨハネス二世時代の宮廷弁論家（一一〇〇頃～一一七〇年頃）。ヨハネス二世の凱旋を称える頌詞を読み上げた。その母エイレーネー・ドゥーカイナとも親しく、アンナの息子たちの結婚を祝した『祝婚歌』を著している。

ボエモンド
ギスカールの息子（一〇五〇／五八～一一一〇年頃）。第一回十字軍に参加してアンティオキアを占領し、アンティオキア公と称する。一一〇六年からビザンツ遠征を行なったが成果なく、ディアボリス講和条約を結んでアンティオキアの宗主権が皇帝にあることを認めた。

マヌエル一世（マヌエル・コムネノス）◎（25）
アンナの甥、皇帝（一一一八～一一八〇年、在位一一四三～一一八〇年）。父ヨハネス二世のあとを継いで皇帝となる。戦うローマ皇帝という意識を強く持ち、ユスティニアヌス一世のイタリア征服を再現しようとした。

マリア●（7）
ミカエル七世、ニケフォロス三世の妃、グルジア王女（一〇五〇／五五頃～一一〇三年以降）。息子コンスタンティノスを帝位につけるためアレクシオス・コムネノスの反乱を支援した。息子の婚約者アンナを育てたが、ニケフォロス・ディオゲネス陰謀事件への関与が疑われ、まもなく修道女となる。

マリア ●（11）
アンナの母方の祖母、ブルガリア王家の娘（一〇四五頃?～一一一八年以前）。娘エイレーネー・ドゥーカイナとアレクシオス・コムネノスの結婚を実現させた。一〇八一年アレクシオスの反乱に際しては、娘婿パライオロゴスに参加を強要した。

マリア（マリア・コムネナ）◎（13）
アンナの二歳年下の妹（一〇八五～一一三六年以降）。アンナと仲がよかったらしく、『アレクシアス』には誕生時の様子が記されている。母エイレーネーや姉アンナとともに父アレクシオス一世を看取った。

マリア ◎（23）
アンナの次女（生没年不詳）。アンナには長女エイレーネーの他にもうひとり娘がいたことが確認できるが、次女の姓は伝わっておらず、名前もマリアであろうと推定されるだけである。

ミカエル七世（ミカエル・ドゥーカス）●（8）
皇帝（一〇五〇頃～一〇九〇年頃?、在位一〇七一～一〇七八年）。父コンスタンティノス十世のあとを継ぐはずだったが、ロマノス四世に帝位を奪われる。ロマノスの失脚後ようやく即位したものの帝国の混乱を収拾できず、ニケフォロス三世によって帝位を追われた。

ミカエル（ミカエル・ドゥーカス）●（15）
アンナの伯父、エイレーネー皇后の兄（一〇六一頃～一一〇八／一八年）。アレクシオス一世のもとで将軍として活躍する。ドロストロンの戦いでは、決死の突撃を試みるアレクシオスを諫めた。

メリセノス（ニケフォロス・メリセノス）◎（6）
アンナの伯父、アレクシオス一世の義兄（?～一一〇四年頃）。コムネノス家よりひと足先に一〇八〇年ニケフォロス三世に対して反乱したが、アレクシオス一世の即位を知って武器を置き、新政権に参加した。

ヨハネス二世（ヨハネス・コムネノス）◎（14）
アンナの弟、皇帝（一〇八七～一一四三年、在位一一一八～一一四三年）。母エイレーネー、姉アンナと対立しつつも、父アレクシオス一世のあとを継いで即位した。軍人皇帝として東西で戦果を挙げ、ビザンツ帝国中興の時代を築いた。

ヨハネス（ヨハネス・コムネノス）◎（2）

アンナの父方の祖父、イサキオス一世の弟（一〇一〇頃?～一〇六七年）。一〇五九年、イサキオス一世の退位の際に、後継皇帝候補となったが、辞退した。

ヨハネス（ヨハネス・コムネノス）◎（10）

アンナの従兄、皇兄イサキオス・コムネノスの息子（一〇七四頃～一一〇五／〇六年以降）。ハインリヒ四世宛皇帝書簡ではアレクシオス一世の後継者とされた。デュラキオン総督であった一〇九二年頃に謀反の疑惑が浮上したものの不問に付され、その地位にとどまった。

ヨハネス（ヨハネス・ドゥーカス）●（3）

アンナの母方の曽祖父（一〇一〇頃～一〇八八年頃）。アレクシオス・コムネノスの反乱に一族郎党を率いて参加した。アレクシオス一世の即位に際して、マリア皇后の追放と孫娘エイレーネー・ドゥーカイナの皇后戴冠を強く要求した。

ヨハネス（ヨハネス・ドゥーカス）◎（21）

アンナの次男（一一〇五頃～一一六六年以降）。一一二二年頃に兄アレクシオスと合同の結婚式を挙げた。ヨハネス二世、マヌエル一世のもとで将軍として活躍した。

レオン六世

ビザンツ皇帝（八六六～九一二年、在位八八六～九一二年）。学者皇帝として知られ、「哲学者」「賢人」と綽名されている。著書『戦術書』では「平和の皇帝」と名乗っており、アンナの戦争観に大きな影響を与えた。

レオン（レオン・ディオゲネス）●（5）

ロマノス四世の子、「緋色の生まれ」（一〇七〇頃～一〇八七年?）。アンナによれば、一〇八七年のドロストロンの戦いで戦死したとされるが、一〇九五年にアレクシオス一世に対して反乱を企てた偽ディオゲネスがレオンだった可能性もある。

ロマノス四世（ロマノス・ディオゲネス）●（1）

皇帝（?～一〇七二年、在位一〇六八～一〇七一年）。コンスタンティノス十世の死後、その子ミカエルをさしおいて即位したが、一〇七一年マンツィケルトの戦いでトルコ軍の捕虜となった。ふたりの息子「緋色の生まれ」のニケフォロスとレオンはアレクシオス一世に仕えた。

◎コムネノス家

(　)は姓など
△ 男性 ○女性
番号は「アンナ・コムネナをめぐる人々」に対応

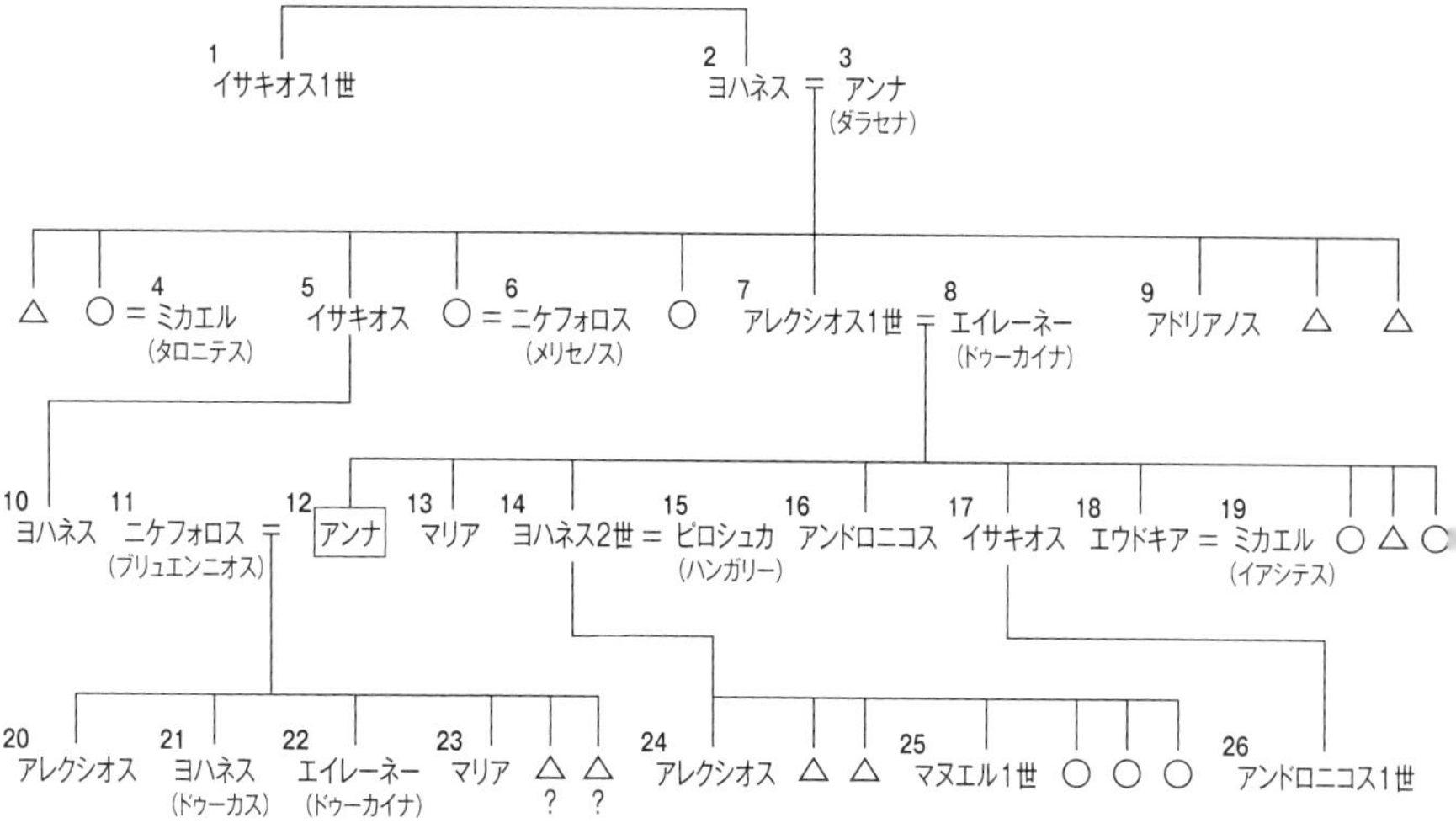

●ドゥーカス家

(　)は姓など
△ 男性 ○女性
番号は「アンナ・コムネナをめぐる人々」に対応

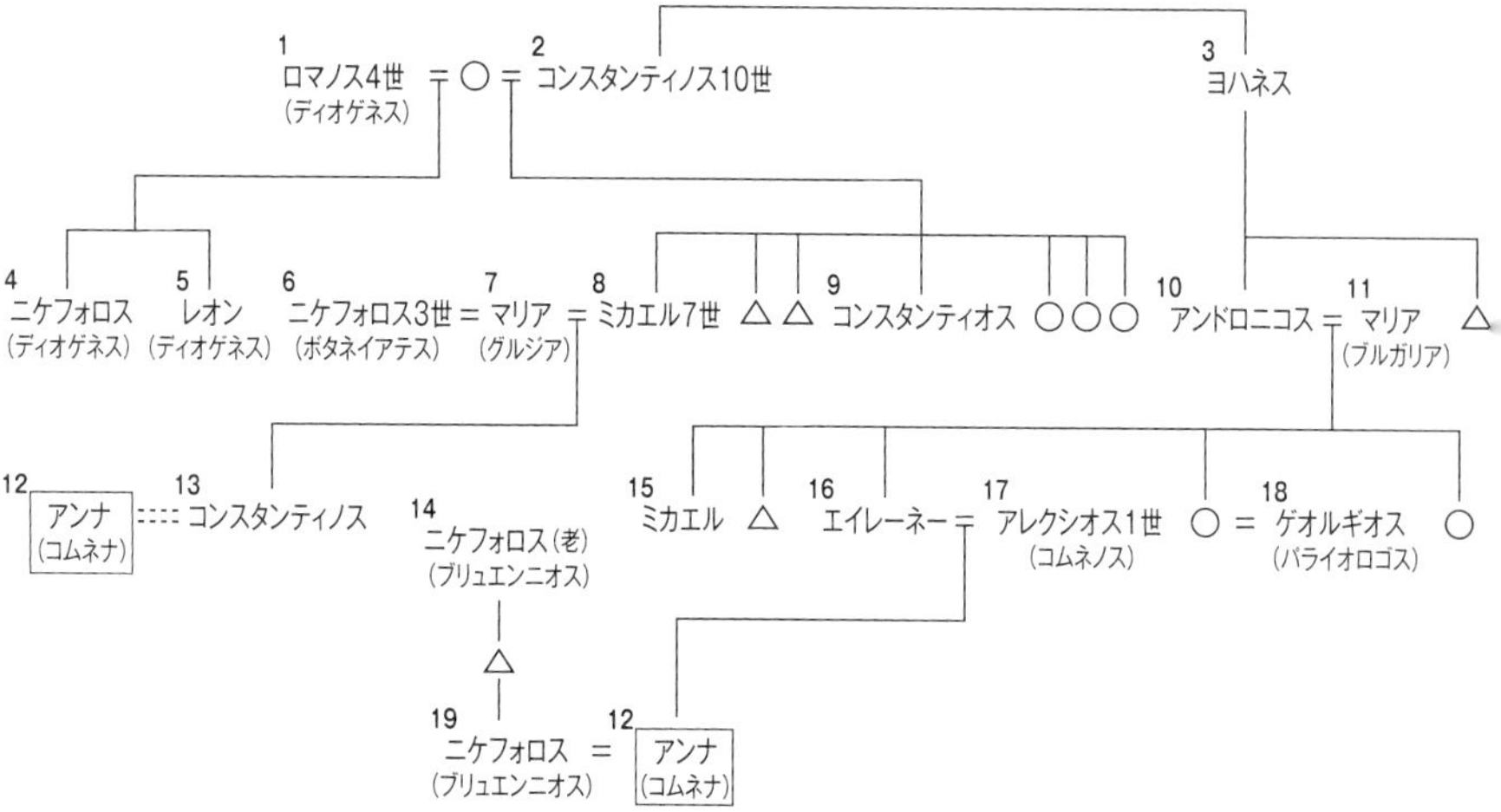

ビザンツ皇帝一覧（九七六～一二〇四年）

九七六～一〇二五年	バシレイオス二世
一〇二五～一〇二八年	コンスタンティノス八世
一〇二八～一〇三四年	ロマノス三世アルギュロス
一〇三四～一〇四一年	ミカエル四世
一〇四一～一〇四二年	ミカエル五世
一〇四二年	ゾエとテオドラ
一〇四二～一〇五五年	コンスタンティノス九世モノマコス
一〇五五～一〇五六年	テオドラ
一〇五六～一〇五七年	ミカエル六世
一〇五七～一〇五九年	イサキオス一世コムネノス
一〇五九～一〇六七年	コンスタンティノス十世ドゥーカス
一〇六八～一〇七一年	ロマノス四世ディオゲネス
一〇七一～一〇七八年	ミカエル七世ドゥーカス
一〇七八～一〇八一年	ニケフォロス三世ボタネイアテス
一〇八一～一一一八年	アレクシオス一世コムネノス
一一一八～一一四三年	ヨハネス二世コムネノス

一一四三～一一八〇年　マヌエル一世コムネノス
一一八〇～一一八三年　アレクシオス二世コムネノス
一一八三～一一八五年　アンドロニコス一世コムネノス
一一八五～一一九五年　イサキオス二世アンゲロス
一一九五～一二〇三年　アレクシオス三世アンゲロス
一二〇三～一二〇四年　イサキオス二世（再）とアレクシオス四世アンゲロス
一二〇四年　アレクシオス五世ムルツフロス

あとがき

『アレクシアス』に倣って、歴史書に個人的なことも書いたので、あらためて記すことはひとつしかありません。白水社の糟谷泰子さんをはじめ、多くの方に支えていただいて本書は誕生しました。ただただ感謝の気持ちのみです。逐一お名前を挙げるのは失礼させていただき、楽しい歴史の旅へと誘ってくださったアンナ・コムネナさんに本書を捧げたいと思います。

第一部「生涯」の冒頭を読んだだけで、アンナさんはこうおっしゃるかもしれません。「井上さん、違いますよ。そんなつもりではありません。」私のお答えはふたことです。「いえいえ、アンナさん、自分のことはわからないものです。どうか、最後まで読んでください。」

アンナ・コムネナさんとともに歴史の旅をしてくださる読者の方々にも、著者として心から謝意を表します。アンナさん、皆さん、ありがとうございました。

二〇二〇年四月

井上浩一

参考文献抄

アンナ・コムネナおよび『アレクシアス』に関する史料・文献は膨大にあるので、日本語・英語の文献を中心に比較的読みやすいものに限って、簡単なコメントを付して紹介するにとどめた。詳しくは日本語版『アレクシアス』(1)—①、最新の研究書 (3)—⑧、⑨の参考文献欄を参照されたい。

(1) 『アレクシアス』テキスト・訳

①アンナ・コムニニ『アレクシアス』相野洋三訳、悠書館、2019 年

原文に忠実な翻訳で註釈も詳しい。英・独・仏・露の各国語の訳と註をふまえており、現代語『アレクシアス』の決定版である。

②*Annae Comnenae Alexias*, 2 vols., eds. D. R. Reinsch and A. Kambylis, Corpus Fontium Historiae Byzantinae（CFHB.）40, Berlin. 2001.

『アレクシアス』ギリシア語テキスト。本格的な研究には不可欠の書。

③*Anna Komnene, The Alexiad*, tr. E. A. R. Sewter, rev. P. Frankopan, London, 2009.

各国語訳のうち、入手しやすいペンギン・クラシックス版の英訳のみを挙げておく。

(2) 関連史料

①*Nicephori Bryennii Historiarum Libri Quattuor*, ed. P. Gautier, CFHB. 9, Bruxelles, 1975.

ブリュエンニオス『歴史』の希仏対訳。アンナ夫婦の息子たちの結婚を祝うプロドロモスの『祝婚歌』など関連史料も付録として収められている。

②*Fourteen Byzantine Rulers: The Chronographia of Michael Psellus*, tr. E. R. A. Sewter, London, 1966.

③*The History of Michael Attaleiates*. tr. A. Kaldellis and D. Krallis, Cambridge MA. and London, 2012.

④*Deeds of John and Manuel Comnenus by John Kinnamos*, tr. C. M. Brand, New York, 1976.

⑤*O City of Byzantium, Annals of Niketas Choniates*, tr. H. J. Magoulias, Detroit, 1984.

順に、②プセルロス『年代記』、③アタレイアテス『歴史』、④キンナモス『歴史』、⑤コニアテス『歴史』の英訳。

⑥*Militärs und Höflinge im Ringen um das Kaisertum: Byzantinische Geschichte von 969 bis 1118 nach der Chronik des Johannes Zonaras*, übersetzt, eingeleitet und erklärt von E. Trapp, Graz-Wien-Köln, 1986.

ゾナラス『歴史要略』のドイツ語訳。

⑦*Byzantine Monastic Foundation Documents*, vol. 2, ed. J. Thomas and A. C. Hero, Washing-

ton, D. C., 2000.
『ケカリトメネ修道院規約』『パントクラトール修道院規約』の英訳が収録されている。
⑧J. Darrouzès, *Georges et Dèmètrios Tornikès, Lettres et discours*, Paris, 1970.
『アンナ・コムネナ追悼文』が希仏対訳で収録されている。
⑨S. Papaioannou, "Anna Komnene's Will," *Byzantine Religious Culture: Studies in Honour of Alice-Mary Talbot*, eds. D. Sullivan et al., Leiden and Boston, 2012, pp. 99–121.
『アンナ・コムネナの遺言状序文』のギリシア語テキストと英訳を収める。
⑩*Théophylacte d'Achrida: Discours, traités, poésies*, ed. P. Gautier, CFHB. 16–1, Thessalonique, 1980.
テオフュラクトスの著作集。『「緋色の生まれ」のコンスタンティノス陛下への言葉』、『アレクシオス・コムネノス皇帝陛下への言葉』が希仏対訳で収められている。
⑪M. Kouroupou and J.-F. Vannier, "Commémoraisons des Comnènes dans le typikon liturgique du monastère du Christ Philanthrope（ms. Panaghia Kamariotissa 29）," *Revue des études byzantines*, 63, 2005, pp. 41–69.
フィラントロポス修道院規約の欄外に書かれた「コムネノス家過去帳」を紹介する。
⑫P. Maas, "Die Musen des Kaisers Alexios I.," *Byzantinische Zeitschrift*. 22, 1913, pp. 348–369.
『アレクシオスの歌』のギリシア語テキストと解説。
⑬*The Taktika of Leo VI: Text, Translation, and Commentary*, ed. G. Dennis, CFHB. 49, Washington, D. C., 2010.
レオン6世『戦術書』の希英対訳。

(3) アンナ・コムネナと『アレクシアス』

①佐伯綾那「アンナ・コムネナの描く『ポルフュロゲネトス』——12世紀ビザンツ歴史書『アレクシオス1世伝』より——」2016年度大阪市立大学博士学位論文
アンナ・コムネナをテーマとした日本で最初の博士論文。佐伯（片倉）氏はアンナに関する学術論文を多数発表している。
②N. Mitchison, *Anna Comnena*, London, 1928.
一般読者向けに書かれたアンナ・コムネナの伝記。晩年のアンナは幸福だったと推定している。
③G. Buckler, *Anna Comnena: A Study*, Oxford, 1929.
アンナ・コムネナと『アレクシアス』に関する古典的研究書。
④R. Dalven, *Anna Comnena*, New York, 1972.
アンナの伝記を軸に、アレクシオス1世の時代および『アレクシアス』について論じる。

⑤*Anna Komnene and Her Times*, ed. T. Gouma-Peterson, New York and London, 2000.
アンナ・コムネナと『アレクシアス』に関する学術論文9編を収録した論文集。J. Ljubarskijの論文「『アレクシアス』はビザンツ文学の傑作か？」の英語版を収めている。

⑥L. Neville, *Heroes and Romans in Twelfth-Century Byzantium: The Material of History of Nikephoros Bryennios*, Cambridge, 2012.
ブリュエンニオス『歴史』の特徴を『アレクシアス』と比較しつつ分析している。

⑦P. Buckley, *The Alexiad of Anna Komnene: Artistic Strategy in the Making of a Myth*, Cambridge, 2014.
歴史文学の視点から『アレクシアス』について論じる。

⑧L. Neville, *Anna Komnene: The Life and Work of a Medieval Historian*, Oxford, 2016.
アンナとヨハネス姉弟の対立を否定するなど、通説に挑んだ意欲的な研究書。

⑨L. O. Vilimonović, *Structure and Features of Anna Komnene's Alexiad: Emergence of a Personal History*, Amsterdam, 2019.
アンナ・コムネナと『アレクシアス』に関する最新の研究書。

(4) アレクシオス1世、コムネノス王朝時代

①井上浩一「コムネノス朝の成立——11世紀ビザンツ帝国の政治体制——」『史林』57–2、70–101頁、1974年
『アレクシアス』を史料としてアレクシオス1世による帝国再建を論じる。

②根津由喜夫『ビザンツ　幻影の世界帝国』講談社、1999年
コムネノス王朝とくにマヌエル1世時代のビザンツ帝国の多彩な姿を描く。

③根津由喜夫『ビザンツ皇帝政権と貴族——コムネノス朝支配体制の成立過程——』世界思想社、2012年
11世紀ビザンツ政治史の専門書。日本のビザンツ史学が国際水準を越えたことを示す記念碑的著作である。

④F. Chalandon, *Essai sur le règne d'Alexis Ier Comnène（1081–1118）*, Paris, 1900.

⑤F. Chalandon, *Jean II Comnène（1118–1143）et Manuel I Comnène（1143–1180）*, 2 vols., Paris, 1912.
それぞれ④アレクシオス1世、⑤ヨハネス2世・マヌエル1世時代に関する古典的研究書。

⑥P. Magdalino, *The Emperor of Manuel I Komnenos, 1143–1180*, Cambridge, 1993.
コムネノス王朝時代とくにマヌエル1世について論じた研究書。

⑦*Alexios I Komnenos*, vol. 1, eds. M. Mullett and D. Smythe, Belfast, 1996.
アレクシオス1世とその時代に関する論文集。「『アレクシアス』草稿存在説」を唱えたJ. Howard-Johnston論文も収録されている。

⑧M. Angold, *The Byzantine Empire, 1025–1204: A Political History*, 2nd ed., London and

New York, 1997.
11～12 世紀ビザンツ政治史の標準的な概説書。
⑨B. Hill, *Imperial Women in Byzantium 1025–1204: Power, Patronage and Ideology*, London and New York, 1999.
フェミニズムの視点から 11～12 世紀のビザンツ女性史を論じた研究書。
⑩É. Malamut, *Alexis Ier Commène*, Paris, 2007.
アレクシオス 1 世について論じた大著。詳しい年表が付されている。
⑪P. Frankopan, "Kinship and the Distribution of Power in Komnenian Byzantium," *English Historical Review*, 122, 2007, pp. 1–34.
コムネノス王朝の政治体制を論じた学術論文。『アレクシアス』の英訳改訂版を刊行した P. Frankopan はアレクシオス 1 世時代について多数の論文を発表している。
⑫*John II Komnenos, Emperor of Byzantium: In the Shadow of Father and Son*, eds. A. Bucossi and A. R. Suarez, London and New York, 2016.
ヨハネス 2 世とその時代に関する論文集。
⑬L. Neville, *Guide to Byzantine Historical Writing*, Cambridge, 2018.
アンナ研究の第一人者による 7～15 世紀のビザンツ歴史家・歴史書の紹介。

(5) ビザンツ史一般、その他関連分野

①E・ギボン『ローマ帝国衰亡史』中野好夫他訳、全 11 巻、筑摩書房、1976～1993 年（原著 1776～1788 年）
ビザンツ帝国史の古典。アンナ・コムネナには厳しい。
②井上浩一『ビザンツ皇妃列伝――憧れの都に咲いた花』筑摩書房、1996 年（白水社、2009 年）
アンナの母エイレーネーも含む 8 人のビザンツ皇妃の評伝。
③山辺規子『ノルマン騎士の地中海興亡史』白水社、1996 年
アレクシオスの宿敵であったノルマン君主ギスカールとその息子ボエモンドの活動を生き生きと描いている。
④G・オストロゴルスキー『ビザンツ帝国史』和田廣訳、恒文社、2001 年（原著 1963 年）
現在でも標準的な概説として高く評価されている。
⑤八塚春児『十字軍という聖戦――キリスト教世界の解放のための戦い――』日本放送出版協会、2008 年
十字軍に関する詳しく、わかりやすい通史。聖戦思想の形成にも 1 章を当てている。
⑥J・ヘリン『ビザンツ　驚くべき中世帝国』井上浩一監訳、白水社、2010 年（原著 2007 年）
アンナ・コムネナに 1 章を当てたテーマ別ビザンツ通史。

⑦大戸千之『歴史と事実——ポストモダンの歴史学批判をこえて——』京都大学学術出版会、2012 年

ポリュビオスの運命観を扱った章は、人生と学問に誠実に向き合う著者の声が聞こえる魅力的な歴史論となっている。

⑧中谷功治『ビザンツ帝国　千年の興亡と皇帝たち』中央公論新社、2020 年

テマ制度の研究で著名なビザンツ史家による最新の通史。アレクシオス 1 世に 1 章を当てている。

⑨*Byzantine War Ideology between Roman Imperial Concept and Christian Religion, Akten des Internationalen Symposiums*（*Wien, 19.–21. Mai 2011*), eds. J. Koder and I. Stouraitis, Wien, 2012.

ビザンツ人の戦争観をテーマとした国際シンポジウム報告集。アンナの戦争観を論じた I. Stouraitis 論文が収められている。

(6) 研究案内・便覧・辞典

①D. I. Polemis, *The Doukai: A Contribution to Byzantine Prosopography*, London, 1968.

ドゥーカス家のプロソポグラフィー（人物研究）。

②B. Skoulatos, *Les personnages byzantins de l'Alexiade: Analyse prosopographique et synthèse*, Louvain, 1980.

『アレクシアス』に登場するビザンツ人の詳しい紹介。

③K. Varzos, Hē genealogia tōn Komnenōn, 2 vols., Thessaloniki, 1984.

コムネノス家のプロソポグラフィー（人物研究）。

④*The Oxford Dictionary of Byzantium*, eds. A. Kazhdan et al., 3 vols., New York and Oxford, 1991.

『オックスフォード・ビザンツ辞典』。ビザンツ研究者必携。

⑤*Regesten der Kaiserurkunden des oströmischen Reiches von 565–1453*, *2. Teil, Regesten von 1025–1204*, ed. P. Wirth, München, 1995.

『ビザンツ皇帝文書目録』第 2 巻。1025～1204 年の皇帝文書を列挙している。

図版・地図一覧

図版

図 1　アレクシオス 1 世（写本挿絵）
写真提供：Bridgeman Images/ アフロ
図 2　エイレーネー・ドゥーカイナ皇后（ヴェネツィア、サン・マルコ教会の黄金の祭壇衝立《パラ・ドーロ》）
出典 = P. Hetherington and W. Forman, *Les byzantins*, Paris, 1982, p. 29.
図 3　ニケフォロス 3 世と皇后マリア（写本挿絵）
Wikimedia commons
https://en.wikipedia.org/wiki/Nikephoros_III_Botaneiates#/media/File:Nicephorus_III_and_Maria_of_Alania_BnF_Coislin79_fol2bis.jpg
図 4　黒い顔のマヌエル 1 世と妃（写本挿絵）
写真提供：Alamy/ アフロ
図 5　ヨハネス 2 世と妃ピロシュカ（イスタンブル、アヤ・ソフィヤ博物館 = 旧聖ソフィア教会壁画）
写真提供：AGE/PPS 通信社
図 6　ヨハネス 2 世の共同皇帝即位金貨（1092 年頃）
出典 = *Catalogue of the Byzantine Coins in the Dumbarton Oaks Collection and in the Whittemore Collection*, eds. A. Bellinger and P. Grierson, Vol. 4, Washington, D. C., 1999, Plate IV.
図 7　アレクシオス皇帝夫婦と皇太子ヨハネス（写本挿絵）
写真提供：New Picture Library/ アフロ
図 8　パンテポプテス修道院（イスタンブル、エスキ・イマレト・モスク）
著者撮影
図 9　イサキオス・コムネノス（イスタンブル、カーリエ博物館 = 旧コーラ修道院壁画）
写真提供：akg-images/ アフロ
図 10　パントクラトール修道院（イスタンブル、モラ・ゼイレク・モスク）
Wikimedia commons
https://en.wikipedia.org/wiki/Zeyrek_Mosque#/media/File:Image-ZeyrekCamii20061230_02.jpg

地図

アレクシオス 1 世時代のビザンツ帝国

E. Malamut, *Alexis Ier Comnène*, Paris, 2007, p. 22. より作成

コンスタンティノープル

P. Magdalino, *The Empire of Manuel I Komnenos 1143–1180*, Cambridge and New York, 1993, p. 110. より作成

著者紹介
京都大学文学部卒、同大学大学院文学研究科博士課程単位取得退学。大阪市立大学名誉教授。
主要著訳書
『生き残った帝国ビザンティン』(講談社学術文庫)、『ビザンツ皇妃列伝――憧れの都に咲いた花』(白水Uブックス)、『ビザンツ　文明の継承と変容』(京都大学学術出版会)、『世界の歴史(11)ビザンツとスラヴ』(共著、中公文庫)、ヘリン『ビザンツ　驚くべき中世帝国』(共訳、白水社)、ハリス『ビザンツ帝国の最期』『ビザンツ帝国　生存戦略の一千年』(白水社)

歴史学の慰め
アンナ・コムネナの生涯と作品

二〇二〇年七月五日 印刷
二〇二〇年七月二五日 発行

著者 © 井《い》上《うえ》浩《こう》一《いち》
装丁者 柳川貴代
発行者 及川直志
印刷所 株式会社理想社
発行所 株式会社白水社

東京都千代田区神田小川町三の二四
電話 営業部〇三(三二九一)七八一一
編集部〇三(三二九一)七八二一
振替 〇〇一九〇-五-三三二二八
郵便番号 一〇一-〇〇五二
www.hakusuisha.co.jp
乱丁・落丁本は、送料小社負担にてお取り替えいたします。

株式会社松岳社

ISBN978-4-560-09776-2
Printed in Japan

ビザンツ帝国　生存戦略の一千年

ジョナサン・ハリス 著／井上浩一 訳

外部からの脅威に対して絶えず革新と順応を繰り返しながら、千年にわたり東地中海に栄えた帝国の興亡を、おもな皇帝を軸に語る。